中华全国律师协会知识产权专业委员会 / 编

中国知识产权律师年度报告

—— 2023 ——

Annual Report 2023:
Chinese Lawyers on Intellectual
Property Practices

中国法制出版社
CHINA LEGAL PUBLISHING HOUSE

序

PREFACE

党的二十大报告对强化知识产权法治保障作出重要部署，强调“加强知识产权法治保障，形成支持全面创新的基础制度”；“完善产权保护、市场准入、公平竞争、社会信用等市场经济基础制度，优化营商环境”等，为新时代知识产权事业发展指明了前进方向，提供了根本遵循。在全国律师行业党委和中华全国律师协会的领导下，中华全国律师协会知识产权专业委员会（以下简称知产委）和全国知识产权律师坚持以习近平新时代中国特色社会主义思想为指导，深入学习贯彻党的二十大精神，认真落实习近平总书记关于知识产权工作的重要指示论述和党中央、国务院决策部署，深刻领悟“两个确立”的决定性意义，增强“四个意识”、坚定“四个自信”、做到“两个维护”，深入实施知识产权强国建设纲要和“十四五”规划，进一步夯实知识产权法治根基，有效服务创新驱动发展，有力促进高水平对外开放，更好助力优化营商环境，知识产权强国建设迈出新的坚实步伐。

为深入贯彻落实习近平总书记和党中央关于知识产权工作的重要指示和安排部署，过去一年里，知产委在司法部、中华全国律师协会指导下，积极开展如下各项工作：为规范知识产权律师执业行为，优化知识产权创新环境，营造诚信守法、公平竞争的良好氛围，发出倡议书；为中国国际经济贸易仲裁委员会设立知识产权仲裁中心提供支持；与中科大知识产权研究院联合开展国际视野下中国商业秘密立法与保护论坛；与全国律协劳动与社会保障法专业委员会联合开展“知识产权保护与员工权益保护交叉领域存在的疑难问题与探讨”征文活动；参与第二届海丝中央法务区分论坛等。

广大知识产权律师是知识产权争议解决的专业力量，在全面贯彻落实党的二十大精神的开局之年，知产委将更加紧密地团结在以习近平同志为核心的党中央周围，齐心协力，努力营造全社会关注、支持、参与知识产权保护的浓厚氛围，发挥律师在知识产权立法、执法、司法、普法、守法中的作用，为建设知识产权强国作出贡献。

本书与《中国知识产权律师年度报告（2022）》结构上大体一致，在前作基础上作进一步完善，汇总一年来知识产权领域的最新发展，反映知识产权律师的思考与探索，帮助社会各界更好了解知识产权保护领域的最新情况，助推国家知识产权事业的发展。

编委会

2023年4月26日于北京

目　录

CONTENTS

第 1 章　著作权

综述 / 002

新法观察 / 004

一、《最高人民法院关于第一审知识产权民事、行政案件管辖的若干规定》 / 004

二、《最高人民检察院关于全面加强新时代知识产权检察工作的意见》 / 005

三、《最高人民法院关于为促进消费提供司法服务和保障的意见》 / 006

四、《最高人民法院发布关于加强中医药知识产权司法保护的意见》 / 007

五、《以无障碍方式向阅读障碍者提供作品暂行规定》 / 008

典型案例 / 009

一、广州网易计算机系统有限公司、上海网之易吾世界网络科技有限公司与深圳市迷你玩科技有限公司著作权侵权及不正当竞争纠纷案 / 009

二、央视动漫集团有限公司与杭州大头儿子文化发展有限公司著作权侵权纠纷案 / 011

三、央视国际网络有限公司与沈阳盘球科技有限公司、上海悦保信息科技有限公司行为保全纠纷案 / 014

四、深圳奇策迭出文化创意有限公司与杭州原与宙科技有限公司著作权侵权纠纷案 / 016

五、深圳市腾讯计算机系统有限公司、腾讯云计算（西安）有限责任公司与北京微播视界科技有限公司、西安闪游网络科技有限公司著作权侵权纠纷案 / 018

六、中国音像著作权集体管理协会与天合文化集团有限公司等著作权许可代理服务合同纠纷案 / 020
七、李某波、安某、张某超、李某然、曲某生等侵犯著作权罪案 / 021
八、天云融创数据科技（北京）有限公司与北京九章云极科技有限公司、张某者侵害计算机软件著作权纠纷案 / 023
九、张某龙与北京墨碟文化传播有限公司、程某、马某侵害作品信息网络传播权纠纷民事指定管辖纠纷案 / 026
十、清华大学与乐视网信息技术（北京）有限公司侵害作品信息网络传播权纠纷案 / 028

重点关注 / 030

一、中共中央、国务院印发《扩大内需战略规划纲要（2022—2035 年）》 / 030
二、"剑网 2022"专项行动启动 / 030
三、知网涉嫌垄断被罚 8760 万元 / 032
四、《谭谈交通》全面下架的版权争议 / 033
五、奥迪"小满广告"文案抄袭侵权 / 034
六、新技术应用的勃兴与隐忧 / 035
七、2022 年国际版权论坛开幕 / 036
八、2022 知识产权刑事保护论坛在京举行 / 037
九、聚焦重大体育赛事版权保护 / 038

第 2 章　商　　标

综述 / 042

典型案例 / 043

一、上海碧丽化妆品有限公司与江西创美实业有限公司、中山市苗龙生物科技有限公司侵害商标权纠纷案 / 043
二、上海少年儿童出版社有限公司与四川天地出版社有限公司、上海新华传媒连锁有限公司新华书店江桥万达店商标侵权及不正当竞争纠纷案 / 046
三、王某与上海洁澜日化有限公司、国家知识产权局"海澜・の家"商标撤销复审行政诉讼案 / 049

四、绫致时装（天津）有限公司与博野县幻蝶雾语服装店商标侵权及不正当竞争纠纷案 / 055

五、百度在线网络技术（北京）有限公司与北京京百度餐饮管理有限公司等侵害商标权及不正当竞争纠纷案 / 060

六、北京棉田纺织品有限公司与无印良品（上海）商业有限公司侵害商标权纠纷案 / 063

七、燕京智汇（北京）国际旅行社有限公司与北京燕京国际旅行社有限公司侵害商标权纠纷案 / 066

八、蜜雪约（广州）科技有限公司、梁某伟等侵害商标权纠纷案/ 069

九、北京西四包子炒肝有限公司与北京华天饮食控股集团有限公司、北京京饮华天二友居餐饮管理有限公司、北京京饮华天二友居餐饮管理有限公司西四南店侵害商标权及不正当竞争纠纷案 / 074

重点关注 / 077

一、国家市场监督管理总局发布《商标代理监督管理规定》 / 077

二、国家知识产权局发布《关于第 35 类服务商标申请注册与使用的指引》 / 078

三、国家知识产权局发布《关于依法打击恶意抢注“世界杯”“拉伊卜”等商标注册的通告》 / 078

四、阿里巴巴旗下公司代理注册“谷爱凌”商标被行政处罚 / 079

五、北京市高级人民法院发布《关于侵害知识产权民事案件适用惩罚性赔偿审理指南》和适用惩罚性赔偿典型案例 / 080

六、国家知识产权局发布《关于商标申请注册与使用如何避免与在先权利冲突的指引》 / 081

七、国家知识产权局发布《餐饮行业商标注册申请与使用指引（试行）》 / 082

八、国家知识产权局发布《商标注册申请快速审查办法（试行）》 / 083

九、北京知识产权法院发布《北京知识产权法院关于全面推行专利、商标授权确权行政案件网上立案的通告》 / 084

第3章　专　　利

综述 / 086

新法观察 / 087

一、《专利法》 / 087

二、《专利法》相关行政法规和部门规章/ 088

典型案例 / 091

一、东莞光距电子有限公司、宁波普能通讯设备有限公司侵害实用新型专利权纠纷案 / 091

二、中冶南方连铸技术工程有限责任公司与北京数钰科技发展有限公司、白某冰专利申请权权属纠纷案 / 093

三、苏州宣嘉光电科技有限公司与杭州亮眼健康管理有限公司、深圳市方显科技有限公司、深圳市恒必达电子科技有限公司侵害实用新型专利权纠纷案 / 096

四、江苏剪式某固技术有限公司与天津市恒某达五金贸易有限公司、邯郸市某鸿贸易有限公司侵害发明专利权纠纷案 / 098

五、中外制药株式会社、温州海鹤药业有限公司确认是否落入专利权保护范围纠纷 / 100

六、南京恒生制药有限公司与江苏省南京市知识产权局及拜耳知识产权有限责任公司专利行政裁决案 / 103

七、福州百益百利自动化科技有限公司诉上海点挂技术有限公司、张某某侵害实用新型专利权纠纷案 / 107

八、林某贵与深圳天轮科技有限公司、国家知识产权局、廉某某、安某锦、纳恩博（北京）科技有限公司发明专利权无效行政纠纷案 / 109

九、赵某谋与东莞市凤瑞电子科技有限公司、佛山莱恩斯电子商务有限公司、北京京东叁佰陆拾度电子商务有限公司侵害发明专利权纠纷案 / 113

十、达鑫机械有限公司与吴某荣、陈某林、上海寻梦信息技术有限公司侵害外观设计专利权纠纷案 / 115

重点关注 / 119

一、“药品专利反向支付协议”反垄断审查 / 119

二、专利纠纷案件管辖 / 121

三、《海牙协定》在中国正式生效 / 123
四、专利开放许可制度 / 125
五、专利视角下的绿色技术发展 / 128
六、我国声明的5G 标准必要专利达1.8万项 / 130

第4章 商业秘密

综述 / 134

新法观察 / 135

《反不正当竞争法（修订草案征求意见稿）》 / 135

典型案例 / 136

一、深圳花儿绽放网络科技有限公司诉浙江盘兴数智科技股份有限公司、浙江盘石信息技术股份有限公司侵害技术秘密纠纷案 / 136
二、河北华穗种业有限公司诉武威市搏盛种业有限责任公司侵害技术秘密纠纷案 / 139
三、北京心果科技有限公司诉解某雄、万源汇康公司侵犯经营秘密纠纷案 / 146
四、大连倍通数据平台管理中心诉崔某吉侵犯技术秘密纠纷案 / 148
五、北京君德同创生物技术股份有限公司诉石家庄泽兴氨基酸有限公司、河北大晓生物科技有限公司侵害技术秘密纠纷案 / 157
六、武汉市武昌区某美艺术教育培训学校诉武汉市洪山区某佳教育咨询有限公司和赵某豪等15人侵害商业秘密纠纷案 / 166
七、南方中金环境股份有限公司诉浙江南元泵业有限公司、赵某高等侵害商业秘密纠纷案 / 172
八、有家（天津）企业管理有限公司与北京市盈科（大连）律师事务所等侵害经营秘密纠纷案 / 175
九、广州晟视电子科技有限公司、刘某雯等侵害商业秘密纠纷案 / 178
十、张某霞诉张某等侵害商业秘密纠纷案 / 182
十一、北京元鼎时代科技股份有限公司与屈某斌等侵害技术秘密纠纷案 / 184

重点关注 / 187

一、全国商业秘密保护创新试点工作启动 / 187

二、全国商业秘密保护百家企业圆桌会议在京召开 / 189
三、七部门联合印发指导意见强化种业知识产权保护，大力推进种业商业秘密保护工作 / 191
四、《上海技术交易所企业商业秘密资产确权管理指引》正式发布 / 192
五、湖南自贸区率先推出知识产权“前置保护”新模式，助力企业商业秘密保护工作 / 194
六、天津成功办理全国首例以合理许可费确定损失数额的侵犯商业秘密刑事案件 / 195
七、湖南省首例侵犯国家级专精特新“小巨人”企业商业秘密犯罪案件审结 / 197
八、“球鞋黄牛”侵犯商业秘密案入选检察机关保护知识产权服务保障创新驱动发展典型案例 / 199
九、陕西省市场监督管理局发布《陕西省经营者加强商业秘密保护指引》 / 201
十、江苏南通开发的商业秘密保护“一站式”服务平台正式上线 / 203

第5章　反不正当竞争

综述 / 206

新法观察 / 208

一、《反垄断法》 / 208
二、《最高人民法院关于适用〈中华人民共和国反不正当竞争法〉若干问题的解释》 / 208
三、《反不正当竞争法（修订草案征求意见稿）》 / 209

典型案例 / 210

一、南京德尔森电气有限公司诉美弗勒智能设备有限公司侵害商标权及不正当竞争纠纷再审案 / 210
二、惠州市机动车检测行业协会诉广东省市场监督管理局反垄断行政处罚纠纷案 / 212
三、北京链家房地产经纪有限公司、天津小屋信息科技有限公司与北京神鹰城讯科技股份有限公司、成都神鹰城讯科技有限公司不正当竞争纠纷案 / 217

四、北京百度网讯科技有限公司诉苏州闪速推网络科技有限公司不正当竞争纠纷案 / 219

五、北京厚大轩成教育科技股份公司与北京瑞达成泰教育科技有限公司不正当竞争纠纷二审案 / 220

六、圣罗拉（青岛）酒业有限公司诉陈某圆商业诋毁二审案 / 223

七、深圳市某黍科技有限公司诉深圳市某影传媒有限公司、吴某网络不正当竞争纠纷二审案 / 227

八、深圳市腾讯计算机系统有限公司等诉杭州百豪科技有限公司等不正当竞争纠纷案 / 232

九、稳健医疗用品股份有限公司诉苏州稳健医疗用品有限公司、苏州航伟包装有限公司、滑某侵害商标权及不正当竞争纠纷案 / 235

十、北京小壕科技有限公司与北京古北水镇旅游有限公司不正当竞争纠纷案 / 237

重点关注 / 240

一、市场监管总局依法对知网滥用市场支配地位行为作出行政处罚并责令其全面整改 / 240

二、2022 年反垄断大锤打向互联网巨头，腾讯再领九张罚单 / 241

三、全国多省市修订地方反不正当竞争条例 / 243

四、多地发布反不正当竞争典型案例 / 244

五、核酸检测贴纸使用“冰墩墩”被指侵权 / 245

六、最高人民法院发布 2022 年十件反不正当竞争典型案例 / 246

七、市场监管总局公布 2022 年反不正当竞争专项执法行动典型案例 / 248

八、天津河西法院作出“盗链”直播卡塔尔世界杯不正当竞争诉前禁令 / 250

第 6 章　技术交易与知识产权商用化

论科技成果商业化中的职务发明问题 / 254

第7章　植物新品种

综述 / 264

新法观察 / 265

一、《种子法》 / 265

二、《植物新品种保护条例》 / 266

三、《农业转基因生物安全评价管理办法》《主要农作物品种审定办法》《农作物种子生产经营许可管理办法》《农业植物品种命名规定》 / 268

四、《北京市种子条例》 / 268

五、《最高人民法院关于进一步加强涉种子刑事审判工作的指导意见》 / 269

典型案例 / 270

一、河北华穗种业有限公司诉武威市搏盛种业有限责任公司侵害其玉米植物新品种“万糯2000”的亲本自交系“W68”技术秘密纠纷案 / 270

二、安徽荃银高科瓜菜种子有限公司诉安徽省安生种子有限责任公司亲本侵权纠纷案 / 273

三、丹东登海良玉种业有限公司、宋某某、宋某与山东登海先锋种业有限公司、杜邦先锋公司、朗润超市侵害植物新品种权纠纷管辖权异议案 / 276

四、重庆奔象果业有限公司诉重庆环霖农业开发有限公司无性繁殖品种侵权纠纷案 / 279

五、威海奥孚苗木繁育有限公司与河南省郑果红生态农业有限责任公司侵害“鲁丽”植物新品种权纠纷案 / 281

六、北京北方某达种业有限责任公司诉泰安开发区某朋园艺场等侵害植物新品种权纠纷案 / 284

七、河北华穗种业有限公司诉陈某、甘肃巨龙供销（集团）股份有限公司、张某某侵害“万糯2000”植物新品种权纠纷案 / 288

八、荆州市恒彩农业科技有限公司诉甘肃金盛源农业科技有限公司、郑州市华为种业有限公司侵害“WH818”“T37”植物新品种权纠纷案 / 291

九、江苏省高科种业科技有限公司诉江苏金大丰农业科技有限公司、董某某、曹某某、杨某某侵害“南粳9108”植物新品种权纠纷案 / 293

十、河北华穗种业有限公司诉程某兰等未经允许擅自生产他人授权品种侵权纠纷案 / 296

重点关注 / 299

一、农业农村部联合公检法等部门出台指导意见　严厉打击种业假冒伪劣套牌侵权违法犯罪行为 / 299

二、最高人民法院发布《最高人民法院知识产权法庭裁判要旨摘要（2021）》，其中两条涉及植物新品种案件 / 300

三、全国种业基地提升工作推进会在京召开 / 302

四、种业两大头部企业安徽荃银高科种业股份有限公司、袁隆平农业高科技股份有限公司因水稻品种“五山丝苗”产生纠纷，相互提起诉讼，堪称“中国水稻品种权诉讼第一案”，涉案金额3亿元 / 304

五、农业农村部办公厅发布《2022—2023年全国种业监管执法年活动方案》 / 305

六、海南自由贸易港农业植物新品种审查协作中心正式挂牌运行 / 306

七、国家审定优质水稻品种占比达六成 / 307

八、全国首创！农行重庆分行推出植物新品种权质押贷款 / 308

九、全国首单多方位保障植物新品种权被侵权损失保险落地三亚崖州湾科技城 / 310

十、我国专家成功当选国际植物新品种保护联盟理事会主席 / 311

第8章　地理标志

我国地理标志保护制度完善之建议 / 314

后记 / 325

CHAPTER 1

第1章 著作权

综　述

2022年度，著作权领域的法律实践呈现出鲜明的特点。在2020年《著作权法》大幅度修改的基础之上，本年度《著作权法》等领域内重要法律规定保持着相对稳定的状态，因技术演进带来的诸多新型法律问题亟待解答，对于2020年《著作权法》修改内容的消化吸收和创造性运用是近年来法律实践的主题。实践的快速发展叩问着包括律师在内的法律共同体的心灵，与之相关的立法演进、司法案例及新闻事件充分体现了行业实践对著作权理论与实践创新的渴求与呼唤。

本报告即是对过去一年来领域内法律实践的全面总结，为方便读者全面了解报告内容，特拟定综述内容如下，与各位读者共飨。

新法观察板块，主要系针对过去一年中著作权领域立法相关实践的概括总结。2022年度著作权领域的立法修订更多体现在最高人民法院、最高人民检察院针对特定领域的细分保护制定并出台相关司法解释或专门意见，实质仍是对2020年《著作权法》修订的回应，相关司法解释或专门意见中强调著作权相关的司法实践应当对特定著作权资源（如传统文化、民间文艺、创意产品、中医药等）的利用和保护起到引导作用，通过司法保护促进著作权客体价值的充分发挥，维护健康有序的市场秩序，实现著作权相关产业的可持续发展。

除此之外，包括著作权在内的知识产权案件管辖规定的变革同样引人关注。主要体现在著作权案件的审理开始全面向基层法院下沉，对于基层法院法官的专业能力和素养提出了新的要求。另外，国家版权局的相关规定对接

《马拉喀什条约》等国际条约在国内具体落地，充分体现了著作权领域广泛国际合作的鲜明特点，也充分体现了我国立法领域对于人权保护和实现的重视。

新闻事件板块，国家层面的战略规划纲要对于著作权在内的知识产权产业的发展提出了全新的要求。主要体现在：剑网行动、冬奥及世界杯等重大体育赛事的版权保护力度日益加大；主管部门对于著作权领域的平台垄断等行为作出了创新性认定和破纪录的处罚；知名电视节目、综艺节目和知名品牌广告的权属、侵权纠纷牵动舆论注意力；著作权的国际保护合作和刑事保护的讨论如火如荼；AI 造物和元宇宙相关的纠纷同样吸引了业界的高度关注。

公众对于著作权领域新闻事件的关注日趋热烈，背后体现的正是版权意识的觉醒和勃兴，同时也对著作权领域相关从业人员的专业水平和知识储备提出了更高的要求。

典型案例板块，司法实践中对于游戏、影视作品、体育赛事等内容的保护力度日趋加大，创纪录的高额赔偿层出不穷，同时判决认定的精细化、专业化的趋势越发显著，精妙的论证成为经典案例的“标配”。特别是对 NFT、元宇宙以及 AI 造物等法律规定滞后的新兴领域和技术，以及涉及复杂技术问题的著作权争议案件，有代表性的判决某种意义上可以直接塑造市场、引导行业。

同时，司法实践中对被侵权人住所地案件管辖规定、避风港原则的界限界定等“习以为常”的事项进行了全面反思和改进，尤其体现在涉及信息网络传播权的侵权案件审理思路发生重大变化，以往的诸多经验不再适用，对于从事版权领域业务的律师承办相关案件提出了新的要求。保持学习热情、关注前沿案件成为领域内从业人员的“必修课”。

总结而言，2022 年度著作权领域的实践看似“风平浪静”，实则“暗潮涌动”。新的市场环境和技术条件导致参与竞争的市场主体之间形成新的利益格局，而利益平衡恰恰是著作权领域永恒的命题，在存在立法相对滞后情形的前提下，对于新问题的解答恰恰最能体现版权律师的竞争力和价值所在，这也是本报告撰写的根本目的。在此，希望本章的内容能够起到“抛砖引玉”之效，对领域内的实践稍有启示和裨益，不枉作者的一番辛勤“劳动”，以期与诸位从业者共勉精进！

新法观察

一、《最高人民法院关于第一审知识产权民事、行政案件管辖的若干规定》

立法主要内容

最高人民法院 2022 年 4 月 20 日公布《最高人民法院关于第一审知识产权民事、行政案件管辖的若干规定》，自 2022 年 5 月 1 日起施行，其中对著作权相关民事、行政案件的管辖进行了调整，具体如下：

第一条 发明专利、实用新型专利、植物新品种、集成电路布图设计、技术秘密、计算机软件的权属、侵权纠纷以及垄断纠纷第一审民事、行政案件由知识产权法院，省、自治区、直辖市人民政府所在地的中级人民法院和最高人民法院确定的中级人民法院管辖。

法律对知识产权法院的管辖有规定的，依照其规定。

第二条 外观设计专利的权属、侵权纠纷以及涉驰名商标认定第一审民事、行政案件由知识产权法院和中级人民法院管辖；经最高人民法院批准，也可以由基层人民法院管辖，但外观设计专利行政案件除外。

本规定第一条及本条第一款规定之外的第一审知识产权案件诉讼标的额在最高人民法院确定的数额以上的，以及涉及国务院部门、县级以上地方人民政府或者海关行政行为的，由中级人民法院管辖。

法律对知识产权法院的管辖有规定的，依照其规定。

第三条 本规定第一条、第二条规定之外的第一审知识产权民事、行政案件，由最高人民法院确定的基层人民法院管辖。

律师评析

该司法解释对知识产权民事、行政案件的管辖进行了系统梳理和全面调整，涉及著作权领域的管辖问题，计算机软件的权属、侵权纠纷由知识产权法院及其他中级人民法院专属管辖，其他一般的著作权纠纷案件除超过规定数额的情况，一律由最高人民法院确定的基层人民法院管辖。新规出台后基层人民法院的受案压力增大，特别如北京地区，基层人民法院受理著作权案件不受标的额限制，短时间内可能出现案件“井喷”现象，法院的审理经验及法官配置能否跟上，同样有待观察。

二、《最高人民检察院关于全面加强新时代知识产权检察工作的意见》

立法主要内容

最高人民检察院 2022 年 2 月 28 日公布《最高人民检察院关于全面加强新时代知识产权检察工作的意见》，并于同日起正式施行，其中涉及著作权相关检察工作的内容包括：

……（七）稳步开展知识产权领域公益诉讼。加强对知识产权领域公益诉讼的理论研究和实证分析，把握知识产权公益诉讼特点和规律。梳理知识产权领域公益诉讼案件线索，依托公益诉讼法定领域积极稳妥拓展知识产权领域公益保护。重点加强国家地理标志产品相关生态环境和资源保护，统筹保护涉及的食品药品安全；从维护粮食安全出发，加强种业知识产权的公益保护；从维护英烈权益出发，加大相关商标权、著作权公益损害案件办理力度；聚焦传统文化、民间文艺、传统知识保护，积极稳妥办理文物和文化遗产公益损害案件。通过办理典型案件回应社会关切、维护社会公共利益。加强与相关执法部门的沟通协作，堵塞管理漏洞，促进社会治理创新。

律师评析

近年来知识产权领域的刑事保护是实务中的热点话题，除一般的侵犯著作权刑事案件外，各级人民检察院积极行使检察权利，著作权领域的公益诉讼同样是值得关注的热点，特别是对于涉及英烈保护、传统文化、民间文艺的情形，包括为数众多的“孤儿作品”的权益保护问题，公益诉讼可以有效弥补传统著作权维权模式的不足，实现对于著作权更高水平的全面保护，震慑相关不法主体的侵权行为。

三、《最高人民法院关于为促进消费提供司法服务和保障的意见》

立法主要内容

最高人民法院 2022 年 12 月 26 日公布《最高人民法院关于为促进消费提供司法服务和保障的意见》，并于同日起正式施行，其中涉及著作权相关的内容包括：

……19. 加强知识产权保护。严格实施知识产权侵权惩罚性赔偿制度，有效遏制知识产权侵权行为，通过加强司法保护促进科技创新成果的产出和运用，助力科技强国建设。依法整治知识产权领域虚假诉讼、恶意诉讼、滥用诉权等不诚信诉讼行为，积极为广大市场主体技术研发和科技创新创造良好法治环境。加大对“专精特新”中小企业关键核心技术和原始创新成果的司法保护力度，支持和引导市场主体通过技术进步和科技创新提升核心竞争力，积极发挥供给侧对消费升级的支撑引领作用。加强文化创意产品著作权保护，鼓励文化创意产品创作，助推优质文化资源开发和中华优秀传统文化创造性转化、创新性发展，助力增加优质文化产品和服务供给。

律师评析

近年来，随着经济增速的放缓，传统的“三驾马车”中，投资的边际递减效应日趋显著，出口因汇率及国际形势影响同样效用有限，扩大内需、促进消费成为经济发展的核心着眼点。最高人民法院为此出台专门意见，强调对于文创产品的著作权保护，特别是对于优质文化资源开发和传统文化转化等领域的支持，不论是此前爆火的故宫相关文创产品，还是近期电影《流浪地球 2》的周边产品众筹过亿的相关新闻，都反映出广大群众对于文创产品的需求和认同，司法保护则是相关市场健康有序发展的根本保障，最高人民法院出台相关意见恰逢其时。

四、《最高人民法院发布关于加强中医药知识产权司法保护的意见》

立法主要内容

最高人民法院 2022 年 12 月 21 日公布《最高人民法院发布关于加强中医药知识产权司法保护的意见》，并于同日起正式施行，其中涉及中医药相关著作权保护的内容如下：

……8. 加强中医药著作权及相关权利保护。依法把握作品认定标准，加强对中医药配方、秘方、诊疗技术收集考证、挖掘整理形成的智力成果保护和创作者权益保护。依法保护对中医药古籍版本整理形成的成果，鼓励创作中医药文化和科普作品，推动中医药文化传承发展。加强中医药遗传资源、传统文化、传统知识、民间文艺等知识产权保护，促进非物质文化遗产的整理和利用。依法保护对中医药传统知识等进行整理、研究形成的数据资源，支持中医药传统知识保护数据库建设，推进中医药数据开发利用。

律师评析

随着新型冠状病毒感染纳入“乙类乙管”，中医药在抗击疫情、保障人民生命健康中的作用有目共睹，中医药的著作权及相关权利的保护同样不容忽视，特别是中医药汇编作品、古籍点校乃至数据库成果的保护，直接影响相关参与主体的权益保障和创作动力，通过颁布专门司法解释进行倾斜性保护，顺应时代和人民群众的要求，对中医药著作权成果的价值提升也将提供有力支撑。

五、《以无障碍方式向阅读障碍者提供作品暂行规定》

立法主要内容

国家版权局2022年8月1日公布《以无障碍方式向阅读障碍者提供作品暂行规定》，并于同日起施行，该规定主要包括以下内容：

第一，明确阅读障碍者、无障碍格式版、无障碍格式版服务机构及跨境交换机构的定义；

第二，对制作无障碍格式版的限制性规定；

第三，对避开技术措施的特殊规定；

第四，服务机构及跨境交换机构的设立条件；

第五，相关法律责任。

律师评析

加入国际版权条约是中国迈向知识产权强国，提升自身知识产权国际影响力的重要凭借，《关于为盲人、视力障碍者或其他印刷品阅读障碍者获得已出版作品提供便利的马拉喀什条约》作为版权领域的第一部人权条约，其历史意义不言自明。中国作为马拉喀什条约的首批缔约国，积极参加了该条约的起草和签署，2022年5月5日该条约正式生效，中国作出了仅暂不适用于澳门特别行政区的低保留程度声明，意味着我国在版权领域的人文关怀水平进一步提升，也为我国知识产权领域的国际合作、地位提升写下了浓墨重彩的一笔。《著作权法》的相应修改及此次条约配套规定的落实，也将确保实践中对阅读障碍者的权利保障，为相关主体参与无障碍格式版的制作、服务提供依据，避免“无法可依”导致的权利落空情形。[①]

---

① “新法观察”作者：李静传律师、张荣康律师，泰和泰（北京）律师事务所。

典型案例

一、广州网易计算机系统有限公司、上海网之易吾世界网络科技有限公司与深圳市迷你玩科技有限公司著作权侵权及不正当竞争纠纷案①

典型性：刷新国内游戏领域侵权判决赔偿额的纪录，认定沙盒建造类游戏整体画面构成视听作品。

案情聚焦

2022年11月30日，广东省高级人民法院（以下简称广东高院）对《我的世界》与《迷你世界》两款游戏著作权侵权及不正当竞争纠纷案作出终审判决，认定运营《迷你世界》的深圳市迷你玩科技有限公司（以下简称深圳迷你玩公司）不构成著作权侵权，构成不正当竞争，判令深圳迷你玩公司删除游戏中230个侵权元素，并赔偿广州网易计算机系统有限公司、上海网之易吾世界网络科技有限公司（以下合称网易公司）5000万元。该判决创造了国内游戏侵权纠纷案件最高判赔数额。

瑞典Mojang公司开发的沙盒类游戏《Minecraft》（《我的世界》）一经推出即以其独特的美术风格、游戏设计与高自由度等要素风靡全球。2016年5月，网易公司宣布获得《我的世界》游戏在中国区域的独家运营权，并有权针对任何知识产权侵权行为和不正当竞争行为进行维权；同月，深圳迷你玩公司在手机安卓端上线被诉侵权游戏《迷你世界》，其后又陆续上线该游戏的手机IOS版及电脑版。一些游戏行业人士与玩家表示，上线之初，《迷你世界》与《我的世界》的玩法、画面、角色等雷同程度很高。《迷你世界》主要通过用户充值获利，各渠道下载数量累计超过33.6亿次，上线运营至今获得超过4亿注册用户，在国内沙盒游戏领域名列前茅。

---

① 一审案号：（2019）粤03民初2157号；二审案号：（2021）粤民终1035号。

2019年，网易公司向深圳市中级人民法院（以下简称深圳中院）提起诉讼，指控《迷你世界》多个游戏核心基本元素抄袭《我的世界》，两者游戏整体画面高度相似，构成著作权侵权及不正当竞争，诉请法院判令深圳迷你玩公司停止侵权、消除影响、赔偿5000万元等。深圳中院一审认定《迷你世界》构成著作权侵权，判令深圳迷你玩公司删除侵权游戏元素并赔偿网易公司2113万余元。双方均不服一审判决，上诉至广东高院。

广东高院经审理认为，涉案两款游戏属于沙盒类游戏。两款游戏整体画面构成视听作品，但两者的相似之处在于游戏元素设计而非游戏画面，因此驳回网易公司关于著作权侵权的诉请。同时广东高院认为，《迷你世界》与《我的世界》在玩法规则上高度相似，在游戏元素细节上有诸多重合，已经超出合理借鉴的界限。深圳迷你玩公司通过抄袭游戏元素设计的方式，直接攫取了他人智力成果中关键、核心的个性化商业价值，以不当获取他人经营利益的手段抢夺商业机会，构成不正当竞争。

对于赔偿数额，广东高院认为，深圳迷你玩公司作为侵权方，理应掌握经营所得相关数据，却无正当理由拒绝向法院提供，应当承担不利的法律后果，根据第三方平台《迷你世界》下载量、收入数据等优势证据，综合多种方法计算，均显示深圳迷你玩公司侵权获利远超网易公司诉请赔偿数额，遂全额支持其赔偿诉请。

律师评析

《我的世界》系世界知名的沙盒建造类游戏，其较高的自由度和玩法可以充分释放玩家的想象力和建造能力，但该类游戏基本元素为各种方格堆砌，整体外观风格粗糙，且游戏的自由模式缺乏剧情要素。本案中一、二审法院对游戏画面是否符合视听作品的构成要件进行了详细界定，包括游戏动态画面与静态画面之间的关系等问题，在此基础上，二审法院针对游戏整体画面、游戏规则等游戏内设计要素是否侵权进行了详细比对，并最终认定深圳迷你玩公司批量抄袭游戏元素设计的行为构成不正当竞争，且因深圳迷你玩公司拒不提供经营所得数额及相关证据，结合其他营收证据推定深圳迷你玩公司侵权所得远超网易公司诉请数额，最终二审法院改判全面支持网易公司的索赔请求，创造了国内游戏领域维权赔偿额的新高。

关于国内游戏领域的著作权保护，特别是随着《著作权法》及《反不正当竞争法》等法律的修改，游戏整体画面的保护及游戏规则等核心要素的保护日益成为司法实践关注的重点。本案中广东高院对相关问题的认定工作十分扎实，且判决书形式新颖，大量进行插图比对，生动形象，论理部分层层渐进，赔偿方面的支持力度更是魄力十足，对于后续试图采取类似“搭便车”手段攫取他人核心创新设计的侵权主体起到了有力的震慑作用。

二、央视动漫集团有限公司与杭州大头儿子文化发展有限公司著作权侵权纠纷案①

典型性：《大头儿子和小头爸爸》相关著作权纠纷再次取得重大进展，案件涉及对特定历史时期的法人作品、职务作品及委托创作作品的定性分析。

案情聚焦

2022 年 2 月 28 日，最高人民法院公开审理了央视动漫集团有限公司（以下简称央视动漫公司，即原央视动画公司）与杭州大头儿子文化发展有限公司（以下简称大头儿子文化公司）著作权侵权纠纷再审一案，该案一审、二审、再审分别由杭州市滨江区人民法院、杭州市中级人民法院、浙江省高级人民法院审理，一审法院认定央视动漫公司构成侵权，判决其赔偿大头儿子文化公司经济损失及合理开支 42 万余元。二审、浙江省高级人民法院再审均维持了该判决。央视动漫公司不服该再审裁定，向最高人民法院提起申诉，最高人民法院提审该案，并多次组织谈话及开庭审理。

本案的核心争议点在于《大头儿子和小头爸爸》中三个主要人物造型的

---

① 一审案号：（2014）浙滨知初字第 636 号；二审案号：浙杭知终字第 358 号；再审案号：（2022）最高法民再 44 号。

著作权的归属。纠纷的起点在于作者刘某岱于1994年创作的三幅草图（以下简称94年草图），当时其并未与中央电视台明确相关权利的归属。而刘某岱后于不同时间分别与大头儿子文化公司股东洪某、央视动漫公司签订了多份涉及94年草图著作权归属的协议或者说明，对权属的处分多次反复，导致双方的权利冲突日益加剧。本案再审审理过程中核心的认定问题在于刘某岱1995年签署的著作权权属确认声明（以下简称95年声明）的效力问题，该声明中刘某岱同意其创作的全部人物造型的全部版权及全部使用权归中央电视台、上海东方电视台两家共同所有，最高人民法院认定95年声明落款时间为1995年2月8日，即使根据另案中的鉴定意见所载该声明实际形成时间为1998年，其签署时间亦早于前述与洪某签署的协议或者说明。同时，在94年草图的基础上，由中央电视台（后将《大头儿子和小头爸爸》作品权利转让至央视动漫公司）和上海东方电视台联合摄制的《大头儿子和小头爸爸》动画片1995年即已播出，片尾播放的演职人员列表中载明："人物设计：刘某岱。"刘某岱认识洪某并与其签订转让协议均在2012年以后，而在此前长达18年的时间里，刘某岱从未就其作品被使用向中央电视台或央视动漫公司主张过权利或提出过异议。此外，2020年11月16日，广东省高级人民法院作出（2020）粤民申1905号民事裁定维持了广东省深圳市中级人民法院（2019）粤03民终19075号二审民事判决，该二审判决采信央视动漫公司提交的司法鉴定书，认定95年声明上刘某岱签名的真实性。2021年10月15日，北京市高级人民法院作出（2021）京民申2319号民事裁定维持了北京知识产权法院（2019）京73民终2548号民事判决，该二审判决根据司法鉴定结论，认定95年声明系刘某岱作出，广东法院和北京法院均依据司法鉴定结论认可了95年声明上刘某岱签名的真实性。因此根据上述证据以及相关事实，应当认定95年声明真实合法有效，而大头儿子文化公司提交的视频证据不足以推翻上述认定，94年草图除署名权以外的著作权及其他知识产权属于中央电视台所有，刘某岱无权就94年草图著作权再转让至洪某。大头儿子文化公司不享有94年草图的著作权，其诉讼请求缺乏事实和法律依据，应当予以驳回，央视动漫公司的申诉理由成立，最高人民法院予以支持，最终判决如下：

一、撤销浙江省杭州市中级人民法院（2015）浙杭知终字第 358 号民事判决和浙江省杭州市滨江区人民法院（2014）杭滨知初字第 636 号民事判决；

二、驳回大头儿子文化公司全部诉讼请求。

律师评析

《大头儿子和小头爸爸》系中央电视台与上海东方电视台共同制作发行的动画作品，在国内具有极高的知名度和影响力，可谓影响了一代人的成长。但围绕该动画中“大头儿子”“小头爸爸”及“围裙妈妈”三个经典人物形象美术设计产生的版权争议却为这一国民 IP 的开发利用蒙上了阴影，而冲突的根源即在于早年著作权相关规定的缺失及各主体版权意识的不足，导致刘某岱创作的 94 年草图的人物形象著作权权属归属不明。刘某岱与央视动漫公司、大头儿子文化公司及其股东洪某多次就 94 年草图的权属进行约定，“一女二嫁”最终导致产生激烈的权利冲突，自 2014 年以来相关各方在全国各地互相起诉，相关联的案件多达数十起，直接影响到这一国民 IP 的后续开发利用。

本次再审案件的核心争议就围绕 94 年草图的权属展开，此前大头儿子文化公司的诉请在浙江三级法院均获得支持，央视动漫公司向最高人民法院申诉后，最高人民法院决定提审本案。再审中，最高人民法院首先认定目前证据不足以证明 94 年草图是刘某岱代表单位意志进行创作或者是为完成借调工作任务而创作，故而不构成法人作品或特殊职务作品；其次将着眼点落于 95 年声明上，通过各方合同签署及履行情况、刘某岱签名的鉴定结论等证据，最终认定央视动漫公司享有 94 年草图的著作权，支持了央视动漫的申诉请求。

近年来，随着一代人的回忆热，市场对经典 IP 的重新开发使相关 IP 的价值日益水涨船高，但经典 IP 权属问题同样是高悬在相关利益方头顶的“达摩克利斯剑”，贸然开发利用最终可能导致巨额投入“打水漂”，甚至还将面临侵权风险。最高人民法院针对本案的再审判决为类似 IP 的权属认定提供了重要的指导，也为围绕《大头儿子和小头爸爸》相关的版权争议画下了阶段性的休止符，然而，最终能否做到案结事了、再无争议，仍待进一步观察与关注。

三、央视国际网络有限公司与沈阳盘球科技有限公司、上海悦保信息科技有限公司行为保全纠纷案

典型性： 首例“世界杯”版权相关诉前禁令，针对时效性较强的体育赛事进行倾斜保护。

案情聚焦

2022 年 12 月 7 日，上海市浦东新区人民法院（以下简称浦东法院）收到卡塔尔世界杯赛事的授权方央视国际网络有限公司（以下简称央视国际公司）提出的行为保全申请，央视国际公司称其经国际足联和中央广播电视总台授权，有权通过信息网络以直播、延播和点播形式转播 2022 年卡塔尔世界杯赛事节目，并进行维权。卡塔尔世界杯开幕以来，申请人央视国际公司持续发现被申请人上海悦保信息科技有限公司（以下简称上海悦保公司）经营的“足球直播网”专门在首页设置热门直播，点击“观看直播”即可跳转到被申请人沈阳盘球科技有限公司（以下简称沈阳盘球公司）经营的盗版网站“盘球吧”观看世界杯赛事的直播。两被申请人均为世界杯赛事设置了专门页面，构成著作权的共同侵权，且侵权恶意明显。故请求法院裁定被申请人上海悦保公司立即停止并不再通过“足球直播网”提供 2022 年卡塔尔世界杯“观看直播”之服务，停止提供跳转至第三方侵权网站观看上述赛事之服务；被申请人沈阳盘球公司立即停止并不再通过网站“盘球吧”提供侵害 2022 年卡塔尔世界杯足球赛事著作权之直播服务。

浦东法院接受申请后立即进行审查，并于 24 小时内即作出裁定，认定 2022 年卡塔尔世界杯赛事节目是具有独创性的视听作品。申请人央视国际公司经合法授权，享有通过互联网以直播、延播和点播等形式转播 2022 年卡

塔尔世界杯赛事节目的权利及转授权的权利，并有权进行维权，其请求保护的知识产权效力稳定。被申请人上海悦保公司在其运营的“足球直播网”上为世界杯赛事设置“观看直播”的跳转链接，链接到被申请人沈阳盘球公司运营的“盘球吧”网站中的世界杯比赛直播页面，实时或延时向公众提供2022 年卡塔尔世界杯赛事节目的在线观看服务。两被申请人具有较大的侵权可能性，申请人的行为保全请求具有事实基础和法律依据，同时 2022 年卡塔尔世界杯具有极大的社会关注度和影响力，相关赛事节目属于时效性极强的热播节目，具有极高的经济价值，能够给申请人带来较大的经济利益。两被申请人的被诉行为发生在 2022 年卡塔尔世界杯举办期间，结合被诉行为模式判断，两被申请人未来仍可能通过相同的方式进行世界杯赛事在线直播。若不及时制止该行为，可能对申请人的竞争优势、经济利益等带来难以弥补的损害。申请人的行为保全申请不仅针对已经和正在发生的侵权行为，同时也是针对即发侵权行为，其指向明确、范围适当，且提供了相应担保，故采取行为保全措施不会造成当事人间利益的显著失衡，也不会损害社会公共利益。

综上，浦东法院裁定责令被申请人沈阳盘球公司立即停止并不得在其运营的“盘球吧”网站提供 2022 年卡塔尔世界杯赛事节目，被申请人上海悦保公司立即停止并不得在其运营的“足球直播网”上设置链接跳转至“盘球吧”网站的卡塔尔世界杯的赛事观看页面。

律师评析

2022 年卡塔尔世界杯是首次在北半球冬季举办的世界杯赛事，开赛以来就吸引了全世界的目光。本届世界杯号称“史上最贵世界杯”，一方面体现东道主卡塔尔耗资之巨，另一方面也表明其作为全球最具吸引力赛事蕴含着巨大的商业价值。足球是世界第一运动，而世界杯是足球领域的最高赛事，可谓体育领域皇冠上的宝石。但是，巨大的商业价值同样会引来不法之徒的觊觎，世界杯 1/4 决赛开幕之际即出现了沈阳盘球公司运营的“盘球吧”网站提供的盗播比赛链接，而上海悦保公司运营的“足球直播网”设置了相应的跳转链接，央视国际公司作为国际足联和中央广播电视总台授权的网络分销商，为制止相关侵权行为提出了行为保全申请，浦东法院接到申请后快速进行审查，对相关申请是否具有事实基础和法律依据、是否会造成难以弥补的损害、是否会导致利益显著失衡、是否损害社会公共利益四方面进行了重点审查，并于24小时内即作出裁定并送达执行，有力地维护了权利人的合法权益，充分保障了体育赛事的价值实现。

四、深圳奇策迭出文化创意有限公司与杭州原与宙科技有限公司著作权侵权纠纷案①

典型性： 国内首例NFT数字藏品著作权侵权案件。

案情聚焦

漫画家马某里以“不二马”为笔名，创作了美术作品“我不是胖虎”系列作品，于2021年12月16日通过注册的微博账号“不二马大叔”发布系列相关的作品《胖虎打疫苗》，深受网友喜爱，并于2022年1月出版《胖虎下山》书籍，系列作品中核心的“小胖虎”形象一跃成为爆款IP，它的联名及周边等衍生作品亦火遍网络。马某里通过《著作权授权许可使用合同》授权深圳奇策迭出文化创意有限公司（以下简称深圳奇策公司）享有系列作品在全球范围内独占的著作权财产性权利以及维权权利。深圳奇策公司在杭州原与宙科技有限公司（以下简称杭州原与宙公司）经营的数字资产交易平台发现平台用户铸造并发布了《胖虎打疫苗》NFT数字藏品，售价为899元。该NFT数字藏品与马某里在微博发布的插图作品完全一致。深圳奇策公司认为，杭州原与宙公司的行为严重侵害了自身享有的著作权，给其造成了经济损失，故向杭州互联网法院主张权利并要求杭州原与宙公司赔偿损失10万元。

---

① 一审案号：（2022）浙0192民初1008号；二审案号：（2022）浙01民终5272号。

杭州互联网法院经过审理，认定 NFT 数字藏品交易行为是受信息网络传播权所控制的行为，且 NFT 数字藏品的特性决定其交易不适用权利用尽原则，同时结合 NFT 数字藏品的特殊性及交易模式、技术特点、平台控制能力、营利模式等特征，NFT 交易平台应当承担更高的审查注意义务。

据此，杭州互联网法院认定杭州原与宙公司侵权行为成立，判令杭州原与宙公司立即停止侵害深圳奇策公司《胖虎打疫苗》美术作品信息网络传播权的行为，并赔偿深圳奇策公司经济损失及合理支出 4000 元。一审判决作出后，杭州原与宙公司不服一审判决提出上诉，杭州市中级人民法院经审理后驳回其上诉请求，维持原判。

律师评析

近年来，元宇宙的概念持续升温，而与之相关的 NFT 逐渐被公众视野所关注。NFT（Non-Fungible-Token）即非同质化通证，本质上是一张权益凭证，能够记录关于特定客体的初始发行方、发行日期以及未来的每一次流转信息，可证明权益的流通及归属，这也是 NFT 核心价值所在。非同质化意味着不可互换和不可复制，因此每个 NFT 都标识着独一无二的数字资产。NFT 因其特质自问世以来受到了热烈追捧，因其解决了数字藏品可以被轻易复制而导致不具备稀缺性的难题，使数字创意的利用可以实现价值最大化。

NFT 虽然可以解决“上链”之后的权属和流通问题，但是最关键的权利原始确认环节始终面临困境，NFT 的生成和发行高度依赖特定平台，但平台并不具备甄别 NFT 制作、发布者与 NFT 数字藏品涉及的作品权属的能力，导致出现大量不法主体将他人享有权利的作品“铸造”为 NFT 数字藏品的情形。本案同样也是此种情形，法院在审理过程中对 NFT 的内涵和外延进行定义和扩展，并对 NFT 的财产性质作出了肯定性的结论，通过对 NFT 生成、发行流程及信息网络传播权规制进行全面剖析，明确在 NFT 平台生成、发布未经授权作品的 NFT 落入信息网络传播权控制的范围，对 NFT 平台应当承担的审查注意义务进行界定。且法院考虑到 NFT 数字藏品的特性，创新性地责令平台采取断开链接并将上链后的 NFT 信息地址打入黑洞等措施，最大限度实现了停止侵权内容传播的效果，同样为后续类似案件的处理和判决执行提供了有力的参考。

五、深圳市腾讯计算机系统有限公司、腾讯云计算（西安）有限责任公司与北京微播视界科技有限公司、西安闪游网络科技有限公司著作权侵权纠纷案①

典型性：刷新国内影视领域著作权侵权纠纷案件判决赔偿数额纪录。

案情聚焦

原告深圳市腾讯计算机系统有限公司、腾讯云计算（西安）有限责任公司（以下合称腾讯公司）向西安市中级人民法院（以下简称西安中院）诉称，网络剧《云南虫谷》改编自著名小说《鬼吹灯》系列，该剧自2021年8月30日起在“腾讯视频”全网独家播出，该剧著作权人上海腾讯企鹅影视文化传播有限公司持续不断地向被告北京微播视界科技有限公司（以下简称微播视界公司）发送预警函，明确告知《云南虫谷》的权利归属，通知其应采取有效措施避免侵权视频在抖音平台上传播。后原告发现微播视界公司运营的抖音App中已经开始传播海量的侵害《云南虫谷》信息网络传播权的视频。原告经该剧著作权人上海腾讯企鹅影视文化传播有限公司授权，享有该剧信息网络传播权，并有权就侵害信息网络传播权的行为单独或共同进行维权。同时，抖音App播出的《云南虫谷》侵权视频，不正当地攫取了原告“腾讯视频”用户流量，构成不正当竞争。西安闪游网络科技有限公司（以下简称闪游公司）是“骑士助手”应用程序和“骑士下载”网站的运营者，提供“抖音”的分发、下载服务，与微播视界公司构成共同侵权。故腾讯公司诉至法院，诉讼请求如下：判令微播视界公司立即停止侵害原告著作权及不正当竞争行为，即立即采取有效措施删除、过滤、拦截未经授权传播的网络剧《云南虫谷》视频内容；判令闪游公司立即停止在“骑士助

① 一审案号：（2021）陕01知民初3078号。

手”应用程序提供“抖音”的分发和下载服务；判令微播视界公司连续一个月在其官方网站“www. douyin. com”首页显著位置以及 App 显著位置刊登声明，消除影响；判令二被告连带赔偿原告损失及合理支出计人民币 9000 万元。

西安中院经审理后认定，微播视界公司应对抖音平台内侵权内容承担相应的管理义务，虽然其已采取措施减少了侵权作品的数量，但侵权行为仍未得到有效遏止。故法院认定微播视界构成帮助侵权，要求其立即采取有效措施删除、过滤、拦截相关视频；另经综合考虑涉案作品类型、制作成本、知名程度、被告侵权行为性质、可能获益等因素，法院酌定微播视界公司需赔偿腾讯公司因侵权行为遭受的经济利益损失为平均每集 200 万元，总计 3200 万元，并判决其支付腾讯公司 42 万余元的合理维权费用。①

律师评析

近年来短视频平台发展十分迅猛，成为广大消费者“注意力经济”的流量核心和信息渠道入口，与此同时，一种对长视频影视作品进行剪辑、“拉片”的短视频形式成为相关公众热捧的内容，也导致了支付巨额授权费的长视频平台的损失。近年来，爱奇艺、优酷等长视频平台纷纷针对抖音、快手等短视频平台提起维权诉讼，本案即是类似案件的最新进展。法院对于抖音平台“避风港原则”的认定采取了限缩的态度，即未能遏制侵权内容传播的删除行为并不能完全阻却平台的责任承担，平台应当更加积极采取各类技术手段进行过滤、拦截。该案的认定实质上加重了抖音等短视频平台的事先审查义务。限缩“避风港原则”的适用是包括欧美国家在内的立法和司法趋势，特别是短视频平台作为流量经济的代表，享受流量带来的收益的同时，也必须承担流量可能带来的侵权责任风险，而不是通过简单的删除即享有

① 一审判决作出后，抖音相关法务责任人表示将对本案提起上诉，但截至本书成稿之时，尚未在公开渠道查询到本案二审信息。参见《〈云南虫谷〉获赔 3240 万元》，载北京商报百家号，https：//baijiahao. baidu. com/s? id = 1748313963776216975&wfr = spider&for = pc。

"避风港原则"的免责效果。除此之外，本案的巨额赔偿也十分引人关注，平均每集200万元，总计3200万元的赔偿金额打破了全国同类案件的判赔金额纪录，平均每集的价格达到了此前同类案件最高纪录的16倍，该等判赔金额体现了法院倾斜保护权利人的决心和态度，也给短视频平台等易发侵权的流量"集散地"敲响了警钟。

六、中国音像著作权集体管理协会与天合文化集团有限公司等著作权许可代理服务合同纠纷案①

典型性：著作权集体管理领域的重大纠纷案例。

案情聚焦

中国音像著作权集体管理协会（以下简称音集协）与天合文化集团有限公司（以下简称天合集团）自2007年起陆续签署《服务协议》及其补充协议，约定由音集协委托天合集团在全国范围内组建卡拉OK版权交易服务机构，代音集协向全国各地的卡拉OK经营者收取节目版权使用费，包括但不限于以天合集团名义组建服务机构，为甲方代收转交版权使用费等。后因天合集团迟延支付相关款项，音集协将天合集团及各子公司诉至北京知识产权法院，要求解除协议、支付相关款项及迟延支付利息。北京知识产权法院经审理判决：音集协与天合集团签订的全部9份涉及卡拉OK著作权许可事务独家合作协议自2018年11月1日起解除，天合集团及各子公司向音集协支付款项95300233.7元及相应的延迟支付利息。

天合集团不服一审判决，向北京市高级人民法院（以下简称北京高院）提出上诉。北京高院经审理后认为天合集团存在迟延履行支付义务、未完成"三统一"承诺、通过关联公司截留版权费、收取的版权费不进入共管账户、私下收取现金、未完成承诺的收费到账额度等严重违约行为，足以导致音集协履行著作权集体管理组织职能受阻，导致音集协通过发放版权许可并收取

① 一审案号：（2018）京73民初904号；二审案号：（2021）京民终929号。

版权使用费、向权利人转付版权收益的合同目的无法实现。天合集团及其子公司的上述行为构成根本性违约，音集协因此提出解除涉案合同的主张具有事实和法律依据，一审法院认定音集协既享有约定解除权，也同时享有法定解除权并无不当，天合集团的上诉主张缺乏事实和法律依据，因此不予支持。

据此，北京高院作出驳回天合集团上诉，维持原判的终审判决。

律师评析

音集协与 KTV 经营企业之间的纠纷往来已久，特别是自 2018 年以来，音集协曲库不透明、收费标准和服务模式问题、直接要求 KTV 下架歌曲等事件的发生，导致 KTV 经营企业“怨声载道”，纷纷停止缴纳许可费乃至发生起诉音集协垄断纠纷，双方矛盾日益突出，而音集协与其合作方天合集团之间的纠纷也浮出水面，使该集体管理组织的经营运行受到质疑。2020 年修正的《著作权法》对集体管理制度进行了变革，著作权集体管理组织有义务定期公布使用费收付情况，使用费收取标准也需与使用者代表协商确定，同时为避免权利滥用，通过各种手段对包括音集协在内的著作权集体管理组织进行监督管理，坚持著作权集体管理组织的非营利性，坚决杜绝商业机构介入著作权集体管理，本案正体现了这一指导精神，为后续音集协厘清授权关系，明确收费标准，维护 KTV 经营者及其消费者的合法权益奠定坚实基础。

七、李某波、安某、张某超、李某然、曲某生等侵犯著作权罪案①

典型性：知名变形金刚玩具衍生产品的著作权刑事案件，涉案金额巨大。

案情聚焦

“TRANSFORMERS”系列玩具系孩之宝有限公司（Hasbro Inc）（以下简

① 一审案号：（2021）沪 0110 刑初 463 号；二审案号：（2021）沪 03 刑终 76 号。

称孩之宝公司）自2000年起陆续创作的美术作品，后孩之宝公司又根据该作品制作、生产了变形金刚系列玩具，并在市场上销售。

2015年12月21日，被告人李某波就玩具机器人（“W8022M01战擎司令官”）向国家知识产权局申请外观设计专利，授权公告日为2016年5月25日。此外，被告人李某波就“玩具（萌威统帅）”于2020年3月16日向广东省版权局进行作品登记，《作品登记证书》显示作品类别为F类的美术作品，著作权人为李某波，创作完成时间为2019年11月29日。

2019年起，被告人李某波伙同被告人安某，雇用被告人张某超、李某然、曲某生等人，在未经孩之宝公司许可的情况下，对孩之宝公司销售的变形金刚系列玩具进行微调设计，后委托他人批量生产，并在广东省汕头市工厂内进行组装、包装等，再冠以“威将”“陆霸”等品牌对外销售。其中，被告人安某负责对部分产品进行设计，被告人曲某生负责对部分产品进行上色，被告人张某超负责生产，被告人李某然负责运输。

根据权利人孩之宝公司报案申请，公安机关于2020年6月5日在广东省汕头市威将新概念模型科技有限公司内扣押“J6621秦天战士”“W8601黄锋战士”等变形金刚系列玩具共计2万余件。经中国版权保护中心版权鉴定委员会鉴定，上述被查获的32款涉案玩具中有31款玩具与孩之宝公司的变形金刚玩具基本相同，有1款玩具与孩之宝公司的变形金刚玩具相似。经审计，被告人李某波、张某超、李某然的非法经营数额共计200余万元；被告人安某的非法经营数额共计57万余元；被告人曲某生的非法经营数额共计9万余元。

本案进入公诉阶段后，一审法院认为：首先，被告人李某波当庭供述其对孩之宝公司销售的变形金刚系列玩具进行微调设计后再申请外观设计专利及作品登记，系为了规避法律风险，可见其在主观上具有恶意。其次，我国外观设计专利登记机关在进行外观设计专利注册登记时并不做实质审查，著作权亦自创作完成之时即自然取得，当事人可自愿办理作品登记。本案中，孩之宝公司的相关作品的著作权形成时间均早于被告人李某波取得的上述外观设计专利及作品登记的申请时间。最后，被告人李某波实际生产、销售的“战擎司令官”玩具与其所申请的外观设计专利中所对应的玩具亦并不相同。

综上，被告人李某波所申请的外观设计专利及自愿进行的作品登记并非以诚实信用的方式取得，且孩之宝公司的相关作品的著作权形成时间均早于被告人李某波的上述权利，遂判处被告人李某波有期徒刑三年三个月，并处罚金人民币 120 万元；其他同案被告人被判处一年至三年不等的有期徒刑，并处人民币 1 万元至 10 万元不等的罚金；违法所得予以追缴，查获的侵权商品及供犯罪所用的本人财物等均予以没收。

一审宣判后，被告人李某波不服一审判决，提起上诉。二审法院经审理后，裁定驳回上诉，维持原判。

律师评析

“变形金刚”系国际知名的动画 IP，且该 IP 本身即起源于为宣传儿童玩具制作的同名系列动画，随着动画、电影作品知名度日益提高，相关周边产品的销量也水涨船高，衍生价值的开发成为影视领域的重要创收。本案被告人数众多，侵权玩具款式覆盖较为全面，且涉及设计、生产及销售各环节，而被告人申请侵权产品外观设计专利、著作权登记的行为同样导致对其行为定性需要仔细甄别。本案判决体现了司法机关对 IP 周边衍生产品这一侵权多发领域的关注和严厉打击侵权行为的决心，为外资企业来华投资经营提振了信心，同样也肃清、营造了良好的市场经营环境。

八、天云融创数据科技（北京）有限公司与北京九章云极科技有限公司、张某者侵害计算机软件著作权纠纷案①

典型性：计算机软件文档的著作权性质认定。

案情聚焦

天云融创数据科技（北京）有限公司（以下简称天云融创公司）一审

① 一审案号：（2018）京 73 民初 1690 号；二审案号：（2021）最高法知民终 1647 号。

向北京知识产权法院诉称：天云融创公司为天云大数据分布式数据科学平台（以下简称MaximAI平台）计算机软件的著作权人，并已经进行了软件著作权登记。张某者自2014年10月10日至2018年3月31日在天云融创公司担任售前工程师职务，其取得MaximAI平台软件使用说明书、白皮书（以下合称涉案文档）等材料，直接参与公司与客户的谈判和沟通，提供技术阐述支持。此后，张某者入职北京九章云极科技有限公司（以下简称九章云极公司），九章云极公司在其官方网站“http：//www. zetyun. com”公开发布“APS数据科学平台产品白皮书”（以下简称被诉侵权文档），大量内容与涉案文档相同或近似，故要求法院判令九章云极公司停止侵害其软件著作权，删除或修改被诉侵权文档中与涉案文档相同或近似的内容，并在全国公开发行的报刊上赔礼道歉，与张某者连带赔偿经济损失50万元、合理支出2.6万元。

一审法院经审理后认为：《计算机软件保护条例》第二条规定，本条例所称计算机软件（以下简称软件），是指计算机程序及其有关文档。第三条第二项规定，文档，是指用来描述程序的内容、组成、设计、功能规格、开发情况、测试结果及使用方法的文字资料和图表等，如程序设计说明书、流程图、用户手册等。虽然根据上述条款，文档属于计算机软件的一部分，但并非所有形式上存在于与软件有关的文档中的内容均为《计算机软件保护条例》保护的作为计算机软件一部分的文档。法院认为，只有用于描述计算机程序，与该计算机程序有对应关系，且无法独立于该计算机程序体现其价值的内容才属于上述规定的文档。结合天云融创公司的主张来看，其主张四部分内容构成实质性相似，即数据预处理、模型创建、模型评估、核心算法。其中，涉及数据预处理、模型创建、模型评估的内容分别属于涉案文档“核心功能简介”“核心功能”的部分，虽然其系对权利软件内容的描述，但该部分内容基本属于对该技术领域技术名词的列举，既未描述上述技术在程序中的具体选取和应用，也无法将之与具体程序内容相对应，尚不构成计算机软件文档中的独创性表达。而核心算法部分的内容涉及对“深度学习”“随机森林模型”等概念的介绍，在MaximAI说明书中属于附录1的内容，不属于对权利软件的内容、组成、设计、功能规格、开发情况、测试结果及使用方法介绍。因此，上述内容不属于受《计算机软件保护条例》保护的计算机软件文档的内容。天云融创公司提出双方文档实质性相似的主张不成立，虽然天云融创公司主张内容一致的问题确实存在，但上述内容未体现具体在程序中的应用，基于现有证据，亦不足以推定在程序方面构成实质性相似，一审法院判决驳回了天云融创公司的全部诉讼请求。

天云融创公司不服一审判决，向最高人民法院提出上诉，最高人民法院经审理认为，MaximAI 说明书的内容描述了涉案软件计算机程序的主要内容、技术框架、核心功能、使用方法等，并配以相关图表，其内容符合《计算机软件保护条例》对软件文档的要求，但是脱离了其对应的计算机程序，文档无法单独运行从而得到计算机软件所追求得到的某种结果。因此，文档一旦脱离其所对应的计算机程序，则不能单独主张计算机软件著作权的保护，而天云融创公司未提供双方软件的源程序、目标成本的比对，涉案文档相同和近似部分系此类大数据平台软件的常规功能和常用算法介绍，不足以认定天云融创公司就双方软件相同或近似的主张完成了举证责任，天云融创公司应当承担相应不利后果，遂二审驳回了天云融创公司的上诉请求。

律师评析

本案虽系计算机软件著作权侵权纠纷，但原告控诉的权利基础系计算机软件相关文档而非软件本身的源程序、目标程序，原告的诉讼策略一方面在于计算机软件文档本身也是软件的组成部分，理应得到软件著作权保护；另一方面在于文档的相同或近似也可以推导出软件本身的相同或近似。但最高人民法院的认定中厘清了计算机软件文档的认定要件，对计算机软件文档不能独立于计算机程序单独主张软件著作权保护的理由进行阐述，对实践中相对较为“冷门”的计算机软件文档的保护进行了专门认定，对于后续类似侵权情况的案件审理具有十分显著的指导意义。

九、张某龙与北京墨碟文化传播有限公司、程某、马某侵害作品信息网络传播权纠纷民事指定管辖纠纷案[①]

典型性：信息网络传播权纠纷案件的管辖变革。

案情聚焦

原告张某龙与被告北京墨碟文化传播有限公司（以下简称墨碟公司）、程某、马某侵害作品信息网络传播权纠纷一案，秦皇岛市中级人民法院（以下简称秦皇岛中院）于2021年4月1日立案。张某龙诉称，三被告擅自在相关网站上发布、使用其享有著作权的写真艺术作品，侵害了张某龙的著作权，请求判令三被告立即停止侵权行为；连带赔偿经济损失50万元以及为制止侵权行为所支付的全部合理开支；公开赔礼道歉、消除影响；承担本案全部诉讼费用。

马某对本案管辖权提出异议，认为本案属于侵害作品信息网络传播权纠纷案件，秦皇岛中院不具有管辖权，请求将本案移送北京互联网法院审理。秦皇岛中院作出（2021）冀03知民初27号民事裁定（以下简称27号裁定），驳回了马某对管辖权提出的异议。马某向河北省高级人民法院（以下简称河北高院）提起上诉。

河北高院作出（2021）冀民辖终66号民事裁定认为，本案涉及侵害信息网络传播权的侵权行为，应当适用《最高人民法院关于审理侵害信息网络传播权民事纠纷案件适用法律若干问题的规定》（以下简称《信息网络传播权规定》）第十五条的规定；秦皇岛中院将被侵权人住所地作为侵权结果发生地，据以确定本案管辖错误，应予纠正；北京互联网法院作为侵权行为地和被告住所地人民法院，对本案具有管辖权，故裁定撤销秦皇岛中院作出的27号裁定，将本案移送北京互联网法院审理。

---

① 一审案号：（2021）冀03知民初27号；二审案号：（2021）冀民辖终66号、（2022）最高法民辖42号。

案件移送至北京互联网法院后，该院认为秦皇岛中院作为原告住所地人民法院，对本案具有管辖权，故将本案报请北京市高级人民法院（以下简称北京高院），请求该院报请最高人民法院指定管辖。北京高院认为，本案属于因信息网络侵权行为引发的纠纷，2021 年修正的《民事诉讼法》第二十九条规定："因侵权行为提起的诉讼，由侵权行为地或者被告住所地人民法院管辖。"《最高人民法院关于适用〈中华人民共和国民事诉讼法〉的解释》（以下简称《民诉法解释》）第二十四条规定，侵权行为地包括侵权行为实施地、侵权结果发生地。第二十五条规定："信息网络侵权行为实施地包括实施被诉侵权行为的计算机等信息设备所在地，侵权结果发生地包括被侵权人住所地。"原告张某龙作为被侵权人，其住所地在河北省秦皇岛市某区，秦皇岛中院作为侵权结果发生地人民法院，对本案具有管辖权。本案不属于侵权行为地和被告住所地均难以确定的例外情形，不需要适用《信息网络传播权规定》第十五条中的相关规定，河北高院不应将本案移送北京互联网法院审理，故依法报请最高人民法院指定管辖。

最高人民法院受理本案后，经审查认定如下：《民诉法解释》第二十五条规定中的"信息网络侵权行为"针对的是发生在信息网络环境下，通过信息网络实施的侵权行为，并未限于特定类型的民事权利或者权益。与之不同的是，《信息网络传播权规定》第十五条规定的"信息网络传播权"，则是《著作权法》第十条第一款规定的著作权人享有的法定权利，即"以有线或者无线方式向公众提供，使公众可以在其选定的时间和地点获得作品的权利"。因此，《信息网络传播权规定》第十五条是针对信息网络传播权这一特定类型的民事权利，对侵害信息网络传播权纠纷民事案件的管辖作出的特别规定。在确定侵害信息网络传播权民事纠纷案件的管辖时，应当以《信息网络传播权规定》第十五条为依据。《信息网络传播权规定》第十五条明确规定，只有在"侵权行为地和被告住所地均难以确定或者在境外"的例外情形下，才可以将"原告发现侵权内容的计算机终端等设备所在地"视为侵权行为地。基于信息网络传播权的性质和特点，侵害信息网络传播权的行为一旦发生，随之导致"公众可以在其个人选定的时间和地点获得作品"，其侵权结果涉及的地域范围具有随机性、广泛性，不是一个固定的地点，不宜作为确定管辖的依据，因此秦皇岛市作为原告住所地，并非被告住所地，亦不属于《信息网络传播权规定》第十五条规定的侵权行为地。本案也不存在《信息网络传播权规定》第十五条规定的“侵权行为地和被告住所地均难以确定或者在境外”的例外情形。因此，秦皇岛中院对于本案没有管辖权，遂裁定本案由北京互联网法院审理。

律师评析

本案涉及实践中信息网络传播权纠纷的案件管辖问题，核心在于《民诉法解释》第二十五条规定的信息网络侵权行为管辖的一般性规定与《信息网络传播权规定》第十五条规定的信息网络传播权管辖的特别规定的冲突，前者并未限制适用原告住所地管辖的条件，但后者明确只有在侵权行为地和被告住所地均难以确定或者在境外的情况下才能够适用原告住所地管辖的规定。此前各地审理信息网络传播权纠纷案件时，管辖层面基本均默认原告住所地有管辖权，但本案经河北高院、北京高院层报，最高人民法院最终“一锤定音”，推翻了此类案件原告住所地法院有管辖权的惯例，事实上在该裁定作出后，北京等地的法院也纷纷跟进，对于原告住所地起诉的案件不再受理或裁定移送被告住所地、侵权行为地法院。此番裁定的初衷一方面在于进行释法，避免《民诉法解释》相关规定无限扩展；另一方面也有增加起诉成本、遏制特定权利人商业化维权、批量起诉的考量因素，但是否存在误伤一般合法维权主体、增加权利人维权负担的可能，仍有待观察。

十、清华大学与乐视网信息技术（北京）有限公司侵害作品信息网络传播权纠纷案[①]

典型性：P2P 下载特性对于服务器侵权内容存在证明标准的影响。

---

① 一审案号：（2020）京 0491 民初 31867 号；二审案号：（2021）京 73 民终 3218 号。

案情聚焦

乐视网信息技术（北京）有限公司（以下简称乐视公司）称清华大学运营的“Meepo”网站中未经许可向公众提供了其享有权利的《精武风云》影片（以下简称涉案影片），要求清华大学赔偿其经济损失 5 万元及合理费用 5200 元。案件诉讼过程中，乐视公司（2014）沪徐证经字第 100 号公证书证明“Meepo”网站中存在涉案影片内容且可以下载、保存并进行播放，但 100 号公证书为截图形式，并未记载公证的连续操作过程，而下载的涉案影片文件也仅为“. td”后缀的中间缓存文件，且该缓存文件大小远超浏览器下载信息页面显示的 28. 03KB 的文件大小。涉事的“Meepo”网站早在 2015 年即停止运营，无法通过勘验方式进行核实。北京知识产权法院的相关认定如下：考虑到 100 号公证书当时已存在 P2P 下载技术，具备在原始 URL 下载地址失效的情况下，帮助用户从其他服务器下载该 URL 地址对应文件的功能，清华大学提交的反驳证据已使乐视公司主张的涉案影片存储于清华大学“Meepo”服务器的事实处于真伪不明的状态，对此，乐视公司未能进一步提供其他充足证据证明其主张，故乐视公司主张涉案影片来自清华大学“Meepo”服务器，清华大学实施了侵犯其信息网络传播权的行为，并要求赔偿损失及合理支出的诉讼请求，缺乏事实依据，遂判决驳回乐视公司的全部诉讼请求。

律师评析

以上案件为全国范围内各高校因“Meepo”这一具有网盘性质存储空间的网站与乐视公司所涉数百起类似纠纷案件之一，该案二审判决中，法院充分考量了 P2P 下载技术等因素对于侵权事实存在证明标准的影响，并通过引入专家辅助人、现场技术演示等方式，充分说明其中可能存在的技术疑点和法律问题，而未拘泥于在先前类似案件的简单认定方式和判决结果，精细化的审理方式和专业人员的紧密配合最终形成了具有典型性和指导意义的裁判文书。①

① “典型案例”作者：李静传律师、张荣康律师，泰和泰（北京）律师事务所。

重点关注

一、中共中央、国务院印发《扩大内需战略规划纲要（2022—2035年）》

事件回放

近日，中共中央、国务院印发了《扩大内需战略规划纲要（2022—2035年）》，并发出通知，要求各地区各部门结合实际认真贯彻落实。《扩大内需战略规划纲要（2022—2035年）》对知识产权发展战略进行了全面规划，提出培养专业化、国际化的知识产权服务品牌机构，建设国家知识产权和科技成果产权交易机构，强化知识产权全链条保护，提升知识产权审查能力，建立健全知识产权侵权快速反应、惩罚性赔偿等机制。

律师评析

近年来，党和国家层面纲领性文件体现普遍重视知识产权领域的相关规划与建设，此次纲要的内容与著作权领域当下的热点不谋而合，律师、相关机构的法律服务能力需要契合产业发展和消费升级的步伐，而侵权快速反应、惩罚性赔偿等针对维权难、维权效果有限等问题的治理手段，同样需要律师的介入与推动。律师行业水平的整体提高，有利于著作权等知识产权成果的保值增值，促进权利人的创作及开发利用热情，为消费者免除后顾之忧，对于扩大内需的积极作用不言自明。

二、“剑网2022”专项行动启动

事件回放

2022年，国家版权局、工业和信息化部、公安部、国家互联网信息办公室四部门联合启动打击网络侵权盗版“剑网2022”专项行动，这是全国连

续开展的第 18 次打击网络侵权盗版专项行动。自 2005 年起，国家版权局等部门针对网络侵权盗版的热点难点问题，聚焦网络视频、网络音乐、网络文学、网络新闻、网络直播等领域开展版权专项整治，查处了一批侵权盗版大案要案，有效打击了网络侵权盗版行为，得到了国内外权利人的充分肯定。

本次专项行动于 2022 年 9 月至 11 月开展，聚焦广大创新主体版权领域急难愁盼问题，推动规范发展与打击惩治并举，开展四个方面的重点整治：一是开展文献数据库、短视频和网络文学等重点领域专项整治，对文献数据库未经授权、超授权使用传播他人作品，未经授权对视听作品删减切条、改编合辑短视频，未经授权通过网站、社交平台、浏览器、搜索引擎传播网络文学作品等侵权行为进行集中整治；二是加强对网络平台版权监管，依法查处通过短视频平台、直播平台、电商平台销售侵权制品行为，坚决整治滥用“避风港原则”的侵权行为，压实网络平台主体责任，及时处置侵权内容和反复侵权账号，便利权利人依法维权；三是强化 NFT 数字藏品、“剧本杀”等网络新业态版权监管，严厉打击未经授权使用他人美术、音乐、动漫、游戏、影视等作品铸造 NFT、制作数字藏品，通过网络售卖盗版剧本脚本，未经授权衍生开发剧本形象道具等侵权行为；四是持续加强对院线电影、网络直播、体育赛事、在线教育、新闻作品版权保护，巩固网络音乐、游戏动漫、有声读物、网盘等领域工作成果，不断提升网络版权执法效能。

国家版权局有关部门负责人表示，专项行动将紧紧围绕迎接宣传贯彻党的二十大这条主线，坚持稳中求进、守正创新，通过推动规范发展与打击惩治并举，加强网络版权全链条保护，加快打造市场化、法治化、国际化营商环境，为促进创业创新、推动平台经济规范健康持续发展、保障和改善民生提供版权工作支撑。

律师评析

“剑网”行动是打击网络侵权盗版的专项治理活动。自 2005 年以来连续开展，各个年度的“剑网”行动往往关注重点和主题不同，客观上反映了我国网络版权领域的变化和侵权形态的演进。2022 年行动的关注重点相较往年更为细化，特别强调了对文献数据库超越授权、拉片切条、平台责任、NFT数字藏品等新业态的监管，与当下司法实践中的热点不谋而合。此类专项行动中，所涉及的主体著作权相关的合规需求空前强烈，版权律师在此过程中可为客户提供全面的政策解读、监管尺度研判和整改措施建议，避免其成为专项行动的“打击对象”，确保业务的持续稳定运营。

三、知网涉嫌垄断被罚8760万元

事件回放

2022年12月16日，知网因垄断被罚8760万元的新闻冲上热搜，市场监管总局公布的行政处罚决定书指出，2014年以来，知网一是通过连续大幅提高服务价格、拆分数据库变相涨价等方式，实施了以不公平的高价销售其数据库服务的行为；二是通过签订独家合作协议等方式，限定学术期刊出版单位、高校不得向任何第三方授权使用学术期刊、博硕士学位论文等学术文献数据，并采取多种奖惩措施保障独家合作实施。这使不少用户需要花高价才能看到自己的论文。

处罚决定公布后，知网发布消息称将诚恳接受、坚决服从，并公布了15项整改措施，包括解除独家合作协议、大幅降低数据库服务价格、保护作者权益等方面内容。而得知市场监管总局对知网的处罚结果后，中南财经政法大学九旬教授赵德馨激动地说：“这对整个知识界都是一个好事。关键不是罚款多少，而是知网怎么改。”这位九旬老人，不知不觉中成了“撬动知网第一人”，2021年其与知网的著作权纠纷案件胜诉后，知网竟然将其署名的100多篇论文全部下架，舆论一时哗然，纷纷感叹“教育界苦知网久矣”，知网的“霸道”一时引起众怒。2022年5月，市场监管总局宣布对知网开展反垄断调查，直到此次处罚结果公布，靴子终于落地。

律师评析

知网涉嫌垄断被罚，其根源肇始于版权授权领域的不规范行为，其通过独家合作协议等方式绑定用户、许可收费显著畸高且年年涨价，而文献著作权人的授权链条却多有模糊不清、概括索要权利的情形，导致知网成为一个垄断上下游、定位不清的“怪胎”。赵德馨教授等人士的版权维权行动，恰好成了推动解决知网问题的“第一枪”，而知网公布的整改措施，显然也将授权、稿酬支付等版权相关问题列为重点关注，知网后续的改进效果值得期待与关注。

四、《谭谈交通》全面下架的版权争议

事件回放

2005 年，成都电视台《平安成都》节目的一档新栏目《谭谈交通》开播，主持人为交警谭乔。谭警官在栏目中通过拍摄自己在马路边执勤时的所见所闻，以幽默诙谐的语言风格普及法律知识，在交通普法栏目中别具一格。直到停播，这档栏目一共播出了十多年，不仅向大众宣传了遵守交通法律法规的意义，也创造出了一批网友们耳熟能详的经典段落。“二仙桥大爷”走红便缘于这档栏目，甚至被数不清的网友二次创作出了新高度。然而在 2022 年 7 月，谭警官却称自己陷入了一场著作权纠纷。成都游术文化传播公司（以下简称游术公司）向其索赔数千万元。据知情人士爆料，游术公司已从成都广播电视台获得了《谭谈交通》的节目版权，声称自身维权于法有据，对各类传播《谭谈交通》及其“二创”的视频进行了大规模的起诉维权和平台投诉，一时激起网友的激烈反应。

2022 年 8 月 7 日，谭乔在个人微博发表声明，称已经和成都电视台进行了良好的沟通，双方已经和解，并明确了《谭谈交通》的公益属性。至此，颇受网友关注的《谭谈交通》版权纠纷尘埃落定。

律师评析

《谭谈交通》节目形式看似简单，但其中涉及的版权问题却并不容易解答，例如该等忠实记录执法过程的节目是否具备独创性的问题，谭乔的执法行为是属于表演还是创作，众多网友的“二创”视频是否涉嫌侵权等，而这

一切伴随着游术公司的批量维权投诉彻底引爆，导致舆论哗然。诚然，最终各方均认可《谭谈交通》节目应当秉持公益属性，了结了相关纠纷，但是相关行为的影响并不会被简单抹去，而类似的批量维权事件也并不会就此消失，法律的规制和司法层面的引导应当对类似争议给出积极正面的评价，避免具备合理使用等免责事由的“二创”主体惨遭牵连，影响其创作热情和所产生的积极的社会效果。

五、奥迪“小满广告”文案抄袭侵权

事件回放

2022 年 5 月 21 日，即中国二十四节气“小满”这天，一汽奥迪各官方渠道发布了由刘德华主演的广告片《人生小满》。根植于中国人内心的文化印记，被刘德华平和低沉的叙述唤醒。人们在被打动之余，也顺便给奥迪品牌点了赞。

然而当天 23 时，抖音博主北大满哥发布视频，称奥迪《人生小满》广告片中的文案，与其去年发布的“小满”视频作品文案高度相似。对比北大满哥和奥迪广告片后发现，后者的文案全然照搬，属于“像素级”抄袭。网友调侃：“原来奥迪这广告，是一个抖音视频的 4K 修复版。”

5 月 22 日上午，一汽奥迪销售有限责任公司对此发布了致歉声明。随后，该广告创意代理方上思广告公司（M&C SAATCHI）也发表声明称，诚恳向原作者道歉，并承诺将尽最大努力弥补对原作者的损失。5 月 22 日下午，刘德华在官方后援会 App“华仔天地”发文称：“对原创我是百分百的尊重，今次事件，对于广告团队在创作过程中出现的问题，以及对满哥造成的困扰，我个人深感遗憾。”5 月 25 日凌晨，北大满哥再次回应奥迪广告片文案抄袭一事，称接受了一汽奥迪销售有限责任公司和上思广告公司负责人的当面道歉，目前三方已经达成协议，将自己去年的“小满”视频作品文案进行了授权，并表示没有收费，商业诉求从不是他的目的。

律师评析

品宣素材历来是著作权侵权的“重灾区”，盖因品宣素材通常短小精悍，需要有“抓眼球”的效果，对独创性的要求极为严苛，而部分品宣工作人员或外包代理商往往会通过借鉴其他成熟作品素材的形式开展创作，然而一旦界限把握不准，借鉴变为“洗稿”乃至“抄袭”，就极易引发侵权风险，并对品牌商誉产生重大损害，其中涉及的创作人员职务行为管理、供应商知识产权保证及风险转移的管理，均是版权律师应当重点关注的领域。

六、新技术应用的勃兴与隐忧

事件回放

2022年度，从年初的元宇宙、NFT，到年末的AI作画、ChatGPT火爆全网，新技术与版权领域正在不断碰撞出新的火花，也为版权领域提出了新的议题。“NFT数字藏品”第一案判决已然落地，AI作画巧夺天工但版权归属却争议巨大，ChatGPT的“聊天水平”让普通人自叹弗如，但聊天内容“拼接”其他作品的情形同样存在版权隐患。

律师评析

版权领域虽然不及专利等技术领域如此“硬核”，但技术更迭带来的冲击同样十分显著，曾经版权领域法律实践的进步，核心动力在于传播方式的演进，从印刷术到互联网平台，从《安娜女王法》到“避风港原则”一脉相承，而其间不变的则是创作者、传播者、使用者之间的利益平衡，这也是版权领域的永恒命题。现今新技术冲击下，技术的影响已从中间的传播向源头的创作迈进，AI“造物”的水平日益提升，几乎可以“以假乱真”，然而对于相关造物的版权归属，目前立法领域仍属空白，人工智能的本质是代码的产物，代码本身同样是人类智力成果的结晶，但人工智能的使用者，同样也是最终产物的创造者，无论是对期望画面的描绘语言，还是与AI聊天过程中的信息输入，最终的 AI 造物同样刻印着使用者的痕迹。参与者的利益平衡，有赖于立法演进的解答，同样也对版权律师的技术理解和理论功底提出了更高的要求。

七、2022 年国际版权论坛开幕

事件回放

2022 年国际版权论坛于 2022 年 11 月 10 日在江西景德镇开幕。论坛由中国国家版权局、世界知识产权组织主办，江西省委宣传部（江西省版权局）承办。

中宣部时任副部长张建春在致辞中表示，中共二十大为中国版权事业高质量发展提出了新任务、新要求。中国版权工作将坚持以习近平新时代中国特色社会主义思想为指导，不断提升版权治理体系和治理能力现代化水平。中国国家版权局愿同各国各方加强交流合作，运用版权的力量激发文化创新创造活力，深化文明交流互鉴。

世界知识产权组织副总干事西尔维・福尔班在视频致辞中表示，当今世界，创意产业的文化价值、经济价值越来越高，世界知识产权组织期待越来越多的创作者和创意企业能够运用版权提升其作品、产品的文化经济价值，也希望继续与中国合作，推动中国创意产业蓬勃发展、多面开花。

论坛开幕当天启动了世界知识产权组织版权保护优秀案例示范点调研项目“IP 与创意产业：景德镇故事”和民间文艺版权保护与促进试点工作，并举办世界知识产权组织版权保护优秀案例示范点、民间文艺版权保护及马拉喀什条约落地实施主题展览。

律师评析

版权领域的客体不同于商标、专利等其他知识产权领域的客体，著作权自动获得的特性使其不被地域所桎梏，版权领域的国际合作十分频繁，各类国际组织的建议、国际条约的签署成为各国版权实践的重要成果。此次国际版权论坛由国家版权局和世界知识产权组织主办，强调对创意产业文化价值的促进，同时不忘对中国传统民间文艺版权的保护，最古老与最先进的文化产品充分融合、平等保护，同时特别强调马拉喀什条约等版权领域的相关实践，可谓国内版权领域的一次盛会。

八、2022 知识产权刑事保护论坛在京举行

事件回放

2022 年 9 月 24 日，由中国人民大学知识产权学院、最高人民法院知识产权司法保护理论研究基地、最高人民检察院知识产权检察研究基地与中国人民大学国家版权贸易基地主办的 2022 知识产权刑事保护论坛在京举办。最高人民检察院、最高人民法院、中宣部版权管理局、北京市人民检察院、海淀区人民检察院、海淀区人民法院，中国人民大学、清华大学、中国政法大学，腾讯集团、阅文集团等相关单位的专家学者及社会各界代表 80 余人参与论坛，聚焦知识产权刑事保护重点问题，探讨知识产权刑事保护新路径。

国家知识产权"十四五"规划提出，加强对知识产权领域新类型案件的研究和办案指导，实施知识产权侵权惩罚性赔偿制度，加大损害赔偿力度，实现知识产权严保护、强保护。据统计，2021 年，全国检察机关共批捕侵犯知识产权犯罪 4590 件 7835 人，同比分别上升 16.8%和 9.2%；共起诉侵犯知识产权犯罪 6565 件 14020 人，同比分别上升 12.3%和 15.4%。①

网络文学和短视频领域的专家对于知识产权刑事保护格外关注，随着信息网络技术的快速发展，许多不法分子借助互联网实施侵权行为，花样不断翻新。以网络文学行业为例，随着正版平台防盗措施的不断完善，传统的盗版商从正版网站抓取小说的难度及成本都大幅上涨，他们转而通过设立"论坛网站"的形式，鼓励各用户借"交流学习"的名义以截图、拍照等手段发布各盗版小说内容，然后由论坛进行整合、分发和传播。而短视频领域面临的一个主要问题是网络侵权盗版，表现为侵权多发、侵权视频数量多、传

---

① 《检察机关 2021 年起诉侵犯知识产权犯罪 6565 件 14020 人》，载人民资讯百家号，https：//baijiahao. baidu. com/s？ id=1726081378825218751&wfr=spider&for=pc。

播较广等特征。不少短视频账号甚至以侵权盗版为生，持续、定期、反复上传侵权视频。另外，还有用户将正版视频内容的片段甚至全片上传至短视频平台，给版权方带来巨大的伤害。比如去年腾讯出品的热播剧《雪中悍刀行》，该剧仅开播1分钟，短视频平台上就出现了侵权视频。

论坛上，与会嘉宾提出，要推动知识产权刑事保护，需要社会各方共同发力。“以检察机关为例，全国检察系统将进一步融入知识产权大保护格局，加强与人民法院、公安机关、行政执法机关的联系协作，加强与科研院所、专家学者的交流，加强与创新主体和权利人的沟通，及时制定刑事司法解释和指导意见，建立健全行刑衔接等协作机制，进一步提升知识产权刑事司法保护质效”，最高人民检察院有关负责人表示。

律师评析

相较于民事侵权诉讼和行政投诉等手段，著作权的刑事保护效果更加立竿见影，对不法主体的震慑更为显著，制止侵权的效果更为彻底。但是长期以来，著作权相关的刑事案件立案数量有限且类型较为单一，大多集中在计算机软件著作权领域。近年来，各地公检法机关日益重视对著作权相关客体的刑事保护，诸如网络游戏整体画面、周边衍生玩具等相关的侵犯著作权案件增多，查处力度也相应加大，特别是对于涉及技术问题的新型复杂侵权形势，著作权刑事保护的介入往往可以起到“降维打击”的作用，穿透侵权主体布设的层层迷雾，定位并惩戒相关主体，而律师作为受害人的代理人，与公安机关、检察院、法院的沟通、辅助作用十分显著，特别是在涉及复杂的知识产权判断问题时，可以为司法人员提供有效支撑，提升案件办理效果，有效维护当事人的合法权利。

九、聚焦重大体育赛事版权保护

事件回放

2022年可谓体育迷的盛宴，年初的北京冬奥会和年末的世界杯，均是四年一度、广大体育迷翘首以盼的重大赛事，而对于重大赛事的“版权护航”自然也是应有之义。国家知识产权局、市场监管总局提前部署，印发《北京 2022 年冬奥会和冬残奥会奥林匹克标志知识产权保护专项行动方案》，央视国际等世界杯的权利人也提前发布权利声明，积极捍卫自身权利，国家层面也将冬奥会、世界杯相关节目列入重点作品版权保护预警名单，进行重点倾斜保护，对于未经授权通过信息网络非法传播版权保护预警重点作品的，执法人员将依法从严从快予以查处。

各大主要视频、社交、直播及搜索引擎平台，在接到各类权利人通知后积极删除侵权链接，同时主动开展自查，处置各类违规账号，起到了较好的维权作用，各部门开展联合执法行动，加强组织协调、密切工作衔接，依法从快从严处置相关侵权行为，取得了积极成效。司法领域通过诉前行为保全、快侦快查快判等手段，严厉制止了一批情形突出、后果显著的侵权主体，有力震慑了其他潜在侵权主体。

律师评析

近年来体育赛事相关的知识产权争议纠纷层出不穷，如中超转播案等典型案件在业界和司法界引起了强烈反响，体育赛事直播构成何种权利客体，如何对其适当保护的认定也在不断演进变化。世界杯、奥运会作为世界级重大体育赛事中的“王冠明珠”，其商业价值毋庸置疑。盛会期间人民群众的观赛热潮空前高涨，随之而来的则是各种未经授权的视频上传、盗播、非法转播等侵权情形，特别是在各类视频网站、短视频应用中屡见不鲜，权利人为获取相关授权需付出巨额授权费用，只有严肃查处、制止相关侵权行为，确保权利不落空，才能真正意义最大限度保障相关公众的观赛权益，发挥体育赛事对于国民精神面貌塑造及价值观引导的正向作用。①

① “重点关注”作者：李静传律师、张荣康律师，泰和泰（北京）律师事务所。

CHAPTER 2

第2章 商　标

综 述

今年是《商标法》颁布实施四十周年，同时也是律师从事商标授权确权代理十周年、商标授权确权诉讼制度实行二十周年，律师是从事商标法律服务的重要主体，除始终为企业提供商标民事保护等传统商标法律服务之外，也在积极参与商标代理、商标行政授权确权诉讼等业务，形成了最为完整的商标法律服务链条，积累了丰富的实践经验。

笔者选取了上一年度对商标司法和理论研究有推动作用，有重大社会影响，受到社会广泛关注的典型案件，比如“金银花”案、“十万个为什么”案、“百度烤肉”案、“海澜・の家”案、“无印良品”案、“西四包子铺”案等，涉及商标权的保护范围及权利限制、商标的正当使用、撤销三年不使用中使用证据的认定、驰名商标跨类保护的认定、惩罚性赔偿、商标权的权利滥用与诉权滥用、注册商标被无效后如何判断之前的使用行为是否构成侵权等社会热点问题。

2023 年 1 月，国家知识产权局等 17 部门印发《关于加快推动知识产权服务业高质量发展的意见》，基于律师从事商标法律服务的诸多优势，律师更能提供高质量商标法律服务。相信在不久的未来，律师将成为商标法律服务行业的主力军，更好地发挥专业能力和独特优势，引领商标法律服务行业向着更规范、更高水平的目标发展迈进，更好地满足知识产权强国建设和中国式现代化发展需要。

典型案例

一、上海碧丽化妆品有限公司与江西创美实业有限公司、中山市苗龙生物科技有限公司侵害商标权纠纷案①②

案情聚焦

涉案第603857号“金银花”商标的注册权利人原为上海红星日用化学品厂，1999年7月28日转让至上海彩蝶化妆品有限公司，上海碧丽化妆品有限公司（以下简称碧丽公司）于2010年2月6日受让涉案商标。该商标核定使用商品/服务项目为第3类的化妆品；润肤液；香水；爽身粉；美容膏。注册有效期自1992年7月30日至2022年7月29日。2021年4月9日，碧丽公司的委托代理人在“拼多多”App“惠民老药铺”购买了“正品创美老牌子2瓶金银花．祛痱止痒牛黄蛇胆花露水可混搭”的商品一瓶。“惠民老药铺”的经营者为中山市苗龙生物科技有限公司（以下简称苗龙公司）。该商品的瓶颈和瓶身均贴有标签纸，标签纸上显著位置用较大字体横排标注“金银花”字样，“金银花”字样上方标有“聪美臣”字样，“聪美臣”字样比“金银花”字样要小。该瓶身背面标注生产企业为江西创美实业有限公司（以下简称创美公司）。第12397290号“聪美臣”商标的注册人为创美公司，核定使用商品/服务项目为人用药；消毒剂；医用营养饮料；医用营养品；婴儿食品；婴儿奶粉；婴儿尿布；婴儿尿裤；蛋白质膳食补充剂；营养补充剂。商标注册有效期自2014年9月21日至2024年9月20日。一审法院认为，虽然金银花作为一种草本植物成为部分花露水产品中的原料，但碧丽公司所持有的第603857号“金银花”商标注册于1992年，经过碧丽公司的宣传使用和经营推广，该商标已具有一定的显著性和知名度。如被诉侵权产品

---

① 吕甲木律师，浙江海泰律师事务所。

② 一审案号：（2021）粤2071民初26701号；二审案号：（2022）粤20民终2247号。

需要表述其含有金银花成分，应当以善意的方式在合理范围内予以标注。而本案中被诉侵权产品在瓶身显著位置突出标注“金银花”字样，属于不正当使用。创美公司、苗龙公司的辩称没有事实和法律依据，不予采纳。关于创美公司主张其已标注“聪美臣”作为商标的辩称，因“聪美臣”与“金银花”相比，在位置和字体大小上均不具有显著性，无法起到区别商品来源的作用，故对其辩称，不予采纳。判决创美公司于判决生效之日起立即停止生产、销售侵害碧丽公司第 603857 号注册商标专用权的商品的行为，并销毁全部侵权商品。创美公司不服一审判决，向广东省中山市中级法院提起上诉。二审期间，国家知识产权局作出商标撤通字［2021］第 Y000026 号决定，证明国家知识产权局驳回对第 603857 号第 3 类“金银花”商标成为商品/服务通用名称的撤销申请，认定经过碧丽公司使用、宣传和积极维权，“金银花”商标已具有一定的知名度。二审法院认为，涉案的第 603857 号“金银花”商标，属于直接表示商品的主要原料等特点，商标权人不能独占商标标志原属于公共领域的那些初始含义。创美公司在被诉侵权花露水商品上使用“金银花”字样的同时，也在该文字的上方标示了其自有的第 12397290 号“聪美臣”注册商标，“金银花”通常是指植物名称，其具有清热解毒的功效，花露水则是通用商品名称，而被诉侵权花露水的主要成分就是金银花提取物。在此情形下，创美公司在被诉侵权产品上标示“金银花”字样并不是作为自己商品的商标使用，该使用只是为了说明或描述自己商品的特点，在该说明或描述中，创美公司没有直接套用第 603857 号“金银花”商标，也没有突出使用“金银花”字样，现有证据尚不足以证明创美公司有恶意使用碧丽公司第 603857 号“金银花”商标的主观故意，故创美公司在其生产的花露水商品上使用“金银花”字样是非商标意义上使用他人具有描述性的商标标志描述自己商品的使用，属于正当使用商标标识的行为。创美公司不构成侵犯碧丽公司第 603857 号注册商标专用权，一审法院对此认定有误，二审法院予以纠正。

律师评析

1. 本商品的通用名称、图形、型号，或者直接表示商品的质量、主要原料、功能、用途、重量、数量及其他特点的标志因缺乏显著特征，不得作为商标注册

商标作为区别商品来源的标志，只有具有显著性才会产生识别功能。碧丽公司的涉案第603857号“金银花”商标是1992年注册的，其核准使用的商品为第3类的化妆品；润肤液；香水；爽身粉；美容膏。虽然金银花是一种知名度很高的中草药，但碧丽公司第603857号“金银花”商标核准使用的商品的润肤液、香水、爽身粉、美容膏的主要原料并非金银花；金银花也非该类商品的通用名称。因此，在当时，“金银花”能够作为商标在第3类的化妆品；润肤液；香水；爽身粉；美容膏获得注册。

2. 注册商标中含有的本商品的通用名称、图形、型号，或者直接表示商品的质量、主要原料、功能、用途、重量、数量及其他特点，或者含有的地名，注册商标专用权人无权禁止他人正当使用

由于商品的通用名称、图形、型号，或者直接表示商品的质量、主要原料、功能、用途、重量、数量及其他特点的要素，或者地名具有固有的本来含义，其固有的本来含义属于公共领域，本就不得作为商标注册。之所以某些商标在含有上述元素的情况下，还能获得商标注册，一则是申请人在注册时放弃对该元素的专用权，二则是以上述元素除固有含义之外的其他形式产生显著特征；三则是通过使用取得显著性。金银花的固有含义是一种中草药的名称，碧丽公司虽然在化妆品、润肤液、香水、爽身粉、美容膏上拥有“金银花”注册商标，但不得禁止他人在将金银花作为主要原料的商品中基于对原材料的描述而使用金银花。创美公司在被诉侵权花露水商品上使用“金银花花露水”中的花露水是通用商品名称，而被诉侵权花露水的主要成分就是金银花提取物，故与花露水以同样字体形式使用的“金银花”文字是对该花露水主要成分的描述，而非识别性使用。

3. 认定被诉侵权行为系描述性的正当使用还是具有识别功能的商标使用需要考量的因素

从客观方面而言，可以考虑以下因素：（1）被诉侵权行为使用的描述性元素与注册商标标志是否完全相同；（2）有没有将与注册商标相同或近似部分予以突出使用；（3）被诉侵权行为的商品与注册商标核定使用的商品是否相同。如果描述性使用的元素和商品与注册商标的标志完全相同，核定使用的商品也完全相同，或者是使用时将与注册商标相同或近似的标志予以突出使用，则可以认定该使用行为属于商标性使用，而非描述性的正当合理使用。

二、上海少年儿童出版社有限公司与四川天地出版社有限公司、上海新华传媒连锁有限公司新华书店江桥万达店商标侵权及不正当竞争纠纷案[①][②]

案情聚焦

少年儿童出版社成立于1952年，于1961年首次出版《十万个为什么》系列儿童科普图书，后经改制，于2017年成立少年儿童出版社有限公司。《十万个为什么》持续出版至今，屡获奖项，知名度颇高。2017年6月21日，上海世纪出版股份有限公司少年儿童出版社注册第17085619号“ ”商标，核定使用商品为第16类：书籍、印刷出版物等。2019年1月27日，该商标转让至少年儿童出版社有限公司。2019年12月，少年儿童出版社有限公司发现新华书店江桥万达店在销售四川天地出版社有限公司的图书《十万个为什么》。此外，该出版社还出版其他《十万个为什么》图书，并在网络渠道销售。涉案图书名称、图书封面、销售图片及描述中均使用了“十万个为什么”字样。书中有“十万个为什么影响几代人的经典

① 吕甲木律师，浙江海泰律师事务所。

② 一审案号：（2020）沪0107民初2585号；二审案号：（2021）沪73民终600号。

读物，是《十万个为什么》的升级版”等表述。少年儿童出版社有限公司认为，涉案商标注册之后，天地出版社有限公司的相关行为构成商标侵权，之前的行为则构成擅自使用知名商品特有名称，且书中的相关表述构成虚假宣传，遂向上海市普陀区法院提起诉讼，请求判令两被告停止侵害商标权，停止不正当竞争行为；天地出版社有限公司发表声明，消除影响，赔偿经济损失300万元及合理费用10.7万元。一审法院认为，天地出版社有限公司在图书名称、图书封面、销售图片及描述中使用“十万个为什么”的行为构成商标侵权，擅自使用他人知名商品特有名称，实施虚假宣传，构成不正当竞争。一审判决后，天地出版社有限公司不服，向上海知识产权法院提起上诉。二审法院认为，第一，在“十万个为什么”经过长期使用已经取得显著性而获得商标注册的情况下，天地出版社有限公司在出版的图书上突出使用“十万个为什么”的行为，超出了正当使用的范畴，构成对涉案商标权的侵害。此外，并无证据证明“十万个为什么”属于问答式科普图书的通用名称。“十万个为什么”本身具有其固有含义，但具有固有含义并不等同于属于相关商品的通用名称。问答式科普图书包括涉案的“十万个为什么”系列图书，但“十万个为什么”尚无法与问答式科普图书相等同。即使市场上存在较多的以“十万个为什么”命名的图书，也仅仅是表明了相关图书的内容等特点，并不能证明“十万个为什么”已经成为此类图书的通用名称。第二，天地出版社有限公司在相关图书封面突出使用“十万个为什么”，并不属于为了说明图书内容而进行的正当使用，而是构成识别图书来源的商标性使用。在“十万个为什么”已经在图书等商品上获得商标注册的情况下，其他人对“十万个为什么”的使用应当限于对图书内容的描述性使用，使用的方式应当遵循必要、正当的要求。本案中，天地出版社有限公司在图书封面等处进行突出使用，客观上发挥了识别图书来源的功能和作用，超出了正当使用的边界。第三，天地出版社有限公司被诉使用“十万个为什么”的方式，容易导致相关图书的购买者对于图书的来源或者天地出版社有限公司与少年儿童出版社有限公司之间的关系发生混淆误认。

律师评析

1. 描述商品内容特点的标志经过使用取得显著特征，并便于识别的，可以作为商标注册

根据《商标法》第十一条规定，仅有本商品的通用名称、图形、型号的；仅直接表示商品的质量、主要原料、功能、用途、重量、数量及其他特点的；其他缺乏显著特征的标志不得作为商标注册。前款所列标志经过使用取得显著特征，并便于识别的，可以作为商标注册。少年儿童出版社于1961年首次出版的《十万个为什么》系列儿童科普图书，属于问答式科普类图书。“十万个为什么”既是该图书的名称，也是对该图书体例的描述。因此，正常而言，“十万个为什么”缺乏显著特征，不得作为商标标志予以注册。但是，少年儿童出版社自1961年首次出版《十万个为什么》以来，经过长期使用与宣传，已经在相关公众中建立起“十万个为什么”与少年儿童出版社出版的该类问答式科普类图书的对应关系，产生了识别功能，所以国家知识产权局于2017年在第16类书籍、其他印刷物的商品上核准了少年儿童出版社申请的“十万个为什么”商标的注册。但是，“十万个为什么”并非问答式科普类图书的通用名称，两者不能画等号。

2. 将他人注册商标中含有描述内容的标志予以突出使用，产生识别功能的，属于商标性使用，而非正当合理的描述性使用

《商标法》第五十九条第一款规定：“注册商标中含有的本商品的通用名称、图形、型号，或者直接表示商品的质量、主要原料、功能、用途、重量、数量及其他特点，或者含有的地名，注册商标专用权人无权禁止他人正当使用。”该条款是《商标法》第十一条在商标保护环节中的具体应用。如果商标标志中既有其他构成要素，又含有本商品的通用名称、图形、型号，或者直接表示商品的质量、主要原料、功能、用途、重量、数量及其他特点这类缺乏显著性特征的要素的，或者含有地名而获得注册的，则这类缺乏显著性要素和地名属于公共领域范畴，注册商标专用权人无权禁止他人正当使用。案例中的第17085619号“十万个为什么”商标系中英文、图文组合商标，

“十万个为什么”系对图书编辑体例特点的描述。因此，如果他人在对问答式科普类图书的编辑体系予以介绍、描述时使用“十万个为什么”的文字的，则应该归属于正当合理使用的范畴，不构成侵权。但是，被诉侵权图书在图书的封面将“十万个为什么”作为图书的名称予以突出使用，显然具备识别功能，超出了正当合理使用的必要范围。在国家知识产权局已经核准“十万个为什么”在书籍类商品予以注册的情况下，他人在图书中将“十万个为什么”作为书名予以突出使用，构成了商标性使用。

三、王某与上海洁澜日化有限公司、国家知识产权局“海澜·の家”商标撤销复审行政诉讼案[①][②]

案情聚焦

本案诉争商标系第3476343号“**海澜·の家**”商标，由杜某卫于2003年3月6日提出注册申请，并于2006年4月14日被核准注册，核定使用在第3类“香皂；去渍剂；皮革保护剂（上光）；研磨剂；香料；化妆品；牙膏；芬芳袋（干花瓣与香料的混合物）；动物用化妆品”商品上。2008年3月27日，杜某卫将诉争商标转让给上海维多俐生物化学品厂有限公司；[③] 2017年10月6日，上海维多俐生物化学品厂有限公司将诉争商标转让至上海洁澜日化有限公司（以下简称洁澜公司）名下。[④]

王某以诉争商标已连续三年未使用为由，向国家知识产权局提出撤销申请。国家知识产权局就本案复审后，作出商标撤销复审决定书：认定洁澜公司提交的证据可以证明2016年3月22日至2019年3月21日期间，诉争商标在香皂、去渍剂、牙膏商品上进行了公开、合法的商业使用。但不能证明

① 郭东科律师、彭辉律师，北京市中里通律师事务所。

② 一审案号：（2020）京73行初第13414号；二审案号：（2021）京行终8089号。

③ 2015年1月5日，上海维多俐生物化学品厂有限公司授权江苏雪豹日化有限公司（以下简称雪豹公司）使用诉争商标。

④ 2018年1月5日，洁澜公司授权雪豹公司使用诉争商标。

其在指定期间对诉争商标在动物用化妆品等其他商品上的商业使用。故决定诉争商标在香皂、去渍剂、牙膏商品上予以维持，在其他商品上予以撤销。

因不服诉争商标撤销复审决定，王某向北京知识产权法院提起行政诉讼，诉争商标权利人洁澜公司作为第三人参加诉讼。

北京知识产权法院一审认为，洁澜公司授权许可雪豹公司使用诉争商标，但仅有商标许可使用行为能被认定为商标法意义上的使用，需要结合被许可人的商标使用证据予以认定。

雪豹公司与多个案外主体签订采购合同，有送货明细表、收据、发货明细表。但收据均为自制证据，证明力较弱，无法证明合同已经履行，而且洁澜公司提交的多份收据存在修改之处，洁澜公司对此解释称是财务人员因书写错误而进行的修改。对此法院认为，洁澜公司提交了七组采购合同、发货明细表及收据，但其中有四组存在修改，财务人员在书写时存在如此之多的错误，不符合常理。

此外，洁澜公司提交了2018年9月30日雪豹公司与保德利广告材料经营部签订的采购合同，保德利广告材料经营部注册成立于2019年4月23日，采购合同签订时保德利广告材料经营部尚未注册成立，该合同明显系伪造的证据。结合这一情节，法院对于洁澜公司提交的证据采用更为严格的证明标准。

2018年11月23日、2018年11月28日雪豹公司与案外公司签订的采购合同及对应发票虽形成于指定期间内，但法院亦不予采信，理由如下：

（1）2018年11月23日签订的采购合同约定，牙膏单价是每箱409.65元，销售数量是46箱，总价应为18843.9元，但合同显示商品总价为18844.14元，税额3015.06元，无论是否含税，均与合同约定的商品总价不符，2018年11月28日签订的采购合同亦存在上述问题，故对两份证据的真实性不予确认。

（2）案外人江阴市澄南雪银广告材料商行企业信用信息显示，其于2018年12月28日注销，其在注销前一个月两次购入商品不符合常理。

（3）两份采购合同的购买主体单一，即便是真实存在的交易，亦属于象征性使用。

（4）采购合同约定销售的商品为牙膏、洗衣液、洗洁精，其中牙膏为诉争商标核定使用商品，但洗衣液与洗洁精均不是诉争商标核定使用的商品，虽然该两商品与诉争商标核定使用的香皂、去渍剂商品为类似商品，但仅在核定使用商品范围外的类似商品上使用诉争商标的，不能维持商标在该商品上的注册。

综上，北京知识产权法院认定诉争商标在法定期间内进行了真实、合法的商业使用，判决撤销国家知识产权局作出的撤销复审决定书，并判令其重新作出决定书。

洁澜公司不服北京知识产权法院就诉争商标作出的一审判决，向北京市高级人民法院提起上诉，北京市高级人民法院就本案审理后作出二审判决，判决认为：洁澜公司在原审程序中提交的收据存在多处修改，洁澜公司在原审程序中对此解释为财务人员笔误导致，但在本院询问程序中其又表示该证据瑕疵仅为书写习惯所致，不存在修改的情况，对此本院认为，此解释存在前后矛盾，且不符合一般的商业惯例，对该证据不予采信。

此外，洁澜公司提交了2018年9月30日雪豹公司与保德利广告材料经营部签订的采购合同，该合同签订时间早于保德利广告材料经营部注册成立时间，存在明显矛盾的情况，应当对洁澜公司提交的证据予以严格审查。

综上，北京市高级人民法院维持了北京知识产权法院就诉争商标作出的一审判决。

本案诉争商标权利人洁澜公司具备一定制作商标使用证据的法律经验，曾多次被他人以连续三年不使用为由提起撤销申请，但均未能获得国家知识产权局支持，本案中撤销申请人代理人从使用证据的真实性与合法性缺陷入手，进行抗辩举证，逐步揭示出洁澜公司象征性使用诉争商标的本质情形，从而撤销诉争商标。

律师评析

本案涉及针对因连续三年不使用而被撤销商标的权利人提供使用证据的审查标准问题。《商标法》第四十八条规定："本法所称商标的使用，是指将商标用于商品、商品包装或者容器以及商品交易文书上，或者将商标用于广告宣传、展览以及其他商业活动中，用于识别商品来源的行为。"

同时，被申请人所提交的使用证据应当具备真实性、合法性、有效性三个要件。从本案中可以总结出，司法机关在审理此类案件时，主要从以下几个方面审查商标使用证据：

1. 合同类证据

（1）签订主体成立时间与签订时间是否存在顺序矛盾

在本案中，洁澜公司提交的雪豹公司与案外人签订的购销合同中，合同的签订时间早于购买人成立时间，这属于严重的时间顺序矛盾，也直接导致司法机关针对洁澜公司提交证据采取了更为严格的审查标准。

除判决记载内容之外，诉争商标原权利人上海维多俐生物化学品厂有限公司授权雪豹公司的商标许可使用合同，也存在此类问题。

该合同签订日期为 2015 年 1 月 5 日，但落款签名为上海维多俐生物化学品厂有限公司，该主体企业名称变更为上海维多俐生物化学品厂有限公司的时间为 2015 年 3 月 11 日，故该合同存在人为倒签情形。

时间顺序矛盾属于商标使用证据中的严重缺陷，合同相对方与他人倒签其成立之前的合同，属于明显的伪造证据行为，其交易背景不真实。

（2）合同原件与复印件的签章比对是否存在矛盾

原审程序庭审时，洁澜公司向原审法院提交的该证据复印件落款处有上海维多俐生物化学品厂有限公司的公章，但洁澜公司在质证时提供的原件落款处却没有公章。故该证据涉嫌为应对本案诉讼程序伪造而成，并非真实有效证据。

合同类证据的原件与复印件比对过程中如果出现签章明显矛盾的情况，将极可能导致司法机关直接推翻该证据的真实性，亦可能成为司法机关对全案使用证据采取更为严格的审查标准的原因之一。

（3）签约主体之间的关联关系是否存在高度重合

本案中洁澜公司虽然提交了雪豹公司与多个案外主体签订的购销合同，证明其法定期间内在市场流通领域中销售了诉争商标产品，但经核实发现涉案购销合同的购买主体均直接或间接与雪豹公司在管理人员、投资控股等方面存在关联关系，结合洁澜公司提交的其他证据真实性存在严重缺陷的情况，在司法机关提高对该当事人提交证据审查标准的前提下，该类合同主体的关联关系也将导致司法机关倾向于认定该证据属于象征性使用或内部使用，而非真实投入市场流通领域，故不能认定其在相关公众中起到了标识商品来源的作用。

（4）合同内容是否符合正常商业交易常识

本案中，洁澜公司提交了雪豹公司与案外人江阴市澄南雪银广告材料商行签订的两份购销合同，签订时间分别为2018年11月23日、2018年11月28日。但该购买主体于2018年12月28日注销，其在注销前一个月内向雪豹公司两次购买牙膏商品，明显不符合正常的商业交易常识，极可能系人为制作的使用证据，故未被司法机关采信。

2. 票据类证据

（1）票据金额与合同约定金额是否存在不合理差异

本案中，洁澜公司提交了多份销售诉争商标产品的货款发票，虽然在法定期间内形成，但因为该发票金额与合同约定金额之间存在不合理的差异，故司法机关依然没有采信。合同约定的货款金额为18844.14元，但是发票总金额却是21859元，无论是否考虑税点问题，均不符合正常的商业交易惯例，且洁澜公司无法给出合理解释，故该证据具有人为制作应对诉讼的嫌疑。

（2）票面信息是否存在人为涂改痕迹

在本案原审庭审核对证据原件时，洁澜公司提交的多份收据在日期上存在多处人为涂改痕迹，均为跨越年份的大幅度修改，对此洁澜公司在原审程序中解释为财务人员笔误，但根据日常生活常识，一般在年初，可能会出现因书写失误而将日期写作上一年度的情形，但大幅度跨越年份（如将2020年误写为2018年）的情形几乎不可能发生，故洁澜公司的解释难以成立，且在二审程序中，洁澜公司再次推翻了该解释，称不存在人为修改，系财务人员书写习惯所致，更加令人难以信服。故司法机关未采信该证据。

综上所述，上述司法机关审查的重点集中于合同与发票是否具有真实的交易背景，以及诉争商标是否在真实的商业交易中起到了识别商品来源的作用。合同与票据等证据系商标撤销案件中最为常见的证据类型，间接证明诉争商标的使用情况。司法机关在审核相关证据时，通常会采取优势证据原则，结合全案证据审查判断真实性、合法性与有效性，进而认定在案证据是否形成了稳定的证据链证明诉争商标的使用情况。一旦证据链条中出现真实性缺陷，甚至有伪造证据嫌疑，则司法机关有权对其他在案证据采取更为严格的审查标准，从而将大幅降低在案证据的证明力。故无论作为申请人还是被申请人的代理律师，均应对商标使用证据的真实性进行详尽的考察核实，避免出现因证据真实性问题而造成的不利后果。除本案涉及的上述商标使用证据的问题外，在司法实务中，还应当就以下使用证据问题予以关注。

（3）刷单行为不属于商标性使用

在第12323415号“Evisu”商标撤销复审行政诉讼案①中，二审法院经审理认为，据已查明事实，公证书记载的网店销售记录明显存在关联公司刷单行为，这种非出于真实交易目的的网络刷单行为，或者出于某些不正当目的的刷单行为，不宜认定为可以维持诉争商标注册的商标使用行为，亦不应产生维持诉争商标有效注册的法律后果，最终认定在全部核定使用商品上应予以撤销注册。

由于刷单行为并非出于真实的市场交易需求，其本质上应当属于象征性使用，并非真实商业交易，故不能证明涉案商标实际使用。

（4）朋友圈的使用不视为商标性使用

北京市高级人民法院作出的（2021）京行申2563号判决书中认定，微信朋友圈截图为自行截取，证明力较低，且当事人提交的微信截图内容主要系招募经销商，并未显示有诉争商标在核定商品上进入市场流通领域的情形。

随着新媒体的不断发展，微信朋友圈也成为一种新的信息展示与传播平台，但是作为商标性使用证据形式，还需考虑在微信朋友圈中展示的形式、真实性、传播的范围等方面因素，鉴于微信朋友圈的有限封闭性的特点，一般不宜单独作为向不特定相关公众进行商标性使用的证据予以采信。

（5）微信公众号的使用认定为商标性使用

北京市高级人民法院作出的（2021）京行终3859号判决书中认定，某

① （2021）京行终4600号。

某公司于2014年2月18日起，开始使用“某某微财经”微信公众号，平均每周在该微信公众号上推送三期至四期有关股票、私募、投资等领域的财经要闻、新闻、研报等方面的文章。该证据可以证明，某某公司于指定期间内持续在微信公众号上推送了关于金融信息、金融服务等方面的文章，故可以认定该公司于指定期间内对诉争商标在“金融信息；金融服务”服务上进行了真实、有效的使用。

考虑到微信公众号的面向受众为不特定的相关公众，如在公众号中对涉案商标进行宣传推广等使用行为，可以认定为商标性使用。

（6）第三方平台的消费者评价可作为商标性使用证据

北京知识产权法院就第3037273号“酷迪COOL及图”商标撤销复审行政诉讼案件作出的（2019）京73行初12998号判决书认定：“原告在行政阶段提交的证据（光盘）主要有：……22. 大众点评网截图；23. 原告官方微博截图；24. 百度搜索截图；25. 花椒直播视频截图；26. 原告官方微信公众号截图；27. 腾讯视频截图；28. 爱奇艺视频截图；……”本案中，原告提交的证据22至28等系原告及原商标注册人通过线下和线上方式替他人策划、推广商品的情况，能证明诉争商标于指定期间在推销（替代他人）服务上进行了商标法意义上的使用。

与前述微信公众号的情形类似，第三方平台上消费者对于涉案商品或服务的体验评价可以作为直接证明涉案商标是否投入实际使用的重要证据。

四、绫致时装（天津）有限公司与博野县幻蝶雾语服装店商标侵权及不正当竞争纠纷案[①][②]

案情聚焦

绫致时装（天津）有限公司（以下简称绫致公司）为国际分类第25类

① 郭东科律师、杨佳律师，北京市中里通律师事务所。

② 一审案号：（2021）冀06知民初26号；二审案号：（2021）冀知民终294号。

上“VERO MODE”注册商标及“ONLY”注册商标在中国大陆地区被许可方，并经授权可以其名义提起诉讼。博野县幻蝶雾语服装店（以下简称幻蝶雾语服装店）系个体工商户，在淘宝网开设网店，经营服装，未经许可在其淘宝店铺中将“VERO TEX MODA”“ONLY. LUU”等文字使用在商品名称处，同时销售与绫致公司同款或近似款服装，在产品页面服装名称部分使用的货号与绫致公司在同款或近似款上使用的货号一致。绫致公司申请调查令，向支付宝公司和淘宝公司调取了幻蝶雾语服装店的交易记录，并对相关事实进行公证，将其诉至法院，请求判令其停止侵权并赔偿经济损失。

一审法院认为，绫致公司系本案适格主体。幻蝶雾语服装店未经许可在其开设的淘宝店铺中，将“VERO TEX MODA”“ONLY. LUU”等文字使用在其商品名称处，构成商标侵权。但是，绫致公司主张幻蝶雾语服装店抄袭、剽窃其原创服装款型，注明与其相同或类似设计款式相同的商品货号，造成与其所售商品混淆的证据不足，幻蝶雾语服装店的行为不构成不正当竞争。一审判决幻蝶雾语服装店承担商标侵权责任并向绫致公司赔偿 10 万元。

各方均不服一审判决，提出上诉。二审法院另查明：第一，幻蝶雾语服装店在淘宝上所销售的 92 款服装款式与绫致公司销售的标注同一货号的服装在服装款型、颜色选择、领口袖口等细节方面近似；第二，幻蝶雾语服装店在网店的服装名称部分使用的货号与绫致公司在同款或近似款上使用的货号一致；第三，幻蝶雾语服装店在淘宝上包含“VERO MODA”及“ONLY”关键词的成交记录涉及款项 575 万元。二审判决在认定商标侵权的同时认为，尽管就某一具体的服装款式或款号而言，绫致公司并未举证证明该款式为其独创或其具有某种专有权利，但就服装而言，服装款式系一个服装企业的核心竞争力之一，可以为经营者带来更多的竞争优势。而服装货号不仅是生产厂商和销售方管理商品的编号，更是消费者通过检索货号定位到自己需求的服装的重要途径。幻蝶雾语服装店利用服装款式和货号的这种特殊对应关系，不仅模仿绫致公司的服装款式，在服装的设计、材料的选择、做工和细节的处理等方面抄袭绫致公司的成果，同时，在相同或类似的款式上使用与绫致公司相同的货号。幻蝶雾语服装店将与绫致公司相同的货号使用在与绫致公司相同或类似款式的服装上，将通过货号搜索绫致公司服装的消费者引流到其店铺，购买其销售的类似款式的服装，以获取不正当的竞争优势。该行为明显挤占了绫致公司的交易机会，已经对绫致公司的商品构成实质性的替代，这种替代必然会使绫致公司的利益受到损害。幻蝶雾语服装店作为从事服装行业的经营者，和绫致公司具有竞争关系，其理应知晓服装款式是服装企业的重要资源，也应当知道，在网络上购买服装时，消费者经常通过服装的货号找到特定款式的商品，其利用绫致服装款式和货号之间的对应关系，同时抄袭绫致公司服装款式和货号，侵占绫致公司的商业利益和商业机会，主观上具有恶意，构成不正当竞争。二审在认定商标侵权的基础上，同时认定幻蝶雾语服装店的行为构成不正当竞争，赔偿金额变更为30万元。

律师评析

1. 关于侵犯注册商标专用权的认定

幻蝶雾语服装店未经绫致公司许可在其开设的淘宝店铺中，将“VERO TEX MODA”“ONLY. LUU”等文字使用在其商品名称处，该种行为属于对以上标识的商标性使用，且标识中完整包含了绫致公司“VERO MODA”“ONLY”两枚商标。《商标法》第五十七条第二项的适用应当从商标是否近似，商品是否类似，两者共同使用是否容易导致相关公众的混淆误认等要件考虑，通常情况下，完整包含他人具有较高知名度的商标有较大可能被认定构成近似，故两者整体看来与绫致公司的上述商标构成近似，且幻蝶雾语服装店销售的商品亦为服装，与权利商标核定使用的“衣物”构成相同商品，极易导致消费者混淆，故两审法院均认定幻蝶雾语服装店的行为侵犯了绫致公司的注册商标专用权。

2. 关于不正当竞争行为的认定

两级法院在这一问题上存在分歧，一审判决采用了知识产权侵权判断的思路，即先确认绫致公司是否享有涉案商品的款型系其原创、货号为其独有的相应权利，再比对幻蝶雾语服装店的服装产品的款型、货号是否侵犯了这一权利，得出是否构成不正当竞争的结论。在此判断方式下，由于绫致公司很难证明其权利基础，故一审判决认定幻蝶雾语服装店的行为不构成不正当竞争。

本案中，绫致公司主张适用的是《反不正当竞争法》第二条一般条款。反不正当竞争法调整的是种类广泛且变化多样的市场竞争行为，而非某一特定类型的权利，其一般条款概括和反映了不正当竞争行为的本质和认定标准，是反不正当竞争法的核心，具有作为竞争行为正当性判断标准的功能，对于法律没有明确规定的不正当竞争行为，法官可以借助一般条款的规定及时对其进行有效的调整。因此，该条款的适用不能简单套用一般侵权判定的思路。二审法院根据具体案件情况指出，反不正当竞争法保护不是立足于权利保护，而是立足于行为正当性，因此无须受到知识产权侵权判断范式和思维的限制。如果系以特别应受谴责的方式方法损害受保护的利益，即使该利益尚未满足权利的属性，也应当认定构成不正当竞争。

由此可见，本案对不正当竞争行为判断模式与知识产权侵权判断模式应当有所区别做出了阐释。不正当竞争行为的考虑应当符合行为谴责式的判断模式，保护的是法益，考虑的是行为的正当性，具有补充权利保护专门法的独特功能。

3. 关于侵权赔偿数额的确定

本案中，虽然绫致公司代理律师提交了行业利润率的基本证据，且提交了淘宝及支付宝相应数据，但法院认为服装行业中不同规模、品牌的企业在利润率方面存在较大差异，故法院采取酌定方法，在确定赔偿金额时考虑如下因素：（1）权利商标具有较高知名度。（2）被诉侵权商品销售数量和金额较大，根据律师向支付宝公司调取的数据显示，本案被控侵权商品销售金额达到500余万元，幻蝶雾语服装店虽主张存在刷单行为，但并未提供相应的证据证明，且刷单系以虚构交易的方式欺骗、误导消费者的不诚信行为，有悖电子商务诚信体系建设，不能以此作为侵权人逃避法律责任的抗辩事由。（3）幻蝶雾语服装店存在商标侵权行为及不正当竞争行为。（4）绫致公司付出的维权成本。这其实提供了服装产品侵权赔偿额计算的一种可能的方式，即考虑维权人的品牌情况，侵权产品的绝对数量以及其他因素（如合理支出，主观恶意等），对于类似案件有一定参考价值。

4. 关于适用《反不正当竞争法》对服装行业的保护

一直以来，服装行业产品保护面临较为尴尬的境地。一方面，适用外观专利进行保护，其授权周期一般会超过三个月，而考虑季节因素，服装产品的流行款式时间一般也就三个月，因此，适用该保护时间较为紧张。另一方面，适用著作权保护，实践中，一般认为服装设计具有著作权须同时具备两个条件：第一是服装设计整体上具有独创性，第二是审美价值的设计与实用功能在物理上或者观念上可以分离。法院认为原告主张的所谓有独创性的设计，比如拉链、衣帽等局部或者整体的设计，尽管有一定的独创性，但是其主要目的是实现保暖等实用功能，因此不能成为著作权保护的作品。冯晓青教授曾指出，服装设计知识产权保护重在回归知识产权法律制度激励创新之宗旨，需要划分服装设计知识产权保护中的私人权利与公共领域的界限，以保护服装创新设计、促进服装产业发展为重要原则。而本案就为服装行业的知识产权保护提供了可以参考的案例。

本案的侵权者不仅利用知名品牌的知名度，而且模仿知名品牌的服装款式和货号，抄袭知名品牌的其他成果，造成多重多层次的恶意，单纯仅认定商标侵权，远不能弥补权利人损失。因此，本案是对服装行业具体知识产权即商标权的保护，也是对服装行业中款式、货号法益的突破性保护，通过本系列案件的处理，对不法者予以严厉打击，对权利主体肃清市场起到重要作用，对完善保护服装行业知识产权起到示范作用。

本案遵循最高人民法院司法政策精神，严厉制裁恶意模仿侵权行为，严格适用侵权法律责任，切实保障商标权人和消费者的利益，维护公平竞争的市场秩序。对于知名度较高的涉案注册商标，二审法院给予其范围更宽和强度更大的保护，以激励市场竞争的优胜者，净化市场环境，遏制仿冒搭车的不正当竞争行为。

五、百度在线网络技术（北京）有限公司与北京京百度餐饮管理有限公司等侵害商标权及不正当竞争纠纷案①②

案情聚焦

百度在线网络技术（北京）有限公司（以下简称百度公司）于2000年1月18日注册成立，经营范围包括提供相关技术咨询、技术服务、技术培训，承接计算机网络系统工程等。

北京京百度餐饮管理有限公司（以下简称京百度公司）于2012年1月19日注册成立，位于北京市通州区。

第1579950号“百度”商标（以下简称涉案商标一）由百度公司注册，核定使用在第42类“以计算机信息网络方式提供计算机信息、以计算机信息网络方式提供技术研究信息”等服务上，有效期自2001年5月28日至2011年5月27日，后经两次续展，有效期至2031年5月27日。涉案商标一多次被人民法院认定为驰名商标。

百度公司认为京百度公司及其涉案分公司在微信公众号、饮品柜、菜单、广告宣传、包装筷、店招门头、装饰牌匾、宣传广告页、纸巾盒、结账小票、吊顶灯、美团App上使用“百度”（两款字体）、“百度渔锅”、“百度烤肉”、“百度食糖”、“百度食堂”、“百度炒面”、“百度大冷面”、“百度炒饭”、“百度泡菜”、“百度秘制鸡翅”等侵权标识的行为，侵害了百度公司的涉案“百度”商标的注册商标专用权。

百度公司向一审法院起诉请求：

（1）确认百度公司的第42类服务上的第1579950号、第5916521号“百度”商标在“以计算机信息网络方式提供计算机信息、以计算机信息网络方式提供技术研究信息”服务上为驰名商标；（2）判令京百度公司及其涉案分公司立即停止侵害“百度”商标专用权；（3）判令京百度公司及其涉

---

① 汪明政律师、史茜律师，贵州贵达律师事务所。

② 一审案号：（2019）京73民初1335号；二审案号：（2022）京民终170号，2022年4月生效。

案分公司立即停止不正当竞争行为，即停止在企业名称中使用“百度”文字，立即变更企业名称且变更后的名称不能使用“百度”或与之近似的文字；（4）判令京百度公司及其涉案分公司共同赔偿百度公司经济损失495万元及合理开支5万元；（5）判令京百度公司及其涉案分公司在《中国知识产权报》上刊登声明，消除影响。

一审法院认为：

双方当事人对于京百度公司及其涉案分公司在其企业字号上使用了“百度”文字，在微信公众号、美团App、饮品柜、菜单、广告宣传、包装筷、店招门头等处突出使用“百度”“百度渔锅”“百度烤肉”“百度食糖”“百度食堂”“百度炒面”“百度大冷面”“百度炒饭”“百度泡菜”“百度秘制鸡翅”等标识的事实并无异议。

被诉行为实际上已经破坏了“百度”商标与互联网搜索引擎服务之间的直接密切联系，减弱了“百度”商标的显著性，属于《最高人民法院关于审理涉及驰名商标保护的民事纠纷案件应用法律若干问题的解释》第九条第二款规定的“足以使相关公众认为被诉商标与驰名商标具有相当程度的联系，而减弱驰名商标的显著性”和“不正当利用驰名商标的市场声誉”的情形。因此，京百度公司及其涉案分公司的被诉行为侵犯了百度公司对涉案商标一享有的注册商标专用权。

京百度公司及其涉案分公司使用与“百度”近似的“京百度”作为企业字号，具有攀附百度公司的“百度”商标声誉、搭便车的主观故意，客观上也容易导致相关公众误认为京百度公司及其涉案分公司与百度公司之间存在关联关系，对京百度公司及其涉案分公司的投资或经营主体产生误认，造成服务来源的混淆，故百度公司主张京百度公司及其涉案分公司在企业名称中使用“百度”文字构成不正当竞争，具有事实及法律依据。

一审法院判决：

一、京百度公司等立即停止侵害百度公司的注册商标专用权；二、京百度公司等于本判决生效之日起三十日内停止在企业名称中使用“百度”文字；三、京百度公司等于本判决生效之日起三十日内在《中国知识产权报》

连续七天刊登声明，消除影响；四、京百度公司等于本判决生效之日起十五日内赔偿百度公司经济损失 2270441 元及合理开支 50000 元，共计 2320441 元；五、驳回百度公司的其他诉讼请求。

被告不服一审判决提起上诉。

二审法院认为：

本案中，在案证据可以证明百度公司涉案商标一的显著性和知名度较高，京百度公司及其涉案分公司在经营活动中大量使用与涉案商标一相同的“百度”文字，并作为企业字号使用，主观故意明显。考虑到京百度公司及其涉案分公司侵权使用“百度”标识的方式和类型多样，侵权行为持续时间长，且在原审诉讼期间仍未及时停止侵权等具体情节，可以认定京百度公司及其涉案分公司实施的侵权行为情节严重。原审判决对百度公司就被诉行为向京百度公司及其涉案分公司提出适用惩罚性赔偿的请求予以支持并无不当。

故二审法院维持了一审法院对于赔偿的计算方式。

律师评析

本案涉及的问题之一是驰名商标的跨类保护，第 1579950 号“百度”驰名商标由百度公司注册，核定使用在第 42 类“以计算机信息网络方式提供计算机信息、以计算机信息网络方式提供技术研究信息”等服务上，被告并未将其使用在第 42 类上而是使用在餐饮服务上，二者并非同一类商品或者服务。

本案之所以对涉案商标进行跨类保护，是因为被诉行为实际上已经破坏了“百度”商标与计算机信息服务之间的直接密切联系，减弱了“百度”商标的显著性，属于《最高人民法院关于审理涉及驰名商标保护的民事纠纷案件应用法律若干问题的解释》第九条第二款规定的“足以使相关公众认为被诉商标与驰名商标具有相当程度的联系，而减弱驰名商标的显著性”和“不正当利用驰名商标的市场声誉”的情形。

本案涉及的问题之二是惩罚性赔偿。《商标法》第六十三条规定，侵犯商标专用权的赔偿数额，按照权利人因被侵权所受到的实际损失确定；实际损失难以确定的，可以按照侵权人因侵权所获得的利益确定；权利人的损失或者侵权人获得的利益难以确定的，参照该商标许可使用费的倍数合理确定。对恶意侵犯商标专用权，情节严重的，可以在按照上述方法确定数额的一倍以上五倍以下确定赔偿数额。

法院根据百度公司涉案商标一的显著性和知名度较高；京百度公司及其涉案分公司在经营活动中大量使用与涉案商标一相同的“百度”文字，并作为企业字号使用，主观故意明显；京百度公司及其涉案分公司侵权使用“百度”标识的方式和类型多样，侵权行为持续时间长，且在原审诉讼期间仍未及时停止侵权等具体情节，认定京百度公司及其涉案分公司实施的侵权行为情节严重，进而适用三倍的惩罚性赔偿。

另外，本案中被告利用企业名称登记与商标注册不同步的制度漏洞，将“百度”词语注册在其企业名称中，构成不正当竞争。

本案提示商标权人，在关注普通商标侵权行为的同时，还应积极通过国家企业信用信息公示系统发现企业名称登记中故意使用他人在先注册商标的行为，尽早发现尽早打击。经营者在进行企业名称登记时，应事先进行检索，对他人的在先商标等进行合理避让。同时也警示意欲蹭名牌搭便车的经营者，故意利用他人商标、商誉进行经营的行为可能会招致惩罚性赔偿。

六、北京棉田纺织品有限公司与无印良品（上海）商业有限公司侵害商标权纠纷案①②

案情聚焦

北京棉田纺织品有限公司（以下简称棉田公司）在第 24 类商品上拥有第 1561046 号“无印良品”注册商标、第 7494239 号“无印良品”注册商标、第 14130423 号“無印良品”注册商标专用权。

---

① 汪明政律师、史茜律师，贵州贵达律师事务所。

② 一审案号：（2020）沪 0107 民初 2973 号；二审案号：（2021）沪 73 民终 734 号，2022 年 9 月生效。

无印良品（上海）商业有限公司（以下简称无印良品公司）在第35类“推销（替他人）”等服务项目上拥有第4471277号“無印良品”注册商标，并且曾被国家商评委认定为驰名商标。

无印良品公司的经营模式主要是通过在全国各地开设实体专卖店及网上店铺，从事自有品牌的家居、服装、食品、文具、化妆品等日用杂货商品的零售服务。无印良品公司在专卖店提供的杂货商品零售服务上，在开设的实体专卖店招牌及网上店铺标注“無印良品”或者“MUJI 無印良品”，在统一使用的购物明细单及专门为不特定商品统一提供的邮寄包裹袋上使用“無印良品”等标识。无印良品公司销售的第24类商品上使用的是其自有“MUJI”商标。

棉田公司认为无印良品公司在网购商品邮寄包裹袋上使用“MUJI 無印良品”标识字样，在官网商城购物明细单左上角使用“MUJI 無印良品”标识字样，反面抬头使用“无印良品”字样，在官网商城网页首部或其他显著位置使用“MUJI 無印良品”标识字样的行为侵害其在第24类商品上的第1561046号、第7494239号、第14130423号的“无印良品”注册商标专用权。

故棉田公司将无印良品公司诉至上海市普陀区人民法院，请求判令被告立即停止侵害第1561046号、第7494239号、第14130423号注册商标专用权，在门店入口显著位置、微信公众号及无印良品MUJI官网首页及头条位置连续三十日发表书面声明，消除因其侵权行为造成的不良影响，并赔偿棉田公司经济损失300万元，以及为制止侵权支付的合理费用合计75080元。

对此无印良品公司辩称：（1）被诉侵权商品上没有使用棉田公司的权利商标，不存在商标侵权。（2）网店抬头、小票明细抬头并不标明在商品名称中，被诉的邮寄包裹袋使用“無印良品”是企业字号和服务商标的使用。

上海市普陀区人民法院作出一审判决，认定被诉侵权行为不构成侵害棉田公司的涉案注册商标专用权，驳回棉田公司的所有诉讼请求。

棉田公司不服一审判决，上诉至上海知识产权法院，二审法院经过审理，最终驳回上诉，维持原判。

律师评析

本案主要涉及无印良品公司在自有品牌杂货商品的零售服务上使用商标（服务商标）与棉田公司在销售的商品上使用商标（商品商标）的权利边界的认定。

对此法院经审理认为：

1. 零售店铺为不特定商品统一提供的网购商品邮寄包裹袋实际是店铺提供服务的一种方式，属于对无印良品公司在35类服务商标的使用

为不特定的商品统一提供包装袋或者本案涉及的邮寄使用的包裹袋，均是销售商为方便消费者带离/邮寄商品而使用，如不考虑商品与包装的结合形式，仅仅将涉案的包裹袋与商品一一对应，那意味着该包裹袋装入任何商品，即成为该商品的商标，不符合商标识别商品来源的作用。

而本案中被诉邮寄包裹袋是无印良品公司经营的零售店铺专门为不特定商品统一提供的为邮寄使用的包裹袋，系为向消费者邮寄商品而使用的防止商品毁损的包裹袋，实际是店铺提供服务的一种方式。商品包装，主要是指商品制作过程中为实现商品流通方便而进行的包装，因此，不应将邮寄包裹袋认定为商品包装，在邮寄包裹袋上使用“無印良品”标识字样是属于对无印良品公司在35类服务商标的使用，并非对棉田公司在24类商品商标的使用，所以不构成侵权。

2. 零售店铺在招牌、网上店铺、购物明细、邮寄包裹单上使用商标标识是属于服务商标的使用，即是属于第35类中的零售服务商标的使用

对涉案“無印良品”专卖店这种主要提供自有品牌零售服务的综合性杂货店铺而言，被诉的侵权网店及购物明细单抬头、网购商品邮寄包裹袋上标注的被控侵权标识，并非旨在表明某一商品来源，而是表明商品销售服务提供者。因此，无印良品公司对被诉侵权标识的使用属于服务商标的使用，而不是商品商标的使用。

3. 商品的零售服务与零售的商品之间不构成类似商品与服务

“無印良品”使用在无印良品公司的自有品牌杂货商品的零售服务上，即第35类上，而棉田公司的“无印良品”注册商标核定使用在第24类商品上，前者服务与后者商品之间不应构成类似商品与服务。因此，无印良品公司并未侵犯棉田公司第1561046号、第7494239号、第14130423号注册商标专用权。

同时，正是基于无印良品公司在对其品牌的运营过程中，一直持续将“無印良品”“MUJI”及其结合的标识使用于其提供的杂货商品零售服务上，从而使相关公众已经将该标识与无印良品公司及其母公司之间建立起稳定的对应关系，即普通消费者在无印良品公司开设的“無印良品”专卖店或网上店铺中购买涉及第24类商品时，不会误认为该商品来源于棉田公司。

律师认为，本案法院的判决在一定程度上为零售业商标使用性质的认定和界定商标合理使用的边界提供了重要参考，对避免商标权利滥用具有一定的指引作用。此外，无印良品公司在销售的第24类商品上使用的是其自有“MUJI”商标，未使用被诉侵权标识，已合理避让棉田公司在第24类上拥有的“无印良品”注册商标权，其合理避让行为亦值得赞许和借鉴。

七、燕京智汇（北京）国际旅行社有限公司与北京燕京国际旅行社有限公司侵害商标权纠纷案①②

案情聚焦

燕京智汇（北京）国际旅行社有限公司（以下简称燕京智汇公司）于2015年依法受让取得注册在第39类的第6477049号“燕京旅游”商标。燕京智汇公司认为北京燕京国际旅行社有限公司（以下简称北京燕京公司）在其经营的“燕京国旅”公众号及“北京燕京国旅”飞猪网自营店铺使用“燕京国旅”字样，侵害了其享有的“燕京旅游”注册商标专用权。

因此，燕京智汇公司以北京燕京公司为被告，向北京市朝阳区人民法院起诉，请求判令被告：（1）判令被告停止侵害第6477049号“燕京旅游”注

---

① 汪明政律师、史茜律师，贵州贵达律师事务所。

② 一审案号：（2019）京0105民初2199号；二审案号：（2020）京73民终2613号；再审案号：（2022）京民再72号，2022年9月生效。

册商标专用权的行为；（2）判令被告在北京晚报等媒体上发布不少于三十日的声明，以消除影响；（3）判令被告赔偿原告经济损失30万元；（4）判令被告支付合理费用2403元。

对此北京燕京公司的答辩意见之一为，涉案的“燕京旅游”注册商标在过去三年期间属于未使用状态。

北京市朝阳区人民法院一审判决认定，燕京智汇公司提交的证据构成商标法意义上的使用，因此对三年未使用涉案注册商标的答辩意见，不予采纳。一审法院判决北京燕京公司立即停止侵害涉案注册商标专用权的行为，并赔偿燕京智汇公司经济损失。

北京燕京公司不服一审判决，上诉至北京知识产权法院，二审法院判决驳回上诉，维持原判。

在一审过程中，北京燕京公司于2019年3月22日以无正当理由不使用为由，向国家知识产权局商标局申请撤销涉案商标，国家知识产权局商标局经审查后认为燕京智汇公司提供的2016年3月22日至2019年3月21日期间商标使用证据有效，故决定涉案注册商标不予撤销。

由于不服上述决定，北京燕京公司于2019年11月18日申请复审，国家知识产权局经审查后认为燕京智汇公司提供的证据不能用于证明本案商标的使用情况，故决定对该商标的注册予以撤销。

北京燕京公司不服北京知识产权法院二审判决，向北京市高级人民法院申请再审。2022年9月15日，北京市高级人民法院作出最终判决，认为燕京智汇公司提供的证据不能证明本案商标的使用情况，改判驳回了其诉讼请求。

律师评析

本案涉及如何认定商标是否实际使用的问题。依据《商标法》第六十四条的规定，商标权人在此前三年内是否实际使用商标关系到被控侵权人是否需要承担赔偿责任。

本案一审、二审、再审、商标撤销程序及其复审程序对于商标权人在此前三年内是否实际使用商标的认定出现多次反复。

一审法院认为，在判断商标专用权人是否使用注册商标时，应以商标的使用方式能否起到识别商品或服务来源为标准，当商标的使用能够起到识别来源的作用时，不论具体使用形式，都应该认为属于法律规定的实际使用。原告提交了包含“燕京旅游”字样的广告宣传片、盘锦市旅游发展委员会发布的《关于进一步推进智慧旅游景区建设的通知》、“链景旅游”微信公众号中刊登的文章、公司宣传册、“燕京旅游”App在徽州古城与沈阳故宫等景区的展示牌照片、部分与景区合作推广宣传的照片及截图、代理商会议物料、与案外公司签署的推广“燕京旅游”品牌服务的合作协议及与部分旅游者签订的旅游合同作为本案证据，一审法院认为根据原告在本案提交的证据，这属于《商标法》第四十八条规定的商标的使用。

二审法院维持原判。

北京燕京公司于2019年3月22日以无正当理由不使用为由，向国家知识产权局商标局申请撤销涉案商标，国家知识产权局商标局经审查后认为燕京智汇公司提供的2016年3月22日至2019年3月21日期间商标使用证据有效，故决定涉案注册商标不予撤销。

由于不服上述决定，北京燕京公司于2019年11月18日申请复审，国家知识产权局经审查后认为燕京智汇公司提供的合作协议、旅游合同缺乏履行证据，展示牌照片为自制证据，且未显示形成时间，合作证明为单方出具的证明等，无法证明商标的实际使用情况，相关照片或未显示形成时间，或形成时间为2015年，并非指定三年期间内，相关视频及荣誉形成时间为2015年，不在指定三年期间内，在先裁定不能用于证明本案商标的使用情况，故决定对该商标的注册予以撤销。

再审法院认为燕京智汇公司提交的证据，其或未在指定期间（即三年内），或系其自制证据，或未提交履行证据佐证，不能证明存在商标意义上的使用。此外，燕京智汇公司未提交证据证明其因被诉侵权行为受到其他损失。据此，认定虽然北京燕京公司实施了被诉侵权行为，但根据《商标法》第六十四条的规定，其可不承担赔偿责任。

律师认为，就近三年内商标是否使用这一相同的事实认定，之所以各级法院和国家知识产权局的意见出现反复，主要还是因为我国法律对于商标使用的规定较为原则，对商标使用的主体，商标使用的商品范围，商标真实使用的界定等都没有明确的规定，法律适用较为困难。后续需要司法机关出台相关司法解释解决这一问题。

就商标权人而言，积极保留符合法律要求的商标使用证据是打击商标侵权的基础。如果不能保留和提供商标使用证据，不但遭遇侵权时无法打击侵权，甚至商标有可能会因为无正当理由不使用而被商标局撤销。

八、蜜雪约（广州）科技有限公司、梁某伟等侵害商标权纠纷案①②

案情聚焦

上诉人蜜雪约（广州）科技有限公司（以下简称蜜雪约公司）、梁某伟与被上诉人蜜雪冰城股份有限公司（以下简称蜜雪冰城公司）侵害商标权纠纷一案中，第31516897号“蜜雪约及图”商标申请人为香港威旺标服饰有限公司，申请注册日期为2018年6月11日，注册公告日期为2019年4月7日，专用权期限自2019年4月7日起至2029年4月6日止，核定使用商品为第43类，2019年10月13日转让给一审被告梁某伟。2020年5月25日，根据一审原告蜜雪冰城公司的无效宣告申请，国家知识产权局作出《关于第31516897号“蜜雪约及图”商标无效宣告请求裁定书》，裁定第31516897号“蜜雪约及图”商标予以无效宣告，2021年3月2日，北京市高级人民法院作出（2020）京行终7788号行政判决书，维持一审判决，上述31516897号“蜜雪约及图”商标终审仍判决无效。

蜜雪冰城公司于2010年开始申请系列“蜜雪冰城”“蜜雪”“蜜雪冰城及图”商标，认为第31516897号“蜜雪约及图”商标无效后，之前的使用

---

① 商家泉律师，北京高文律师事务所。

② 一审案号：（2021）粤0111民初28650号；二审案号：（2022）粤73民终3333号。前诉一审案号：（2020）京73行初8651号；二审案号：（2020）京行终7788号。

行为侵权，遂向法院起诉请求：（1）蜜雪约公司、梁某伟在2021年4月14日之前侵犯蜜雪冰城公司“蜜雪冰城”“蜜雪”系列注册商标专用权；（2）蜜雪约公司、梁某伟赔偿蜜雪冰城公司经济损失100万元。

一审法院经审理总结案件焦点之一为：蜜雪约公司、梁某伟关于第31516897号注册商标存续期间，其使用该商标不构成侵权，无须承担侵权赔偿责任的抗辩是否成立。一审法院认为，由于蜜雪冰城公司涉案商标具有较高的知名度，蜜雪冰城公司与蜜雪约公司、梁某伟之间为同业竞争关系，被诉侵权商标使用在同一种或类似商品和服务上，相关公众施以一般注意力在隔离观察状态下识别时，较容易首先观察到“蜜雪”标识，容易认为使用上述商标的服务来源于蜜雪冰城公司或者与蜜雪冰城公司有特定联系，从而造成混淆。蜜雪约公司与蜜雪冰城公司为同行业经营者，其理应知悉蜜雪冰城公司涉案商标的知名度和影响力，却仍对外宣传推广使用被诉侵权商标。在被诉侵权商标已被宣告无效的情况下，本案庭审中仍坚称其有权使用被诉侵权商标，可见其主观上存在过错。

二审法院认为，根据《商标法》第四十七条第一款的规定，注册商标被宣告无效后，其注册商标专用权应视为自始不存在，故蜜雪约公司、梁某伟在第31516897号注册商标被无效宣告前使用被诉侵权标识的行为失去了正当性基础。同时，蜜雪约公司、梁某伟作为同行业竞争者，在明知“蜜雪冰城”“蜜雪”“蜜雪冰城及图”商标在全国具有较高知名度及影响力的情况下，仍然受让香港威旺标服饰有限公司恶意囤积注册的第31516897号商标并开展同业经营活动，其主观上攀附蜜雪冰城公司涉案商标知名度的侵权恶意明显，依法应当承担商标侵权责任。遂驳回上诉，维持一审判决。

律师评析

本案涉及注册商标被宣告无效后，商标存续期间的使用行为是否构成侵权及侵权责任的承担问题。

1. 可借鉴的侵权法现有理论：可预见性规则

可预见性规则是理性哲学在法学中的折射，根植于人对未来可规划性的心理诉求，在民法和刑法领域特别受关注。[①] 杨立新教授也认为，预见可能性问题是民法中的一个大问题，也是贯穿侵权法始终的一个问题，不仅关乎责任成立的判断，更影响责任范围的界定。但可预见性标准限责主要适用于非故意的财产权侵权领域，在故意和人身权领域一般仍适用传统的“全部赔偿原则”。一般来讲，可预见性规则主要限制责任范围，部分功能限制责任成立。

2. 无效前的使用适用过错责任还是无过错责任在商标实践领域存在争议

在商标法领域，对于注册商标被宣告无效后，之前有效存续期间的使用是否构成侵权存在争议。有观点认为，商标被无效宣告后其效力视为自始不存在，应按无过错责任处理侵权是否成立问题。例如本案二审法院认为“注册商标被宣告无效后，其注册商标专用权应视为自始不存在，故蜜雪约公司、梁某伟在第31516897号注册商标被无效宣告前使用被诉侵权标识的行为失去了正当性基础”。

也有观点认为，应以过错来考察注册商标有效存续期间的使用是否构成侵权。比如福建省高级人民法院（2016）闽民终809号判决认为“北京市高级人民法院于2015年11月20日作出宣告无效的生效行政判决。在生效判决作出前，上述商标仍属于效力待定状态，某机电公司亦无法预见涉案授权商标是否会被最终无效，且现有证据不足以证明其明知被许可使用的商标已被宣告无效仍恶意使用”。又如江苏省高级人民法院（2014）苏知民再终字第0001号判决认为“本案M公司使用的‘拉法基’文字商标系商标局依据赵某胜的申请经审核后所颁发的注册商标，虽商标局此后宣布发放给赵某胜的该商标注册证无效，但在此期间商标使用人经授权许可使用该商标的行为是否构成侵权行为，《商标法》并未作出特别规定，F公司主张适用无过错责任原则，缺乏法律依据。因此M公司在赵某胜‘拉法基’文字商标被宣告无效之前被授权使用该商标的行为是否构成侵权，应当考察其主观上是否具有过错”。

---

① 于雪锋：《侵权法可预见性规则研究》，北京大学出版社2017年版，前言。

3. 可预见性规则仅限制民事责任范围还是也影响责任成立

杨立新教授主编的《东亚侵权法示范法》第五十条规定，侵权人因非故意造成他人财产损害，实际损失超出其可预见范围的，可以适当减轻其损害赔偿责任。《民法典》第五百八十四条规定，当事人一方不履行合同义务或者履行合同义务不符合约定，造成对方损失的，损失赔偿额应当相当于因违约所造成的损失，包括合同履行后可以获得的利益；但是，不得超过违约一方订立合同时预见到或者应当预见到的因违约可能造成的损失。违约损害赔偿与侵权损害赔偿在赔偿的理念和价值取向上是基本一致的，尤其是在违约与侵权竞合时，选择不同的诉因如导致大相径庭的损失赔偿结果，有违公平正义的法律理念。因此，可预见性规则作为限制损害赔偿范围的一项基本规则，在侵权案件中可以参照适用。

不可预见性规则的最高等级存在是“不可预见、不能避免、无法克服”的不可抗力。关于不可抗力的规定，已失效的《侵权责任法》第二十九条规定：“因不可抗力造成他人损害的，不承担责任。法律另有规定的，依照其规定。”《民法典》第一百八十条规定：“因不可抗力不能履行民事义务的，不承担民事责任。法律另有规定的，依照其规定。不可抗力是不能预见、不能避免且不能克服的客观情况。”

由上述法律法规可见，包括不可抗力在内的不可预见抗辩，绝大部分均是限制责任范围的，但也会限制责任成立，主要体现在对“不承担民事责任”的理解上，即“不承担民事责任”不能仅限于不承担支付违约金、赔偿损失等救济实质性损害后果的民事责任承担方式，还应作广义理解，包括不承担《民法典》第一百七十九条规定的停止侵害、排除妨碍、消除危险、返还财产、恢复原状、消除影响、恢复名誉、赔礼道歉等民事责任的承担方式。可预见性规则既限制民事责任范围也影响民事责任成立。

4. 不可预见性规则也应影响有效存续期间商标使用侵权责任的成立：针对注册商标有效存续期间是否侵权的判断，应以民法上的过错责任为原则

《民法典》第一百八十条规定“不能履行民事义务”是“不承担民事责

任”的前提之一，“不能履行民事义务”的含义包括不履行合同上的义务，也包括在侵权责任法意义上造成他人损害。因此，无论是合同的违约还是侵权的损害担责，均应以存在特定民事义务为前提。

商标注册公告后，不特定公众均有合理避让的义务，集中体现在《商标法》第五十七条规定的“未经商标注册人的许可”上，在违反了“合理避让”和“征得许可”的民事特定义务后，才有商标侵权民事责任承担的可能。商标申请注册制度决定了当一枚商标被核准注册后，权利人当然地就相信自己有权合法使用上述商标并不构成侵权，即便商标无效具有自始无效的法律后果，但该注册商标被无效前，持有人既不具有“合理避让”和“征得许可”的民事法律义务，也不具有预见商标会被无效的能力。

但事物的可预见性，很大程度上取决于行为人掌握的相关有效信息的多寡，掌握的信息越多，预见的可能性就越大，专业人士与普通公众的预见能力就具有区别。信息量的大小，又与其面对的事物发展的不同阶段直接有关，发展越接近尾声，其本质属性表现得越充分。构成过失的可预见损害，是行为人依据行为前（商标申请前）所获得有效信息所作的判断，因果关系（商标核准后的使用）中的可预见损害，是依据行为最后阶段的有效信息所作的判断。具体到商标领域，申请阶段、获权使用阶段、无效阶段、无效的一审阶段、二审阶段及终审判决生效后的不同阶段，行为人对商标是否有效所接受的信息量不断增加，不同阶段对侵权预见可能性的影响也不同。如明知在先商标还申请注册，或随着商标无效诉讼进程的推进，应知注册商标会被无效，则其使用行为就具有过错，从而刺穿可预见性规则。

因此，对于注册商标无效前的使用是否构成侵权，应坚持过错原则而非无过错原则，民事侵权领域的可预见性规则对商标侵权民事责任的限制同样适用。

九、北京西四包子炒肝有限公司与北京华天饮食控股集团有限公司、北京京饮华天二友居餐饮管理有限公司、北京京饮华天二友居餐饮管理有限公司西四南店侵害商标权及不正当竞争纠纷案[①][②]

案情聚焦

一审判决认为，考虑北京华天饮食控股集团有限公司（以下简称华天饮食集团）、北京京饮华天二友居餐饮管理有限公司（以下简称二友居公司）、北京京饮华天二友居餐饮管理有限公司西四南店（以下简称二友居公司西四南店）在开设主营包子的饭馆中使用“西四包子铺”的正当性，北京西四包子炒肝有限公司（以下简称北京西四公司）权利的取得和使用的主观意图以及北京西四公司行使商标专用权的时间、方式，造成当事人之间利益失衡的程度等因素，认定北京西四公司商标专用权的行使违反了诚实信用原则，构成权利滥用，依据法律规定，应当认定该滥用行为不发生相应的法律效力。故对关于华天饮食集团、二友居公司、二友居公司西四南店侵犯第9868341号“图片”注册商标专用权的主张不予支持。

上诉人北京西四公司认为，在华天饮食集团主动注销并中断使用“西四包子铺”标识的情况下，任何主体均可注册和使用该标识，华天饮食集团对“西四包子铺”并不享有在先权利，自然无权依照《商标法》第五十九条第三款主张在先使用抗辩；北京西四公司取得并使用涉案权利商标符合法律规定，并不存在违反诚实信用原则或不以使用为目的的恶意注册的情形。在此基础上，北京西四公司作为涉案权利商标的专用权人，就被告涉嫌侵害商标专用权的行为提起诉讼，一审法院依职权认定的北京西四公司的行为构成权利滥用有误；二友居公司西四南店在其店铺中悬挂带有“西四包子铺”字样的招牌，使用带有“西四包子铺”字样的菜单、餐具等物品，在大众点评网宣传中使用带有“西四包子铺”字样的图片，华天饮食集团以及二友居公司

---

① 商家泉律师，北京高文律师事务所。

② 一审案号：（2021）京0102民初38143号；二审案号：（2022）京73民终1838号。

在微信公众号中使用含有“西四包子铺”字样的图片的行为均侵犯了北京西四公司的第9868341号“图片”商标专用权。

二审判决认为，一审判决以北京西四公司成立和受让“西四社”商标并非善意作为权利滥用的理由缺乏事实和法律根据。本案中，根据查明的事实，涉案权利商标获准注册日期为2012年10月21日，原注册人为青岛中一公司。因《商标法》第四条、第四十四条第一款规制恶意取得商标专用权的情形均强调“注册时”，故本案涉案权利商标恶意取得应以原注册人青岛中一公司申请注册涉案权利商标时存在恶意或不正当手段为前提。在未有证据证明青岛中一公司注册涉案权利商标系恶意抢注，或者存在《商标法》第四十四条第一款规定无效宣告情形的情况下，一审判决直接以北京西四公司成立和受让商标并非善意作为认定权利滥用的理由没有事实和法律根据。上诉人2021年1月20日受让取得涉案权利商标的商标专用权，根据上诉人在一审中提交的北京西四公司长楹天街店铺租赁合同和租赁费发票、经营者在上诉人处报税的截图、结账单、含有店铺照片的微信聊天记录、西四包子铺（来福士）店结账单及微信记录中照片等证据显示，相关店铺门头招牌为“西四社”，包装纸上使用了“西四社”标识，手提袋上使用了“西四社”标识。可见，上诉人受让涉案权利商标不仅是出于真实使用意图，且在受让前后对涉案权利商标进行了真实的商业使用。故上诉人从受让涉案商标专用权到对商标的使用，均不存在违反诚实信用原则的事实。

此外，由于权利滥用系针对权利人的行为进行的法律评价，故被诉行为是否具有正当性不能成为判断上诉人是否违反诚实信用原则的依据，一审判决以三被上诉人在其开设的主营包子的饭馆中使用“西四包子铺”具有正当性作为构成权利滥用的理由没有法律和法理根据；权利滥用系针对权利人行使自己享有的权利的行为进行的法律评价，上诉人行使涉案权利商标专用权的行为直接表现为在经营过程中使用该商标以及通过起诉请求认定三被上诉人构成侵权。至于其在行使自己享有的权利时是否存在其他侵权行为，不应当作为认定构成权利滥用的要件。因此，一审判决以上诉人在店铺招牌使用“西四包子铺”，悬挂“西四包子铺”的行为缺乏善意以及上诉人不仅未对

“西四包子铺”予以合理避让并开设店铺对“西四包子铺”进行使用作为权利滥用的理由不能成立。

一审判决在既没有证据证明上诉人的权利基础具有重大瑕疵，也没有证据证明上诉人的行为具有违反诚实信用原则的前提下，认为权利人恶意攀附被上诉人的商誉、获取商业利益，并提起本案诉讼主张商标专用权，企图通过诉讼阻止被上诉人正当使用，获取本不属于自己的诉讼利益，并得出当事人之间利益失衡的结论，没有事实和法律根据。故一审判决认定上诉人构成滥用商标专用权错误，本院予以纠正。

律师评析

本案涉及对商标专用权权利（诉权）滥用的认定问题。

知识产权权利滥用一般是指利用知识产权进行排他回售、设置不质疑条款、不竞争条款、限制广告宣传、搭售一揽子许可，以及不当的指定技术来源、指定进货或销售渠道、产量、价格、地域、客户限制等。《反垄断法》（2022 修正）第六十八条规定的“经营者滥用知识产权，排除、限制竞争的行为”就是上述行为。

而诉权滥用与知识产权权利滥用并不等同，诉权滥用是权利滥用的一种表现形式。《商标法》第六十八条第四款规定“对恶意提起商标诉讼的，由人民法院依法给予处罚”。2011 年修改的《民事案件案由规定》，在“知识产权权属、侵权纠纷”项下将“因恶意提起知识产权诉讼损害责任纠纷”单列。可见，通常所说的商标权利滥用基本指向的是诉权滥用。对滥用知识产权与滥用诉权的关系，李明德教授认为，随意主张权利并非滥用知识产权。故此，本案所指控的商标权滥用实质是商标权的诉权滥用，即通常所说的恶意诉讼。

但知识产权恶意诉讼与滥用诉权又有所不同，后者通常具有一定的权利基础或维权需要，属于行使自身权利但超出合理边界的行为。本案中，没有证据证明涉案权利商标申请注册本身存在恶意或不正当手段，也不存在权利人行使诉权具有明显超出合理边界或怀着不正当目的不当主张权利的行为，一审判决直接以北京西四公司成立和受让商标并非善意作为认定权利滥用的理由确有不妥。二审法院强调权利取得本身及权利行使的目的是否违反诚实信用原则，并以诚实信用原则为依据判断是否构成权利滥用，是具有法理基础的。恶意抢注不赔偿的法理基础在于：被侵权人具有故意或重大过失，侵权人仅有一般过失或根本无过失，得免除侵权人的赔偿义务，被侵权人的损害赔偿相对请求权依法消灭。进一步讲，不仅恶意取得还恶意行使权利，明知其请求缺乏正当理由还以纯盈利为目的起诉，意图使先用权人受到财产或信誉上的损害；或以损害他人正当权益为目的，以有悖于权利设置目的的方式不正当地行使权利，则停止侵权的绝对请求权依法灭失，造成他人损害构成不当竞争的，依法应承担赔偿损失的民事责任。商标法不保护依靠商标授权制度存在的缝隙，采取不正当手段恶意获得的所谓商标权。在审理侵害商标权的案件中，法院有权对商标权正当性进行有限、审慎的审查。

故此，商标权诉权滥用的限制还是商标法与竞争法之间的连结点。诉权滥用不仅是一种抗辩手段，因诉权滥用造成相对人损害的，相对人还可以提起不正当竞争诉讼。

重点关注

一、国家市场监督管理总局发布《商标代理监督管理规定》

2022年12月，国家市场监督管理总局发布了《商标代理监督管理规定》（以下简称《规定》），《规定》坚持问题导向，聚焦当前商标代理行业准入门槛低、机构过多过滥、经营管理不规范、服务水平参差不齐等突出问题，进一步细化机构人员、管理制度、行为规范等方面的规定，从源头上提高行业整体服务质量和发展水平。建立健全商标代理机构备案制度，通过完善办理备案程序，对长期不开展业务、空占行业资源的代理机构予以清理，推动形成行业良性发展格局。同时，为便利代理机构办理备案，规定对能够通过政务信息共享平台获取的信息不得要求商标代理机构重复提供。《规定》

丰富了监管手段，健全了市场监管部门与知识产权管理部门的信息共享、查处情况通报、业务指导等协同配合机制，细化了商标代理监管有关规定。《规定》完善了商标代理违法行为的法律责任，强化法律震慑。结合实践对《商标法》及其实施条例中列举的商标代理违法行为进行了细化规定，增强可操作性。明确通过网络从事商标代理业务的违法情形。同时规定了知识产权管理部门的监督责任以及对从事商标注册和管理工作的人员的纪律要求和责任追究。《规定》已于 2022 年 12 月 1 日起施行。

二、国家知识产权局发布《关于第 35 类服务商标申请注册与使用的指引》

为深入贯彻落实《“十四五”国家知识产权保护和运用规划》关于“加强知识产权源头保护，强化知识产权申请注册质量监管”的部署，帮助相关市场主体正确理解《类似商品和服务区分表》第 35 类服务项目的内涵和外延，了解相关服务分类项目本意，合理提出商标注册申请，国家知识产权局组织编写了《关于第 35 类服务商标申请注册与使用的指引》（以下简称《指引》），供相关市场主体参考使用。一直以来，第 35 类商标被误认为是“万能商标”，导致第 35 类商标被大量注册，其中很多注册申请并没有正确理解第 35 类商标的内涵，《指引》的发布让申请主体了解第 35 类商标的本意，合理提出商标注册申请，具有重要意义。

三、国家知识产权局发布《关于依法打击恶意抢注“世界杯”“拉伊卜”等商标注册的通告》

2022 年 12 月 2 日，国家知识产权局发布《关于依法打击恶意抢注“世界杯”“拉伊卜”等商标注册的通告》，对 26 件世界杯热词商标注册申请予以驳回，对 1 件已注册商标宣告无效，以遏制相关自然人及企业以谋取不当利益为目的的恶意抢注行为。针对少数企业、自然人以谋取不当利益为目的，对“世界杯”、著名球星姓名、世界杯吉祥物“LAEEB”“拉伊卜”等热词、标志进行商标恶意抢注，侵害社会公共利益的行为，国家知识产权局依据《商标法》第十条第一款第七项等规定，对第66999855号“世界杯”、第63803887号“LAEEB”等26件商标注册申请予以驳回；依据《商标法》第四十四条第一款规定，对已注册的第63767652号“LAEEBS”商标依职权宣告无效。国家知识产权局高度重视卡塔尔世界杯知识产权保护工作，坚决打击恶意抢注行为，加强对包括世界杯、世界杯吉祥物、著名球星姓名在内的世界杯热词、标志的保护，依法依规严肃处理违反诚实信用原则、恶意抢注商标图谋不当利益的申请人及其委托的商标代理机构，坚决维护风清气正的商标注册管理秩序，切实保护市场主体合法权益，维护公共利益。

四、阿里巴巴旗下公司代理注册“谷爱凌”商标被行政处罚

2022年9月，作为商标代理机构的阿里巴巴科技（北京）有限公司因违反《商标法》，被北京市市场监管局罚款8万元。2019年6月10日至2019年6月12日期间，阿里巴巴科技（北京）有限公司受东海县曲阳乡蒋红雨书店委托，为其代理商标“谷爱凌”的注册申请，并收取代理费900元。经国家知识产权局审查，这一“谷爱凌”商标注册申请被驳回。驳回理由中注明：“谷爱凌”，为中国滑雪首位归化运动员，社会媒体关注度较高，该标志用作商标易使消费者产生误认，不得作为商标使用。2020年2月24日，阿里巴巴科技（北京）有限公司又为上海高藏科技有限公司代理商标“EILEEN GU”的注册申请，并收取代理费300元。国家知识产权局经审查，驳回了“EILEEN GU”的商标注册申请。驳回理由中注明：该标志“EILEEN GU”为中国滑雪首位归化运动员“谷爱凌”英文名。用作商标易使消费者产生误认，同样不得作为商标使用。曾有1270件关于冬奥会、冬残奥会的商标申请被国家知识产权局驳回。

五、北京市高级人民法院发布《关于侵害知识产权民事案件适用惩罚性赔偿审理指南》和适用惩罚性赔偿典型案例

4 月 25 日上午，北京高院召开新闻发布会，发布《关于侵害知识产权民事案件适用惩罚性赔偿审理指南》（以下简称《审理指南》）和适用惩罚性赔偿典型案例，进一步规范知识产权侵权民事案件中惩罚性赔偿的适用标准，依法加大知识产权司法保护力度。《审理指南》共 51 条，对惩罚性赔偿的适用要件、计算方式等涉及的实体和程序性问题进行了具体规定。北京高院党组成员、副院长刘双玉表示：《审理指南》的发布是积极贯彻落实中央和北京市委关于加强知识产权保护力度的要求，也是服务保障“五子联动”、优化营商环境、积极推动“两区”建设的具体要求，同时也是北京法院充分发挥审判职能，保护、激发创新活力，打击严重侵权行为的重要举措。她介绍，《审理指南》有多项亮点规定，如结合审判实践归纳总结了不同类型知识产权案件适用惩罚性赔偿的一般规则；简化了惩罚性赔偿的认定要件，创设性规定了侵权故意且情节严重的情形；重视技术创新成果，加大对关键核心技术、重点领域、新兴产业的保护力度；对适用惩罚性赔偿的赔偿总额规定明确计算方式，为惩罚性赔偿的适用提供明确计算方法；强调积极审慎原则，对惩罚性赔偿的适用规则做出系统设计等。值得一提的是，为推动平台经济治理规则不断优化，《审理指南》对网络服务提供者适用惩罚性赔偿亦做出了具体规定。北京高院民三庭庭长张晓津强调：网络服务提供者如果教唆网络用户或明知网络用户利用其网络服务故意侵害他人知识产权且情节严重的，权利人有权请求法院对网络服务提供者适用惩罚性赔偿。对于当前较为具有代表性的网络直播带货、代购行为侵害知识产权的现象，《审理指南》则规定，网络服务提供者明知直播带货人、代购人利用其网络服务故意严重侵害知识产权，无正当理由不采取合理有效措施予以制止的，依法与直播带货人、代购人共同承担惩罚性赔偿责任。除此之外，此次发布会还发布了多

起适用惩罚性赔偿典型案例。在“百度”侵害商标权及不正当竞争纠纷案[①]中，北京京百度餐饮管理有限公司（以下简称京百度公司）及其分公司在其企业字号中使用“百度”文字，在经营活动中突出使用“百度”相关标识，法院认定上述行为侵害了百度在线网络技术（北京）有限公司（以下简称百度公司）的商标权，据此支持了百度公司的惩罚性赔偿请求。法院综合考虑京百度公司及其分公司的主观过错程度、侵权行为持续时间、侵权获利及给百度公司造成的损害等因素，按侵权获利的三倍计算惩罚性赔偿数额，并最终判决京百度公司及其分公司赔偿百度公司经济损失227万余元。“除‘百度’案外，我们还在‘新华字典’‘斐乐’等多起侵害商标权及不正当竞争纠纷案中适用了惩罚性赔偿。”北京高院民三庭副庭长焦彦介绍：“《审理指南》明确了适用惩罚性赔偿确定的赔偿总额=基数+基数×倍数之和，详细列举了可用于计算实际损失、侵权获利等赔偿基数的考量因素，同时规定了惩罚性赔偿倍数的共性考量因素以及侵害不同类型知识产权的个性化考量因素，为计算惩罚性赔偿数额提供了充分依据。”刘双玉表示，《审理指南》发布后，北京高院将通过宣讲、培训等方式，确保全市知识产权审判领域对《审理指南》的准确理解，进一步统一裁判标准，不断加大全市知识产权司法保护力度，高质量服务保障首都创新发展。

六、国家知识产权局发布《关于商标申请注册与使用如何避免与在先权利冲突的指引》

为深入贯彻落实《“十四五”国家知识产权保护和运用规划》关于“加强知识产权源头保护，强化知识产权申请注册质量监管”的部署，引导市场主体在申请注册与使用商标时遵循诚实信用原则，避免损害他人在先权利，国家知识产权局组织编写了《关于商标申请注册与使用如何避免与在先权利冲突的指引》供相关市场主体参考使用。《商标法》第三十二条规定申请商

① 一审案号：（2019）京73民初1355号；二审案号：（2022）京民终170号。

标注册不得损害他人现有的在先权利，此处“在先权利”指在商标申请注册日之前已经享有并合法存续的权利或者权益，包括字号权、著作权、外观设计专利权、姓名权、肖像权、地理标志、有一定影响的商品或者服务名称、包装、装潢以及应予保护的其他合法在先权益。至于在先商标权的保护，已通过《商标法》其他条款予以体现，因此指引中“在先权利”不包括在先商标权。商标与在先权利冲突包括但不限于以下法律后果：一是未经许可擅自将他人享有在先权利的标志作为商标申请注册的，在先权利人可以依法对相关商标提出商标异议或者宣告注册商标无效申请。二是未经许可擅自将他人享有在先权利的标志作为商标进行申请注册，特别是构成恶意抢注的，相关注册申请可能会被直接驳回或者被依职权宣告无效，如第 58130606 号“杨倩”、第 58108579 号“陈梦”、第 58265645 号“全红婵”、第 41126916 号“雪墩墩”、第 38770198 号“谷爱凌”等商标。同时，构成恶意商标注册的，根据《国家知识产权局知识产权信用管理规定》，相关市场主体将面临信用惩戒。三是未经许可擅自将他人享有在先权利的标志作为商标进行使用，涉嫌侵害他人在先权利的，或者未规范使用注册商标造成与他人在先权利相冲突的，在先权利人可以向人民法院提起民事诉讼，依法制止相关标志的使用，并要求侵权人赔偿损失。

七、国家知识产权局发布《餐饮行业商标注册申请与使用指引（试行）》

2022 年 4 月，国家知识产权局条法司、国家知识产权局商标局为普及商标法律知识，针对近期出现的有关餐饮行业商标注册申请和使用环节出现的问题，尤其是常见的误认、缺乏显著特征以及含地名标志等问题作出细化解释和说明，引导相关市场主体规范提交商标注册申请，合理行使商标专用权，维护公平公正的餐饮行业市场秩序，根据《商标法》及《商标法实施条例》《商标审查审理指南》，结合餐饮行业特点，制定该指引。《餐饮行业商标注册申请与使用指引（试行）》旨在引导餐饮行业市场主体做到商标申请“注册有德”，商标使用“行权有界”；引导商标专用权人规范使用注册商标并合理维权，同时，引导餐饮行业其他市场主体尊重他人商标专用权，避免产生侵权纠纷。

八、国家知识产权局发布《商标注册申请快速审查办法（试行）》

2022 年 1 月，国家知识产权局制定的《商标注册申请快速审查办法（试行）》（以下简称《办法》）正式发布并施行，明确了对涉及国家利益、社会公共利益或者重大区域发展战略的商标注册申请依法快速审查相关问题。根据《办法》，可以请求快速审查的商标注册申请包括：涉及国家或省级重大工程、重大项目、重大科技基础设施、重大赛事、重大展会等名称，而且商标保护具有紧迫性；在特别重大自然灾害、特别重大事故灾难、特别重大公共卫生事件、特别重大社会安全事件等突发公共事件期间，与应对该突发公共事件直接相关；为服务经济社会高质量发展，推动知识产权强国建设纲要实施确有必要；其他对维护国家利益、社会公共利益或者重大区域发展战略具有重大现实意义的情形。《办法》明确：请求快速审查，申请人需要以纸件形式向国家知识产权局提交商标注册申请快速审查请求书、符合《办法》第二条规定的相关材料及中央和国家机关相关部门、省级人民政府或其办公厅出具的对快速审查请求的推荐意见或者省级知识产权管理部门出具的对快速审查请求理由及相关材料真实性的审核意见。国家知识产权局受理快速审查请求后，对符合《办法》规定的准予快速审查并在 20 个工作日内依法作出审查决定，对不符合《办法》规定的不予快速审查并按照法律规定的一般程序审查。

九、北京知识产权法院发布《北京知识产权法院关于全面推行专利、商标授权确权行政案件网上立案的通告》

北京知识产权法院于2022年2月14日发起了将专利、商标授权确权行政案件全部改由网上立案的倡议，得到了广大律师、专利代理师、当事人的积极支持与配合。北京知识产权法院网上立案数占全部一审案件数的比例已经从2022年初的33%稳步上升至49%。其间，经过与全国律协、北京律协、中华专利代理师协会等组织的多轮研究磋商，广大律师、专利代理师、当事人也结合司法实践对北京知识产权法院的网上立案工作提出了很多宝贵的意见与建议。目前，网上立案系统与流程已趋于成熟且成效显著。为提升立案工作质量和效率，优化营商环境提供了强有力的保障。北京知识产权法院在北京市高级人民法院指导下，将分步骤、分阶段对专利、商标授权确权行政案件全面推行网上立案。通告指出，自2022年9月1日起，凡专利、商标授权确权行政案件当事人委托代理人（包括但不限于律师、专利代理师）参加诉讼的，原则上应通过“北京法院电子诉讼平台、人民法院在线服务（原名：移动微法院）、最高律师服务平台、京知在线（从北京审判信息网登录）”四平台之一申请网上立案，立案庭原则上不再接收纸质立案材料。①

---

① “重点关注”作者：商家泉律师，北京高文律师事务所；张莹律师，北京高文（西安）律师事务所。

CHAPTER 3

第3章
专　利

综　述

2022年，中国知识产权保护力度不断加大，持续落实知识产权强国建设的战略规划。专利法领域，立法工作持续推进。在《专利法》第四次修改并正式施行后，国家知识产权局着力推动《专利法实施细则》及《专利审查指南》的修改，以保证《专利法》顺利落实；印发《外国专利代理机构在华设立常驻代表机构管理办法》，以规范外国专利代理机构在华常驻代表机构的设立及其业务活动；印发《关于加入〈海牙协定〉后相关业务处理暂行办法》，以保障《海牙协定》在我国的顺利实施。此外，最高人民法院基于近年来司法实践，发布了《最高人民法院关于第一审知识产权民事、行政案件管辖的若干规定》，进一步优化了现有的包括专利案件在内的知识产权案件管辖布局。司法领域，审判质效不断提高，不断涌现的典型案例有助于统一司法裁判标准。本章筛选了2022年专利侵权确权方面的典型案例，涉及药品链接首例案件、局部外观设计侵权判定原则、职务发明中的专利申请权权属、抵触申请抗辩、专利制造者及销售者的认定、优先权基础的认定等，这些案例在明确既有法律规定的适用外，也为实践中出现的部分新问题进行了探索性的法律适用。

回顾过去一年，除立法司法方面的不断提升之外，专利领域的大事件同样值得关注。例如，《海牙协定》在我国正式生效，简化了申请人获得外观设计国际保护的程序，但与此同时也带来国内配套制度完善问题，国内企业也将面临更大竞争压力，需要通过不断提高自主创新能力适应新规则。本篇选取了药品专利反向支付协议、专利纠纷案件管辖、《海牙协定》、专利开放许可制度、绿色技术发展、5G 标准必要专利等方面的大事件，以期进一步观察专利领域的发展动向。

总体而言，2022 年我国专利法领域的发展稳中有进，预计在未来一年中仍会有新规出台，以响应时代发展的新变化，我国专利保护制度和体系也将随之不断完善。

新法观察

一、《专利法》

2022 年是党的“二十大”召开之年，也是全面贯彻《知识产权强国建设纲要（2021—2035 年）》和深入实施《“十四五”国家知识产权保护和运用规划》的关键之年。2022 年延续了 2021 年对知识产权强国建设的战略规划。在专利立法方面，国家知识产权局印发了《深入实施〈关于强化知识产权保护的意见〉推进计划》（2022 年 10 月 28 日发布并施行），对于 2022—2025 年落实持续推进提高知识产权保护工作法治化水平、强化知识产权全链条保护、深化知识产权保护工作体制机制改革、统筹推进知识产权领域国际合作和竞争等六个方面的重点工作进行了明确。其中，《专利法实施细则》《专利审查指南》以及《关于规范申请专利行为的若干规定》等法律法规的修改被重点提及。由此可以预见，2023 年仍将有大量新规出台，我国专利权保护制度和体系化进程将不断完善，从而持续快速响应时代发展的需求。

《专利法》第四次修订版自 2021 年 6 月 1 日起正式施行。《专利法实施细则》及《专利审查指南》作为保障《专利法》顺利落实的重要配套文件，其修改值得重点关注。除此之外，《专利法》相关司法解释以及其他规范性文件也在专利案件管辖、国外专利代理机构规范、国际条约实施、专利开发许可等方面进行了规定，为专利相关实践提供指导。

二、《专利法》相关行政法规和部门规章

1.《专利法实施细则》修改情况

《专利法实施细则》曾于2002年、2010年进行过两次修订，现行规定为2010年修订版。自全国人民代表大会通过《关于修改〈专利法〉的决定》后，《专利法实施细则》的修改随即启动。国家知识产权局在形成修改意见的征求意见稿后，于2020年11月至2021年1月向社会公开征求意见。目前已形成《专利法实施细则修改草案（送审稿）》，并已报送相关部门进行审查。本次《专利法实施细则》修改主要涉及四个方面：一是完善专利审查制度，提升专利审查质量和效率；二是加强专利保护，维护专利权人合法权益；三是落实“放管服”改革要求，促进专利转化运用；四是新增外观设计国际申请专章，与国际规则对接。①

以上修改内容对于征求的部分建议进行了反映，如提高专利审查质量等，同时对于我国新加入的国际条约也予以关注。期待《专利法实施细则》的修改尽快完成，届时其将为《专利法》的贯彻落实提供详细指引。

2.《专利审查指南》修改情况

《专利审查指南》自2010年施行后，至今先后经过了六次修改，现行指南为2020年修订，并于2021年1月15日起施行。《专利法》完成第四次修订后，作为审查实践层面的制度保障，《专利审查指南》的修改势在必行。2022年10月31日，国家知识产权局在《专利审查指南修改草案（征求意见稿）》（2021年8月3日发布）的基础上，形成《专利审查指南修改草案（再次征求意见稿）》，进一步对《专利法》及其实施细则相关规定进行配套修改。

再次征求意见稿主要涉及专利初步审查，遗传资源、疾病诊断和治疗等的实质审查，进入国家阶段的国际申请的审查，包括药品专利纠纷早期解决

---

① 国家知识产权局2022年11月例行新闻发布会，https://www.cnipa.gov.cn/col/col3103/index.html。

机制在内的复审与无效请求的审查，专利申请及事务处理，外观设计国际申请等。其中，第五部分第十一章的“专利开放许可”中为“以固定费用标准”支付专利许可使用费规定了费用上限：一般不高于2000万元；同时，为“提成费”规定了提成比例上限：净销售额提成一般不高于20%，利润额提成一般不高于40%。前述许可定价规定引起业界的广泛讨论，新增限制性规定对于专利许可市场及企业的影响有待观察。

3.《专利法》相关司法解释和其他规范性文件

（1）司法解释发布情况

2022年5月1日，《最高人民法院关于第一审知识产权民事、行政案件管辖的若干规定》（以下简称《规定》）正式施行。其中规定，发明专利、实用新型专利的权属、侵权纠纷第一审民事、行政案件由知识产权法院，省、自治区、直辖市人民政府所在地的中级人民法院和最高人民法院确定的中级人民法院管辖；外观设计专利的权属、侵权纠纷第一审民事、行政案件由知识产权法院和中级人民法院管辖。其中，第一审民事案件经最高人民法院批准的，也可以由基层人民法院管辖。

值得注意的是，知识产权案件具有专业性及复杂性，考虑到这一特质，《规定》明确，对于新类型、疑难复杂以及具有法律适用指导意义的知识产权民事、行政案件，上级人民法院可以依照诉讼法规定提级审理。

此外，最高人民法院同步发布了《关于印发基层人民法院管辖第一审知识产权民事、行政案件标准的通知》以及《最高人民法院关于涉及发明专利等知识产权合同纠纷案件上诉管辖问题的通知》，进一步合理定位了包括专利在内的知识产权案件的四级法院审判职能。

（2）其他规范性文件发布情况

①《外国专利代理机构在华设立常驻代表机构管理办法》

2022年1月7日，国家知识产权局印发了《外国专利代理机构在华设立常驻代表机构管理办法》（以下简称《办法》），以规范外国专利代理机构在华常驻代表机构的设立及其业务活动。

《办法》明确了外国专利代理机构在华设立常驻代表机构的基本规定，

细化了对外国专利代理机构常驻代表机构的审批、备案等流程，并针对代表机构及其代表可能出现的违法违规行为，规定了代表机构和代表依法应承担的法律责任。《办法》的出台为保障外国专利代理机构在华常驻代表机构及其代表的合法权益，优化营商环境，促进专利代理行业高质量发展提供了保障。

②《关于加入〈海牙协定〉后相关业务处理暂行办法》

2022 年 2 月 5 日，经国务院批准，我国加入《工业品外观设计国际注册海牙协定》（1999 年文本）（以下简称《海牙协定》），该协定于同年 5 月 5 日在我国正式生效。为保障《海牙协定》在我国的顺利实施，国家知识产权局于 2022 年 4 月 22 日发布了《关于加入〈海牙协定〉后相关业务处理暂行办法》（自 2022 年 5 月 5 日起施行，现已被废止），并于 2023 年 1 月 4 日再次发布《关于加入〈海牙协定〉后相关业务处理暂行办法》（以下简称《暂行办法》），自 2023 年 1 月 11 日起施行。

《暂行办法》对中国单位和个人提出工业外观设计国际注册申请进行了规定，主要内容包括申请路径、申请日、申请文件语言、优先权、请求权利变更手续等。除前述《暂行办法》的规定外，对于外观设计国际申请，国家知识产权局还需依照《专利法》《专利法实施细则》以及《专利审查指南》进行具体处理。因此，国家知识产权局目前正通过修改《专利法实施细则》《专利审查指南》等，进一步完善通过《海牙协定》途径申请外观设计的审查规则。由此可以预见，加入《海牙协定》后我国创新主体的外观设计可以在国外受到保护，这对于提高创新驱动力及国际竞争力具有良好影响。

③《专利开放许可使用费估算指引（试行）》

2022 年 10 月 14 日，国家知识产权局印发了《专利开放许可使用费估算指引（试行）》（以下简称《指引》）。《指引》运用专利实施许可的一般原理，提供了参考专利已自行实施产生的收益、已许可实施的使用费、同行业专利实施许可统计数据、国际一般许可费率和资产评估五种估算方法，并提供了简明易懂具有实操性的操作步骤，引导专利权人正确理解专利开放许可制度精神，推动落实专利开放许可制度，为广大中小企业有效获取专利技术信息以及研发单位和个人的专利成果转化等提供了便捷途径。①

典型案例

一、东莞光距电子有限公司、宁波普能通讯设备有限公司侵害实用新型专利权纠纷案②③

案情聚焦

涉案专利为专利号为201720458033.X、名称为“网路插头上盖自动定位结构”的实用新型专利，权利人为东莞光距电子有限公司（以下简称光距公司）。光距公司认为宁波普能通讯设备有限公司（以下简称普能公司）实施了制造、销售、许诺销售侵害涉案专利权产品的行为，故向一审法院提起诉讼，请求判令普能公司停止侵害并赔偿经济损失及维权合理开支80万元。

涉案专利权利要求1为：一种网路插头上盖自动定位结构，其特征在于包含：一底座；一上盖，该上盖一端活动枢接于该底座上端面并与所述底座彼此扣合共同组成一插头本体；一含有多条内部芯线的网路线，该网路线的前端一定长度伸入上述插头本体内部；一底板组装于上述插头本体内部的底座，该底板定位一电路板，并在上述电路板设有一刺破型端子座以及位于该刺破型端子座上方的压板；上述底座后端组合一用以定位上述网路线前端一定长度的导线座，以及在所述上盖表面设有一释放弹片；上述底座与所述释放弹片相对位置设有一前端座，该前端座设有一朝向该释放弹片的解除弹片且所述释放弹片随所述上盖换开动作按压所述解除弹片并在到达换开设定角度位置自动定位所述上盖。

原审法院认为，本案普能公司所产销的被诉侵权产品实物左侧只有一网

① 谢冠斌律师，北京市立方律师事务所。

② 杨璞律师，上海市方达律师事务所。

③ 一审案号：（2020）浙02知民初436号；二审案号：（2021）最高法知民终1921号。

线通道入口，并无涉案专利权利要求 1 中的该特定网线，缺少了涉案专利权利要求 1 中的必要技术特征，故未落入涉案专利保护范围。光距公司不服该判决，向最高人民法院提起上诉。

最高人民法院认为，涉案专利所要保护的是网络插头上盖自动定位结构的技术方案，对于涉案专利权利要求 1 中“一含有多条内部芯线的网路线，该网路线的前端一定长度伸入上述插头本体内部”技术特征，本领域普通技术人员在阅读专利权利要求书、说明书及专利审查档案后可以明确而合理地得知涉案专利技术方案的上盖定位结构适用对象为网线，且其使用方式是将网线的前端插入插头本体内部，故该技术特征属于使用环境特征。虽侵权产品实物并无涉案专利权利要求 1 中的该特定网线，但根据被诉侵权产品的实际用途，结合本领域普通技术人员的理解，被诉侵权技术方案可以适用于涉案专利权利要求记载的上述使用环境，应当认定具备了权利要求记载的使用环境特征。因此，最高人民法院改判撤销一审判决，判令普能公司停止侵权并赔偿光距公司经济损失及维权合理开支。

律师评析

本案为涉及使用环境特征的侵害实用新型专利权纠纷案。最高人民法院认为涉案专利中的争议特征构成使用环境特征，并改判侵权成立。

关于使用环境特征，《最高人民法院关于审理侵犯专利权纠纷案件应用法律若干问题的解释（二）》第九条规定，“被诉侵权技术方案不能适用于权利要求中使用环境特征所限定的使用环境的，人民法院应当认定被诉侵权技术方案未落入专利权的保护范围”。

在本案及类似案件（如，同样涉及使用环境特征的认定的（2020）最高法知民终 313 号案）中，最高人民法院明确，使用环境特征是指权利要求中用来描述发明所使用的背景或条件的技术特征。按照技术特征所限定的具体对象的不同，技术特征可分为直接限定专利技术方案本身的技术特征和通过限定专利技术方案本身之外的技术内容来限定专利技术方案的技术特征。前者一般表现为直接限定专利技术方案的结构、组分、材料等，后者则表现为限定专利技术方案的使用背景、条件、适用对象等。后者限定专利技术方案，因而被称为“使用环境特征”。使用环境特征并不限于与被保护对象的安装位置或者连接结构等相关的技术特征，在特定情况下还包括与被保护对象的用途、适用对象、使用方式等相关的技术特征。

在专利侵权纠纷中，权利要求的解释往往是案件的核心关注点，可以直接决定侵权判定的结果。最高人民法院知识产权法庭通过对使用环境特征的识别进行阐述进一步明确了此类权利要求解释问题的裁判标准，有利于确保专利司法保护的范围和强度与专利权人基于现有技术所作出的贡献相匹配。

二、中冶南方连铸技术工程有限责任公司与北京数钰科技发展有限公司、白某冰专利申请权权属纠纷案①②

案情聚焦

涉案专利申请为专利申请号为 CN201910721305.4、名称为“连铸粘结漏钢多级风险控制方法及控制装置”的发明专利申请。涉案专利申请日为 2019 年 8 月 6 日，申请公布日为 2019 年 12 月 3 日，申请人为北京数钰科技发展有限公司（以下简称数钰公司），发明人为白某冰。

中冶南方连铸技术工程有限责任公司（以下简称中冶南方公司）主张，白某冰于 2008 年以工程师身份入职中冶连铸技术工程股份有限公司（系中冶南方公司曾用名，以下简称中冶连铸公司），参与多个项目，均承担核心工作与重要研发任务。白某冰离职后，当月成立数钰公司。2019 年 8 月 6 日，数钰公司申请了涉案专利。涉案专利申请日距数钰科技成立不足 4 个月，且专利主题与白某冰在中冶南方公司任职期间的工作具有紧密联系，故应当属于中冶南方公司的职务发明，涉案专利申请权应当归中冶南方公司所有。

---

① 杨璞律师，上海市方达律师事务所。

② 一审案号：（2022）京 73 民初 835 号；二审案号：（2021）最高法知民终 1151 号。

一审法院经审理认为，涉案发明创造与白某冰的本职工作及其成果涉及的技术主题相同，技术方案相近，属于职务发明。因此，一审法院判决确认涉案专利申请的申请权应归中冶南方公司所有。数钰公司、白某冰不服该判决，向最高人民法院提起上诉。

最高人民法院明确，本案二审主要争议焦点为涉案专利申请权的归属。最高人民法院分析认为：（一）根据查明的事实，白某冰在中冶南方公司工作期间，一直承担着相关具体技术研发工作。数钰公司、白某冰关于“白某冰实际工作岗位为行政管理岗”，“不涉及相关技术研发”的上诉主张缺乏事实依据。（二）经审查在案证据并结合本案其他事实，能够认定白某冰作为主要人员之一，参与了多个相关项目的研发工作，实质接触了部分技术内容。此外，中冶南方公司所申请的多个以白某冰为发明人的专利或专利申请所涉及的技术领域与本案查明的白某冰在中冶南方公司工作期间实际参与的相关工作具有高度关联性。因此，相关技术内容可以用于评价与涉案发明创造之间的关联性。（三）经比对，涉案发明创造与白某冰在中冶南方公司的工作任务及所涉成果，在技术领域、技术主题和技术思路等方面均具有关联，技术方案亦相近。数钰公司、白某冰的相关上诉主张不能成立。（四）虽然数钰公司主张涉案发明创造是白某冰在数钰公司任职期间执行数钰公司工作任务并利用数钰公司的物质技术条件进行的研发，但其并未能提供有效证据加以证明，且在不到四个月的时间内作出四项发明创造且进行专利申请明显不符合常理。

综上，最高人民法院在判决书中明确：“涉案发明创造属于白某冰与中冶南方公司终止劳动关系后一年内作出的，与白某冰在中冶南方公司工作期间承担的本职工作或中冶南方公司分配的工作任务有关的发明创造，依法应当认定为中冶南方公司的职务发明，涉案专利的申请权应归属于中冶南方公司所有，原审法院的相关认定并无不当。数钰公司、白某冰的上诉主张，缺乏事实和法律依据，本院不予支持。”

律师评析

本案为涉及职务发明问题的专利申请权权属纠纷案。最高人民法院在本案判决书中所阐明的职务发明判断标准对法院审理同类案件具有重要的指导意义。

因涉案争议事实发生在2009年10月1日后、2021年6月1日前，故本案适用2008年修正的《专利法》。关于职务发明创造，《专利法》第六条第一款规定，“执行本单位的任务或者主要是利用本单位的物质技术条件所完成的发明创造为职务发明创造。职务发明创造申请专利的权利属于该单位；申请被批准后，该单位为专利权人”。《专利法实施细则》第十二条规定，“专利法第六条所称执行本单位的任务所完成的职务发明创造，是指：（一）在本职工作中作出的发明创造；（二）履行本单位交付的本职工作之外的任务所作出的发明创造；（三）退休、调离原单位后或者劳动、人事关系终止后1年内作出的，与其在原单位承担的本职工作或者原单位分配的任务有关的发明创造。专利法第六条所称本单位，包括临时工作单位；专利法第六条所称本单位的物质技术条件，是指本单位的资金、设备、零部件、原材料或者不对外公开的技术资料等”。在本案中，判断涉案专利申请权的归属，核心在于明确涉案专利申请是否属于与白某冰在中冶南方公司承担的本职工作或者中冶南方公司分配的工作任务“有关”的发明创造。对此，最高人民法院进行了明确解释：员工离开原单位一年内作出的发明创造与原单位本职工作或者工作任务，在具体技术问题、技术方案、技术手段、技术效果上存在差异，但在技术领域、技术主题、技术思路等方面具有关联的，应当认定构成《专利法实施细则》第十二条第一款第三项所称“与其在原单位承担的本职工作或者原单位分配的任务有关的发明创造”。

本案中另一个值得注意的问题是发明人的署名权问题。《专利法》第十六条第一款规定：“发明人或者设计人有权在专利文件中写明自己是发明人或者设计人。”在中冶南方公司所申请的多个以白某冰为发明人的专利或专利申请的文件上，均明确记载了白某冰系发明人之一。而数钰公司、白某冰主张白某冰仅是挂名的发明人，并未实际参与相关专利的研发工作。对此，法院认为，在申请文件中写明自己是发明人是一种署名权，发明人可以要求享有，也可以要求放弃，在实践中，发明人如不希望在申请文件中公布其姓名，可以在提交专利申请时明确声明不公布其姓名。白某冰作为完全民事行为能力人，应当知晓在专利文件中写明自己是发明人的法律后果。可见，署名权不仅体现了对发明人智力劳动成果的肯定和尊重，也是实践中判断案件当事人是否参与相关专利研发工作的参考。

三、苏州宣嘉光电科技有限公司与杭州亮眼健康管理有限公司、深圳市方显科技有限公司、深圳市恒必达电子科技有限公司侵害实用新型专利权纠纷案①②

案情聚焦

苏州宣嘉光电科技有限公司（以下简称苏州宣嘉公司）系专利号为201820198110.7、名称为“用于眼科医疗设备的瞳距调节机构以及眼科医疗设备”的实用新型专利（以下简称涉案专利）的专利权人。杭州亮眼健康管理有限公司（以下简称杭州亮眼公司）、深圳市恒必达电子科技有限公司（以下简称深圳恒必达公司）未经其许可生产、销售包含落入涉案专利保护范围的零部件的产品“零壹零零度”智能护眼仪。苏州宣嘉公司起诉至深圳市中级人民法院（以下简称一审法院），要求杭州亮眼公司、深圳恒必达公司等停止制造、销售、许诺销售被诉侵权产品并赔偿经济损失400万元。

苏州宣嘉公司举证的销售数量依据为被诉侵权产品的网店库存量、微信群销货量以及杭州亮眼公司的加盟费等，同时主张1200元/台的成本和30%的专利贡献率。具体而言，苏州宣嘉公司主张：（1）杭州亮眼公司的网上商城显示销售价9760元，库存9739台，实际兑换数量21台；（2）微信群聊

① 杨璞律师，上海市方达律师事务所。

② 一审案号：（2020）粤03民初3297号；二审案号：（2021）最高法知民终1950号。

天记录显示，杭州亮眼公司每周出货量288台，则1年销售13824台；（3）根据杭州亮眼公司的宣传，其在山东省有153家加盟商，每家加盟费20万元。

一审法院未予采纳苏州宣嘉公司主张的上述计算方式，认为上述销量、成本、贡献率均缺乏合理依据。一审法院考虑涉案专利授权时间、侵权性质，被诉侵权产品的销量、型号、销售时间以及经营规模、加盟形式等因素，酌定赔偿90万元。双方当事人均不服一审判决，向最高人民法院提起上诉。

最高人民法院肯定了一审法院的观点，认为苏州宣嘉公司主张的网店库存量、微信群销货量无法确认系被诉侵权产品的销售数量，杭州亮眼公司的加盟费本身亦不等同于涉案专利的侵权获利数额，二者均不能用于确定涉案专利的具体侵权获利。考虑涉案专利的技术创新程度、技术贡献度及专利产品作为零部件本身的价值等因素，最高人民法院认为一审判赔额并无明显不当，予以维持。

律师评析

本案对于专利产品系被诉侵权产品零部件的案件中赔偿数额的确定具有重要指导意义。本案中，权利人基于被诉侵权产品整体的侵权获利进行索赔。对此，最高人民法院明确指出，权利人所举证的被诉侵权产品整体的侵权获利无法直接对应于涉案专利的侵权获利，应根据零部件本身的价值及其在实现成品利润中的作用等因素合理确定赔偿数额。

具体而言，依据《最高人民法院关于审理侵犯专利权纠纷案件应用法律若干问题的解释》第十六条第二款，对于专利产品系被诉侵权产品零部件的，应当根据该零部件本身的价值及其在实现成品利润中的作用等因素合理确定赔偿数额。① 最高人民法院认为，本案中涉案专利为实用新型专利，专

① 《最高人民法院关于审理侵犯专利权纠纷案件应用法律若干问题的解释》第十六条第二款规定：“侵犯发明、实用新型专利权的产品系另一产品的零部件的，人民法院应当根据该零部件本身的价值及其在实现成品利润中的作用等因素合理确定赔偿数额。”

利所解决的技术问题为镜筒之间距离调节，与此相关的部件仅涉及瞳距调节机构。被诉侵权产品的主要价值体现在光学部件，涉案专利涉及的瞳距调节机构只是被诉侵权产品一个部件，其本身价值不高。因此，基于涉案专利的技术创新程度、技术贡献度及专利产品作为零部件本身的价值因素，综合考虑涉案侵权行为性质、经营规模、侵权形式等因素，一审法院确定的经济损失 90 万元并无明显不当。

专利侵权案件中，损害赔偿数额的确定往往是案件的难点和重点所在。特别是专利涉及的产品仅系被诉侵权产品众多零部件之一的情形，如果按照产品整体为基准来确定赔偿数额，将会不公平地导致专利权人获得非侵权零部件的利益。本案中，最高人民法院充分考虑了专利涉及的产品作为零部件本身的价值等因素来合理地确定赔偿数额，维护了权利人和行为人的利益平衡，对于同类案件中损害赔偿数额的确定具有重要指导意义。

四、江苏剪式某固技术有限公司与天津市恒某达五金贸易有限公司、邯郸市某鸿贸易有限公司侵害发明专利权纠纷案[①②]

案情聚焦

江苏剪式某固技术有限公司（以下简称剪式某固公司）是专利号为201210269582.4、名称为“剪式膨胀螺栓”的发明专利（以下简称涉案专利）的独占实施被许可人。邯郸市某鸿贸易有限公司（以下简称某鸿公司）未经许可组装、销售了被诉侵权产品，天津市恒某达五金贸易有限公司（以下简称恒某达公司）未经许可销售了其从某鸿公司购买的被诉侵权产品。剪式某固公司起诉至天津市第三中级人民法院（以下简称一审法院），要求某鸿公司、恒某达公司停止制造、销售、许诺销售被诉侵权产品并赔偿经济损失 80 万元。此处主要关注恒某达公司的制造行为的相关认定。

---

① 杨璞律师，上海市方达律师事务所。

② 一审案号：（2019）津 03 知民初 1227 号；二审案号：（2021）最高法知民终 408 号。

剪式某固公司主张，恒某达公司在1688网站开设企业店铺，在店铺网页标注其经营类型为生产厂家，并对被诉侵权产品构造、零部件及应用环境进行了介绍，可以证明恒某达公司实施了制造被诉侵权产品的行为。恒某达公司辩称，其不存在制造行为，被诉侵权产品源于某鸿公司，且其作为普通经营者尽到了合理注意义务。

一审法院认为，制造行为应为实现涉案专利技术方案的行为，根据恒某达公司的店铺网页介绍内容，剪式某固公司未提供相应证据证明恒某达公司实施了制造行为。因此，一审法院对剪式某固公司的制造主张不予支持，但不认可恒某达公司的合法来源抗辩，故判令恒某达公司承担停止销售、许诺销售被诉侵权产品并赔偿经济损失20万元。此外，一审法院还判令某鸿公司停止制造被诉侵权产品并赔偿经济损失50万元。剪式某固公司、恒某达公司、某鸿公司均不服一审判决，向最高人民法院提起上诉。

对于恒某达公司的制造行为，最高人民法院与一审法院的观点一致，认为恒某达公司店铺网页标注的制造者身份信息与其他在案证据相矛盾，不足以认定其制造者身份。同时，最高人民法院推翻了一审法院对恒某达公司合法来源的认定，通过恒某达公司提供的微信聊天记录、转账记录以及某鸿公司的当庭陈述、书面证明认可了其合法来源抗辩，最终改判恒某达公司无需承担民事责任。

律师评析

本案对于专利侵权案件中被诉侵权产品制造者的认定具有重要指导意义。本案中，尽管行为人在其网页上标注了经营类型为生产厂家，并对被诉侵权产品进行了相对详细的介绍，但上述标注信息与其他在案证据相矛盾。最高人民法院依据个案查明事实，认定行为人不构成专利法意义上的制造者。

最高人民法院指出，专利法意义上的“制造专利产品”，是指做出或者形成覆盖专利权利要求所记载的全部技术特征的产品。通常而言，如果被诉侵权产品明确标注了诸如生产企业名称、商标等能够据以确定制造者身份的信息，在无充分相反证据的情形下，可以认定该对外标注信息的企业为专利法所界定的被诉侵权产品的制造者。然而，本案中上述标注信息明显与其他在案证据矛盾，具体而言：（1）某鸿公司认可其向恒某达公司提供了被诉侵权产品，恒某达公司亦提交了微信聊天记录、转账记录等证据予以佐证；（2）恒某达公司在1688网的营业执照信息显示其经营范围不包括制造；（3）对产品构造、零部件及应用环境进行描述，是商家在销售时通常会采取的行为，与制造行为无直接关联。据此，最高人民法院认定恒某达公司不构成专利法意义上的制造者，且其产品具有合法来源，无需承担民事责任。

专利侵权案件中，被诉侵权产品制造者身份的认定是事实认定中非常关键的一环。本案中，最高人民法院明确：只有做出或者形成覆盖专利权利要求全部技术特征的产品的主体才构成专利法意义上的制造者。如果被诉侵权产品标注的生产企业名称、商标等信息与其他证据相矛盾，则不应当简单依据被诉侵权产品的外在标注信息来认定制造者的身份，而是应当依据个案查明的事实进行正确认定。

五、中外制药株式会社、温州海鹤药业有限公司确认是否落入专利权保护范围纠纷①②

案情聚焦

原告中外制药株式会社是第200580009877.6号“ED－71制剂”专利（以下简称涉案专利）的专利权人，也是涉案专利的上市药品艾地骨化醇软胶囊的上市许可持有人，并将上述药品和涉案专利登记在中国上市药品专利信息登记平台。被告温州海鹤药业有限公司（以下简称海鹤公司）向国家药监部门提交了艾地骨化醇软胶囊仿制药上市许可申请（以下简称涉案仿制药申请），并在中国上市药品专利信息登记平台就上述仿制药作出了第4.2类

① 杨璞律师，上海市方达律师事务所。

② 一审案号：（2021）京73民初1438号；二审案号：（2022）最高法知民终905号。

声明，即仿制药未落入登记平台收录的被仿制药品相关专利权保护范围。涉案专利为含活性成分的药物组合物专利，本案审理期间已被国家知识产权局宣告无效，但该无效决定处于行政诉讼阶段。中外制药株式会社、海鹤公司均主张应在本案中进行实体审理。

中外制药株式会社向北京知识产权法院提起诉讼，主张涉案仿制药技术方案落入涉案专利权利要求 1—6 的保护范围。海鹤公司则主张涉案仿制药使用的抗氧化剂辅料是某某某，而非涉案专利权利要求 1 中的 dl-α-生育酚，故并未落入涉案专利权利要求 1—6 的保护范围。北京知识产权法院认定，涉案仿制药使用某某某作为抗氧化剂辅料的技术特征与涉案专利权利要求 1 的相应技术特征既不相同，亦不等同，故被诉技术方案未落入涉案专利权利要求 1 的保护范围。北京知识产权法院一审判决驳回原告中外制药株式会社的诉讼请求。

中外制药株式会社不服一审判决，向最高人民法院提起上诉。最高人民法院归纳了二审争议焦点：（一）海鹤公司是否违反《药品专利纠纷早期解决机制实施办法（试行）》的规定及对此应如何处理；（二）涉案仿制药申请中的抗氧化剂辅料为何种抗氧化剂；（三）涉案仿制药申请中的抗氧化剂辅料与涉案专利中的 dl-α-生育酚是否构成等同技术特征。最高人民法院认定：（一）海鹤公司未针对保护范围最大的权利要求作出声明且并未将声明及声明依据通知上市许可持有人的行为不当，对此予以指出并作出批评；（二）判断仿制药的技术方案是否落入专利权保护范围时，原则上应以仿制药申请人的申报资料为依据进行比对评判。经比对，涉案仿制药技术方案未落入专利权保护范围。最高人民法院二审判决驳回上诉，维持原判。

律师评析

本案为 2020 年《专利法》正式确立药品专利链接制度以来首例诉讼案件，本判决对实践中出现的新问题进行了探索性的法律适用，对完善我国药品专利链接制度具有指引意义。

目前我国药品专利链接制度刚刚建立，尚处于探索阶段。2020 年修正的

《专利法》第七十六条正式确立了药品专利链接制度，随后与该制度配套的行政法规、司法解释相继出台。2021年7月4日，最高人民法院发布《关于审理申请注册的药品相关的专利权纠纷民事案件适用法律若干问题的规定》（法释〔2021〕13号）。同日，国家药监局、国家知识产权局联合发布《关于发布〈药品专利纠纷早期解决机制实施办法（试行）〉的公告》（以下简称《药品专利纠纷实施办法》）。2021年7月5日，国家知识产权局发布《药品专利纠纷早期解决机制行政裁决办法》。

首先，最高人民法院在本案中进一步细化了《药品专利纠纷实施办法》中对声明的要求：不仅需针对相关专利作出声明，而且需进一步对具体独立权力权利要求做出声明。最高人民法院对被告海鹤公司未针对被仿制药品专利保护范围最大的权利要求作出声明，并未将声明及声明依据及时通知上市许可持有人的行为，给予了批评教育。

《药品专利纠纷实施办法》第六条第一款①规定了仿制药申请人应对照已在中国上市药品专利信息登记平台公开的专利信息，针对被仿制药每一件相关的药品专利作出声明，但并未明确声明应针对的具体权利要求。在本判决中，最高人民法院基于上述规定，进一步明确了对于第4.2类不落入专利权保护范围的声明：如果被仿制药品对应着专利独立权利要求，仿制药申请人应当针对独立权利要求作出声明；当被仿制药品所对应的保护范围最大的权利要求存在两个或者两个以上的独立权利要求时，仿制药申请人针对该两个或者两个以上独立权利要求均作出声明。

---

① 《关于发布〈药品专利纠纷早期解决机制实施办法（试行）〉的公告》第六条第一款规定："化学仿制药申请人提交药品上市许可申请时，应当对照已在中国上市药品专利信息登记平台公开的专利信息，针对被仿制药每一件相关的药品专利作出声明。声明分为四类：……四类声明：中国上市药品专利信息登记平台收录的被仿制药相关专利权应当被宣告无效，或者其仿制药未落入相关专利权保护范围。"

《药品专利纠纷实施办法》第六条第二款[①]规定了仿制药申请人的通知义务。本案中，海鹤公司迟至中外制药株式会社提起本案诉讼后才提交相关材料。最高人民法院对此予以批评，但由于批评教育不属于民事责任的承担方式，故对原告中外制药株式会社有关批评教育的诉讼请求不予支持。

其次，最高人民法院在本案中明确了药品专利链接诉讼中判断仿制药的技术方案是否落入专利权保护范围应以仿制药申请人申报资料中技术方案为依据，而非实际实施的技术方案。最高人民法院就此指出了确认落入专利权保护范围纠纷、侵害专利权纠纷案件的不同审理范围：如果仿制药申请人实际实施的技术方案与申报技术方案不一致，其需要依照药品监督管理相关法律法规承担法律责任；如果专利权人或利害关系人认为仿制药申请人实际实施的技术方案构成侵权，可另行提起侵害专利权纠纷之诉；仿制药申请人实际实施的技术方案与申报资料是否相同，一般不属于确认落入专利权保护范围纠纷之诉的审查范围。

六、南京恒生制药有限公司与江苏省南京市知识产权局及拜耳知识产权有限责任公司专利行政裁决案[②][③]

案情聚焦

南京恒生制药有限公司（以下简称恒生公司）在其官网“外销产品（制剂产品）”栏目显示有“利伐沙班片 Rivaroxaban Tablets”，注明原研药

---

① 《关于发布〈药品专利纠纷早期解决机制实施办法（试行）〉的公告》第六条第二款规定：“仿制药申请人对相关声明的真实性、准确性负责。仿制药申请被受理后10个工作日内，国家药品审评机构应当在信息平台向社会公开申请信息和相应声明；仿制药申请人应当将相应声明及声明依据通知上市许可持有人，上市许可持有人非专利权人的，由上市许可持有人通知专利权人。其中声明未落入相关专利权保护范围的，声明依据应当包括仿制药技术方案与相关专利的相关权利要求对比表及相关技术资料。除纸质资料外，仿制药申请人还应当向上市许可持有人在中国上市药品专利信息登记平台登记的电子邮箱发送声明及声明依据，并留存相关记录。”

② 蒋海军律师，江苏瑞途律师事务所。

③ 一审案号：（2020）苏01行初261号；二审案号：（2021）最高法知行终451号。

公司为“Bayer”，原研商品为“Xarelto”。在“产品中心”栏目显示有“利伐沙班片 Rivaroxaban Tablets”产品图片，该产品包装盒印有恒生公司拥有的第 1488580 号注册商标，生产商为恒生公司，地址为江苏南京溧水经济开发区机场路 18 号。在“外销产品（原料药产品）”栏目显示“利伐沙班 Rivaroxaban API”，注明 CAS 号为“366789-02-8”。2018 年 6 月 21 日上海新国际博览中心举办的“第十八届世界制药原料药中国展”上，展会宣传资料上印有生命能公司和恒生公司的简介，工作人员名片上印有生命能公司和恒生公司的信息。展板上印有生命能公司和恒生公司的注册商标，配有包装瓶图片和化学名、CAS 号、分子式、适应症和原研公司：拜耳；原研商品：拜瑞妥（Xarelto）。“Rivaroxaban Tablets”（利伐沙班片），配有包装盒及包装瓶图片。

拜耳知识产权有限责任公司（以下简称拜耳公司）认为恒生公司侵犯了其名称为“取代的噁唑烷酮和其在血液凝固领域中的应用”的发明专利（专利权人为拜耳公司，专利号为 00818966.8，专利申请日为 2000 年 12 月 11 日，授权公告日为 2006 年 7 月 5 日）。2019 年 11 月 29 日，拜耳公司就本专利向江苏省南京市知识产权局提出专利侵权纠纷处理请求：1. 责令恒生公司立即停止侵犯拜耳公司专利权的许诺销售行为；2. 责令恒生公司立即删除其官方网站上关于侵权产品的宣传内容。2019 年 12 月 2 日，南京市知识产权局立案受理，于 2020 年 5 月 14 日组织请求人拜耳公司和被请求人恒生公司进行口审程序，恒生公司在侵权比对时认可其展示的产品是落入本专利权的化合物。2020 年 5 月 25 日，南京市知识产权局作出被诉裁决，认定恒生公司的侵权行为成立，责令恒生公司立即删除官方网站上关于利伐沙班原料药及利伐沙班片的宣传信息，停止许诺销售利伐沙班原料药及利伐沙班片。

恒生公司不服，向南京市中级人民法院提起了行政诉讼，主要认为：1. 拜耳公司已经在无效宣告程序中主动删除了本专利的权利要求 1，然而被诉裁决基于本专利权利要求 1、2、6 认定侵权成立。2. 南京市知识产权局应中止本案处理。3. 被诉裁决列举生命能公司在展板上展出涉案产品的行为，而被诉裁决的被请求人为恒生公司。恒生公司在展会及网站上对涉案产品进行了一些宣传，但没有对价格、供货量等进行说明，且恒生公司也没有处于能够销售状态的涉案产品，因此恒生公司的行为不应当被认定为许诺销售。4. 恒生公司的行为符合《专利法》（2008 年修正）第六十九条第五项的规定，为提供行政审批所需要的信息，制造、使用、进口专利药品或者专利医疗器械的，以及专门为其制造、进口专利药品或者专利医疗器械的，不视为侵犯专利，故不构成专利侵权。南京市中级人民法院于 2021 年 2 月 1 日作出（2020）苏 01 行初 261 号行政诉讼判决，判决驳回恒生公司的诉讼请求；恒生公司不服，向最高人民法院提起上诉。

最高人民法院在二审中针对主要争议问题明确：1. 恒生公司销售涉案产品的意思表示明确、具体，其在其官网“外销产品（制剂产品）”“外销产品（原料药产品）”栏目分别展示“利伐沙班片 Rivaroxaban Tablets”“利伐沙班 Rivaroxaban API”，在其官网“产品中心”栏目展示“利伐沙班片 Rivaroxaban Tablets”，产品包装上印制标注恒生公司注册商标。其使用商标的行为本身明确指示了商品的来源为恒生公司。这些都说明恒生公司未经专利权人拜耳公司的许可，通过网站、展会向不特定对象作出销售涉案产品的意思表示，构成许诺销售侵权行为的存在。2. 恒生公司上诉中认为涉案行为属于专利法第六十九条第五项规定的药品和医疗器械行政审批例外情形，依法不构成侵权行为主张不能成立。恒生公司没有提交存在某个生产利伐沙班药品的行政审批申请人的证据，恒生公司自己也非申请利伐沙班药品需要进行行政审批的主体。恒生公司不符合药品和医疗器械行政审批例外抗辩的主体条件。恒生公司实施的行为是向不特定对象许诺销售涉案产品，系以销售为目的而非以获取行政审批所需的信息为目的，超出了药品和医疗器械行政审批例外所规定的后一主体可以实施的“制造、进口”行为范围。二审法院认定恒生公司的许诺销售行为不属于药品和医疗器械行政审批例外规定的侵权行为例外。

最终，最高人民知识产权法庭认为恒生公司的上诉请求不能成立，应予驳回。一审判决认定事实清楚，适用法律正确，予以维持。

律师评析

本案在如何平衡专利权人和仿制药企之间的利益方面给出了明确的意见，在适用专利法关于药品和医疗器械行政审批例外的规定时，既要保障社会公众在专利权届满后及时获得价格低廉的药品和医疗器械，也要避免削弱对专利权人合法权益的保护。同时专利法对于合法的权利保护是原则，法定不侵权的规定是例外，例外必须严格解释。

关于专利法中“许诺销售”行为的定性，曾有观点认为产品并未处于可以销售的状态，其没有对涉案产品标注价格和供货量，其行为属于定向投送，其宣传涉案产品的目的不是销售，没有销售涉案产品的意思表示，因此不构成许诺销售侵权行为。最高人民法院在本案判决中否定了此类观点，予以明确：第一，许诺销售行为既可以针对特定对象，又可以针对不特定对象。第二，许诺销售行为既可以是提出要约，也可以是提出要约邀请。许诺销售在性质上系销售者的单方意思表示，并非以产品处于能够销售的状态为基础，只要存在明确表示销售意愿的行为即可认定为许诺销售。因此，当销售产品的意思表示内容明确、具体时，即可认定存在许诺销售行为。缺少价格、供货量以及产品批号等关于合同成立的条款，并不影响对许诺销售行为的认定。

关于许诺销售是否属于药品和医疗器械行政审批例外，本案给出了明确的意见。首先，关于药品和医疗器械行政审批例外条款的抗辩主体及其条件。药品和医疗器械行政审批例外条款包含两种类型的主体，一是为了获得仿制药品和医疗器械行政审批所需要的信息而实施专利的行为人，二是为前述行为人获得行政审批而实施专利的行为人。前一主体系为自己申请行政审批，后一主体系为帮助前一主体申请行政审批，后一主体以药品和医疗器械行政审批例外为由提出抗辩时，应以前一主体的实际存在为前提和条件。其次，关于药品和医疗器械行政审批例外的行为范围。依据专利法的规定，药品和医疗器械行政审批例外条款所调整的行为是：为提供行政审批所需要的信息，为自己申请行政审批而实施“制造、使用、进口”行为，以及专门为前一主体申请行政审批而实施“制造、进口”行为，均不包括许诺销售行为。

七、福州百益百利自动化科技有限公司诉上海点挂技术有限公司、张某某侵害实用新型专利权纠纷案[①][②]

案情聚焦

福州百益百利自动化科技有限公司（以下简称百益百利公司）系专利号为201320534267.X、名称为“结固式锚栓”的实用新型专利的专利权人，其发现上海点挂技术有限公司（以下简称点挂公司）、张某某于2017年开始积极推广第三代点挂安装技术，其中“点挂专用抗拉拔保护锚栓”落入涉案专利权的保护范围，构成侵权，故向上海知识产权法院（以下简称一审法院）提起侵权诉讼。点挂公司在其官网、宣传册、美篇上介绍公司累计施工面积已达200万平方米以上。

点挂公司、张某某主张抵触申请抗辩，认为被诉侵权产品的技术方案系抵触申请记载的技术方案。抵触申请名称为“建筑物装饰石材面板固定装置及施工方法”的发明专利申请，申请号为201310397521.0，申请日为2013年9月4日，本国优先权数据为201310304683.5 2013.07.19 CN，申请公布日为2013年12月11日，发明人为李某全等。

一审法院认为，抵触申请说明书0091部分记载了确保入墙时U型件的支条与孔壁、金属杆、粘结剂紧密咬合。与孔壁紧密咬合既可以是在金属杆上不同方向穿插多个U型件，也可以是通过将多个U型件插入同一位置处通孔，这是本领域的惯用手段，能够达到相同的牢靠固定的效果。本领域普通技术人员通过阅读权利要求、说明书及附图，可以直接得出其包含金属杆上开设一组径向通孔，设置多支弹性U型件，多支U型件在通孔中插入方向相

① 李维朝律师，江苏瑞途律师事务所。

② 一审案号：(2019)沪73知民初21号；二审案号：(2021)最高法知民终1066号。

对的技术方案。被诉侵权锚栓包括一金属杆和两个 U 型件、金属杆末端设置有一开口槽和一径向通孔组成的一组径向通孔、两个 U 型件对穿通过径向通孔的技术结构，在抵触申请技术方案中均已完整地公开。

一审法院认定点挂公司、张某某主张的抵触申请抗辩成立，不构成专利侵权，判决驳回百益百利公司的诉讼请求。百益百利公司不服一审判决，提出上诉。

最高人民法院认为，将被诉侵权产品使用的技术方案与抵触申请相比，抵触申请仅公开了构成结固式锚栓的金属杆上的每组径向通孔适配一支 U 型件的技术方案，并没有公开被诉侵权产品“每组径向通孔适配多支 U 型件”以及“多支 U 型件对穿通过一组径向通孔”的技术特征。被诉侵权产品中多支 U 型件对穿通过一组径向通孔与抵触申请在金属杆上不同方向上穿插多支 U 型件并非所属技术领域的惯用手段的直接替换。

最高人民法院认为，被诉侵权产品是点挂公司和张某某积极推广的第三代点挂安装技术产品配件，点挂公司和张某某在 2017 年宣称其累计施工面积已达 200 万平方米以上，且其通过宣传册和官方网站对相关工程案例进行了宣传展示，点挂公司副总经理在 2019 年 2 月 24 日仍通过微信朋友圈对第三代点挂施工工程进行宣传展示。点挂公司和张某某对上述事实虽持有异议：认为 200 万平方米为夸大宣传，相关工程案例为借鉴合作方的案例，且相关工程并未使用被诉侵权产品。但是，点挂公司和张某某并未提交有效反证证明其实际施工量，其主张夸大宣传依据不足；点挂公司和张某某亦未提交其实际使用的锚栓配件，其主张未使用被诉侵权产品与事实不符，不能成立。在以上事实基础上，参考百益百利公司主张的每平方米所需被诉侵权产品平均用量约为 5 根，专利产品销售单价为 3.57 元、3.27 元不等以及合理利润率认定赔偿数额，点挂公司和张某某侵权获利应不低于 250 万元。

最高人民法院综合考虑点挂公司和张某某经营规模，侵权时间、侵权范围、侵权恶意以及百益百利公司为本案支出的律师费、公证费等合理维权费用等因素，依法对百益百利公司主张的 250 万元赔偿数额予以全额支持。

律师评析

抵触申请抗辩是参照现有技术抗辩适用的一种抗辩形式，两者既有相同之处，又有不同之处。两者都在不启动无效宣告程序的情况下，通过判定被诉侵权技术方案是不是现有技术或抵触申请披露的技术方案，从而判定是否构成专利侵权，有效避免诉争延宕，提高司法效率。但是，现有技术抗辩可以结合公知常识，而抵触申请抗辩则严格适用新颖性标准，这导致两者在认定标准上存在很大差异。本案中，一审法院认为“每组径向通孔适配多支 U 型件”“多支 U 型件对穿通过一组径向通孔”是本领域的惯用手段，这实际上混淆了新颖性、创造性的判断标准。如果有证据证明“每组径向通孔适配多支 U 型件”“多支 U 型件对穿通过一组径向通孔”是本领域惯用手段的直接置换，则符合新颖性判断标准，抵触申请抗辩成立，如果仅仅是本领域的惯用手段，则属于公知常识的范畴，应适用创造性判断标准，抵触申请抗辩不成立。

本案还确立了一个非常有价值的裁判观点：在没有相反证据的情况下，被告的业绩宣传可以作为侵权赔偿计算的依据，彰显了人民法院加强知识产权保护、加大损害赔偿力度的司法的导向，有效指引市场主体在商业活动中遵循诚信原则，尊重他人创新成果，取得了“小专利也能赢得高赔偿”的良好效果。本案对市场主体在商业活动中的宣传行为起到了很好的引导作用。

八、林某贵与深圳天轮科技有限公司、国家知识产权局、廉某某、安某锦、纳恩博（北京）科技有限公司发明专利权无效行政纠纷案①②

案情聚焦

1. 无效审理概况

本专利系名称为“电动独轮自行车”的发明专利，现专利权人为林某

---

① 李维朝律师，江苏瑞途律师事务所。

② 一审案号：（2018）京 73 行初 11186 号；二审案号：（2021）最高法知行终 910 号。

贵。其专利号为201110089122.9，申请日为2011年4月1日，优先权日为2010年9月6日，授权日为2013年8月21日。该专利的原始申请人、发明人均为陈和。

纳恩博（北京）科技有限公司（以下简称纳恩博公司）等分别向原国家知识产权局专利复审委员会提出无效宣告请求，均主张宣告本专利全部权利要求无效。主要理由均包括本专利不应享有本国优先权。纳恩博公司等提出的无效理由还包括：本专利的发明创造未进行保密审查即向外国申请专利，不符合专利法第二十条第一款的规定。

专利权人分别于2017年5月11日和2017年9月1日提交了内容相同的意见陈述书，主张本专利是由美国人ShaneChen（陈星）在美国完成的，其将在中国申请专利的权利转让给了陈和。2017年5月18日专利权人提出著录项目变更申报书，要求将本专利的发明人由原来的“陈和”变更为“陈星”，2017年6月5日国家知识产权局相关部门发出手续合格通知书，将本专利的发明人由原来的“陈和”变更为“陈星”。

原国家知识产权局专利复审委员会作出被诉决定认为：《专利法》第二十九条第二款有关本国优先权规定中的“在中国第一次提出专利申请”的“第一次”，应当理解为就相同主题在世界范围内首次提出的申请，而该世界范围内的首次申请是在中国提出的。如果作为本国优先权基础的中国在先申请不是相同主题的首次申请，则在后申请的本国优先权不能成立。本专利的公开文本和美国专利申请的文字表述基本一致，两份专利文献的附图及其上的附图标记完全一致，结合专利权人的自述以及将本专利的发明人修改为与美国专利申请相同的发明人的行为，可以推断本专利的技术与美国专利申请的技术具有相同的来源，即，两份专利申请的技术方案是由同一个发明人/发明团队做出的，本专利的申请人陈和与美国专利申请的申请人ShaneChen之间具有权利继受关系。美国临时申请1和美国临时申请2的申请人均为ShaneChen，因此认定两份美国临时申请、美国专利申请和本专利具有相同的技术来源。对于具有相同技术来源的多份专利申请，即使申请人不同，也只有该多份专利申请中具有相同主题的首次申请，可以作为优先权基础。美国临时申请 1 中图 3 的实施例与本专利权利要求 1 和 3 的技术领域、所解决的技术问题、技术方案和预期的效果均相同，故两者属于相同主题的发明创造。美国临时申请 1 的申请日早于中国在先申请的申请日，构成与本专利相同主题的首次申请。由于被本专利要求优先权的中国在先申请不是相同主题的首次申请，因此本专利权利要求 1 不能享有本国优先权。

2. 二审概况

二审中，国家知识产权局向最高人民法院提交 2010 年 8 月 27 日电子邮件及公证书、2011 年 3 月 18 日邮件（均系深圳天轮科技有限公司在本专利无效审查阶段向国家知识产权局提交），用于证明本专利及其在先申请均是技术发明人陈星指示陈和在中国提交，与本专利相同的美国专利、本专利的中国在先申请实质均是陈星的申请，出于程序方便及费用减免考虑由陈和提出。

最高人民法院认为，根据《专利法》第二十九条规定，优先权系专利申请人的权利，并非发明人的权利，优先权所针对的主体是专利申请人，专利申请人与发明人的法律地位不同，专利申请人是申请技术方案获得专利法保护的主体，其可能在专利授权之后成为专利权人，对专利享有所有权和相应的处分权，包括优先权；发明人是完成技术方案的主体，享有署名或获得报酬的权利，不享有包括优先权等相应处分权。虽然在审查本专利是否违反《专利法》第二十条第一款规定时，本专利的发明人变更为陈星，但正如被诉决定的认定，该事实仅证明本专利的发明人与美国专利申请的发明人相同，技术方案具有相同来源。不能由此事实推定得出，本专利的申请人与美国专利申请的申请人为同一人。

对于申请要求优先权的主体，法律规定该申请人要与在先申请的申请人相同。根据《专利法》第十条的规定，“专利申请权和专利权可以转让……转让专利申请权或者专利权的，当事人应当订立书面合同，并向国务院专利行政部门登记，由国务院专利行政部门予以公告。专利申请权或者专利权的转让自登记之日起生效”。对于存在不同申请主体的情况，当事人可以通过专利申请权转让的方式进行权利继受成为同一个申请主体，但该转让行为应当签订书面合同并进行登记公告。

专利申请人的变更应当是要式法律行为，而非事实推定。根据在案证据，美国专利申请、美国专利临时申请和中国在先申请的申请人并非同一人。本专利申请人仍然是陈和，与中国在先申请的申请人相同；而美国专利临时申请、美国专利申请的发明人均为陈星（ShaneChen）。陈和并非美国专利申请的受让人。本案并无证据证明陈和、陈星（ShaneChen）存在专利申请、优先权转让的协议，无申请优先权的权利继受事实。权利继受关系的形成属于法律关系的变动，需要通过法律文件确认，不应当通过发明人变更的事实以及个人陈述，推定存在权利继受关系，继而将美国专利申请与本专利的申请人视同为相同主体。国家知识产权局在二审程序提交的邮件不属于当事人之间订立转让权利的书面合同，不能证明本专利的申请人陈和与美国专利申请的申请人陈星（ShaneChen）之间存在权利继受关系，因此，本院对该证据不予采信。一审判决及被诉决定认定陈和与陈星（ShaneChen）之间具有权利继受关系，缺少事实依据。

根据《专利法》第二十九条的规定，申请优先权的主体必须与在先申请一致，不应当仅以存在相同主题的申请为由，不审查申请人的主体是否为相同，就将首次申请作为享有优先权的基础。被诉决定以及一审判决关于“即使申请人不同，也只有该多份专利申请中具有相同主题的首次申请，可以作为优先权基础”的认定于法无据。

综上，被诉决定和一审判决关于中国在先申请不可以作为本专利优先权基础的认定错误。二审判决撤销了一审判决及第 36591 号无效宣告请求审查决定。

律师评析

本案涉及发明人相同但申请人不同的在先申请是否可以作为优先权基础的争议，该在先申请的技术方案与涉案专利相同，但涉案专利未要求该在先申请的优先权。最高人民法院认为，优先权系专利申请人的权利，对于存在不同申请主体的情况下，当事人可以通过专利申请权转让的方式进行权利继受成为同一个申请主体，但该转让行为应当签订书面合同并进行登记公告，专利申请人的变更应当是要式法律行为，而非事实推定。也就是说，如果两件申请的申请人不同，只有在向国务院专利行政部门提交合格的书面优先权转让文件的情况下，优先权转让才能成立，即使有证据证明发明人与在后申请人之间、两个申请人之间存在紧密联系，也不能推定存在权利转让。

本案所涉及的第36591号无效宣告请求审查决定被评为2018年度复审无效十大案件，原专利复审委员会对《专利法》第二十九条关于本国优先权规定中的“在中国第一次提出专利申请”的含义给出明确解释，即，本国优先权规定中的“在中国第一次提出专利申请”的“第一次”，应当理解为就相同主题在世界范围内首次提出的申请，而该世界范围内的首次申请是在中国提出的。

九、赵某谋与东莞市风瑞电子科技有限公司、佛山莱恩斯电子商务有限公司、北京京东叁佰陆拾度电子商务有限公司侵害发明专利权纠纷案①②

案情聚焦

赵某谋是名为“清洁机及其路径控制方法”的发明专利（专利号ZL201210185869.9）的专利权人。赵某谋认为，佛山莱恩斯电子商务有限公司（以下简称莱恩斯公司）在其位于“京东商城”的网店销售的“汉秀”牌智能擦窗机（以下简称被诉侵权产品）侵害了其发明专利权。“汉秀”系莱恩斯公司的注册商标，被诉侵权产品实际是由东莞市风瑞电子科技有限公司（以下简称风瑞公司）制造。赵某谋遂起诉至广州知识产权法院，请求判令风瑞公司和莱恩斯公司停止制造、销售、许诺销售被诉侵权产品，并与北京京东叁佰陆拾度电子商务有限公司共同赔偿经济损失及合理支出30万元。

---

① 蒋海军律师、戎宸律师，江苏瑞途律师事务所。

② 一审案号：(2019) 粤73知民初1538号；二审案号：(2021) 最高法知民终495号。

莱恩斯公司提出合法来源抗辩，向法院提交其与凤瑞公司签订的《授权书》和《采购合同》，用于证明被诉侵权产品系从凤瑞公司合法采购，且凤瑞公司授权莱恩斯公司为“凤瑞”商标在京东商城的网络渠道经销商，其仅为自行贴牌销售行为，未实际参与制造被诉侵权产品。

广州知识产权法院经审理认为，被诉侵权产品落入了涉案专利权的保护范围。另查明，莱恩斯公司是从凤瑞公司处购进无任何标识的“白机”擦窗机器人，将印有莱恩斯公司注册商标及品牌商（莱恩斯公司）、制造商（凤瑞公司）名称的标贴通过粘贴方式附着在产品及包装物上后销售，该标贴可简易粘贴、撕开。莱恩斯公司每台被诉侵权产品净赚差价达两倍，已明显超出普通中间销售商的正常利润，其与凤瑞公司存在深度委托加工关系。故莱恩斯公司的合法来源抗辩不成立，应承担侵权赔偿责任。广州知识产权法院据此判决凤瑞公司停止制造、销售被诉侵权产品，并赔偿经济损失 15 万元；莱恩斯公司停止许诺销售、销售被诉侵权产品，并赔偿经济损失 10 万元。

凤瑞公司、莱恩斯公司不服一审判决，上诉至最高人民法院。

最高人民法院经审理认为，在专利侵权领域，应当区分法律意义上的制造行为和物理意义上的制造行为。在被诉侵权产品上贴附了自己商标的侵权人，即使仅实施了销售行为而并未实施实际制造行为，亦应当承担制造者的责任。本案中，虽然被诉侵权产品实际由凤瑞公司制造，但莱恩斯公司在被诉侵权产品上贴附了自己的商标，其行为性质与普通销售者的销售行为相较产生了实质变化，应当承担制造者的责任。最高人民法院据此判决驳回上诉，维持原判。

律师评析

本案涉及侵害专利权纠纷中，在被诉侵权产品上贴附了自己商标（即“贴牌”）并进行销售的人，是产品的制造者还是销售者？是否可以主张合法来源抗辩？

本案中，虽然一审法院和最高法院都否定了莱恩斯公司的合法来源抗辩，但其实两者采用了不同的路径。一审法院将莱恩斯公司认定为侵权产品的销售者，只不过与凤瑞公司存在深度委托加工关系，所以一审法院否定了莱恩斯公司的善意，认为其并非不知道购买的产品侵犯了他人的专利权。而最高法院是将贴附企业名称、商标等识别性标记的动作理解为专利法意义上的制造行为，直接将莱恩斯公司认定为侵权产品的制造者。

根据《最高人民法院关于产品侵权案件的受害人能否以产品的商标所有人为被告提起民事诉讼的批复》（2020 年修正），任何将自己的姓名、名称、商标或者可资识别的其他标识体现在产品上，表示其为产品制造者的企业或个人，均属于《民法典》和《产品质量法》规定的“生产者”。

专利法意义上的制造属于实施专利的行为，本质是“新产品的生产”，并不局限于直接制造出采用了专利技术方案的产品（即“物理意义上的制造行为”），将产品贴附上企业名称和商标等识别性标记也是生产新产品的链条中的环节之一。商标最基本的功能就是标识商品或服务的来源。莱恩斯公司在被诉侵权产品上贴附自己的商标，并标明自己为品牌商，显然是在明确产品的市场来源，与市场上其余同类产品做区分，用自己的品牌声誉为产品质量背书，以提高产品的市场竞争力。所以莱恩斯公司所实施的“贴牌销售”已经不再是一个简单的仅仅以转移所有权为目的的销售行为，而是一个对专利产品再加工、再制造的过程，其性质应当被认定为专利法意义上的制造行为。

十、达鑫机械有限公司与吴某荣、陈某林、上海寻梦信息技术有限公司侵害外观设计专利权纠纷案[①][②]

案情聚焦

达鑫机械有限公司（以下简称达鑫公司）是“食品成型加工设备”（专利号：ZL201630489340. 5）的外观设计专利的专利权人，专利申请日为2016

① 蒋海军律师，江苏瑞途律师事务所。

② 一审案号：（2021）沪 73 民初 37 号；二审案号：（2022）沪民终 38 号。

年9月29日，授权日为2017年2月22日，专利目前处于有效状态。该专利所附图片显示，产品整体为长方体结构；主视图上方约2/3为面板，下方有一格栅，格栅下方有长方形出口；俯视图可见两个进料的辊和进料引导；后视图为面板，分为上下两段；左右视图整体为长方形的面板，左上角和右上角为斜角。该专利简要说明载明，本外观设计产品用以将软质食品分切加工为具有特定外型的食品，最能表明设计要点的图片或照片为立体图。达鑫公司通过公证在拼多多网店“天马厨电”购买了一台小型粉圆机，产品上及外包装上无生产企业信息，产品正面右上角有“YUKUN”标识。上海寻梦信息技术有限公司（以下简称寻梦公司）系拼多多购物平台的经营者，吴某荣系涉案网店“天马厨电”的经营者，陈某林在第7类的厨房用电动机器等商品注册了第9560178号“YU-KUN”商标，也是专利号为ZL201830037039. X的专利权人。于是，达鑫公司将吴某荣、陈某林、上海寻梦公司作为共同被告起诉到了上海知识产权法院（以下简称一审法院）。

本案中，被控侵权产品与涉案专利产品为相同种类产品。经比对，被控侵权产品与涉案专利外观设计的主要区别为两者前后面板因使用不同材质导致的视觉效果差异。涉案专利设计的前后面板为不透明面板，不能看见产品的内部结构；被控侵权产品的前后面板为透明面板，可以看见产品的内部结构。一审法院认为，对于外表使用透明材料的产品，通过透明材料能观察到的产品内部的形状、图案和色彩，应当视为该产品的外观设计的一部分。被控侵权产品透明面板约占前后面板1/2的面积，透过面板可见的产品内部结构对整体视觉效果有重要影响。被诉侵权设计与达鑫公司涉案专利在整体视觉效果上不相同、不近似，被诉侵权设计未落入涉案外观设计专利权的保护范围。

达鑫公司不服一审判决，向上海市高级人民法院（以下简称二审法院）提出上诉，认为对于同类产品（食品成型加工设备）而言，机器外壳部分的设计种类较多，未形成统一设计风格，设计空间较大，对整体视觉效果影响较大；被控侵权产品内部的压片辊轮、制丸辊轮、刀辊、切刀等结构属于功能性设计特征。

二审法院归纳的争议焦点在于被控侵权产品设计是否落入涉案专利外观设计的保护范围。经比对，被控侵权产品设计与涉案专利外观设计整体框架近似，主要区别为因两者前后面板使用不同材质所导致的视觉效果差异。其中，被控侵权产品的前后面板为透明面板，可以看见产品的内部结构；涉案专利外观设计的前后面板为不透明面板，不能看见产品的内部结构。二审法院认定：对于外表使用透明材料的产品，通过人的视觉能观察到的其透明部分以内的形状、图案和色彩，应当视为该产品的外观设计的一部分。本案中，尽管被控侵权产品与涉案专利外观设计整体框架近似，但被控侵权产品透明面板约占前后面板 1/2 的面积，通过一般消费者的视觉可以观察到被控侵权产品的内部结构，而涉案专利外观相应部位由不透明面板遮挡，其内部结构不可见，从整体上观察，两者视觉效果不相同，也不近似。关于被控侵权产品内部结构系功能性设计特征的说法不予支持。

最终，二审法院判定上诉人达鑫公司的上诉请求缺乏事实和法律依据，一审判决认定事实清楚，裁判结果正确，予以维持。

律师评析

本案主要涉及对于透明或者部分透明产品的外观设计侵权的判定，也进一步诠释了专利法中局部外观设计法律修改之前对于透明或者半透明部分侵权比对的相关判定原则。

外观设计专利侵权判断遵循“整体观察，综合判断”的基本方法。被诉侵权设计的产品外表使用透明材料，相对于授权外观设计而言，会给一般消费者带来不同的视觉感观，但是否必然导致两者不相同或不近似，不能一概而论。判断时需要将一般消费者可观察到的透明部分以内的形态、图案和色彩视为被诉侵权设计的一部分，比较其与授权外观设计相同和相异部分在整体视觉感观上的效果，并结合公共政策因素的考量，综合判断得出侵权与否的结论。

《最高人民法院关于审理侵犯专利权纠纷案件应用法律若干问题的解释》第八条规定，在与外观设计专利产品相同或者相近种类产品上，采用与授权外观设计相同或者近似的外观设计的，人民法院应当认定被诉侵权设计落入《专利法》第五十九条第二款规定的外观设计专利权的保护范围。第十一条第一款规定，人民法院认定外观设计是否相同或者近似时，应当根据授权外观设计、被诉侵权设计的设计特征，以外观设计的整体视觉效果进行综合判断；对于主要由技术功能决定的设计特征以及对整体视觉效果不产生影响的产品的材料、内部结构等特征，应当不予考虑。

所谓“整体观察，综合判断”，是指一般消费者从整体上而不是仅依据局部的设计变化，来判断外观设计专利与被控侵权产品设计的视觉效果是否具有明显区别；在判断时，一般消费者对于外观设计专利与被控侵权产品设计，可视部分的相同点和区别点均会予以关注，并综合考虑各相同点、区别点对整体视觉效果的影响大小和程度。对于外表使用透明材料的产品，通过人的视觉能观察到的其透明部分以内的形状、图案和色彩，应当视为该产品的外观设计的一部分。本案中，尽管被控侵权产品与涉案专利外观设计整体框架近似，但被控侵权产品透明面板约占前后面板 1/2 的面积，一般消费者可以观察到被控侵权产品的内部结构，而涉案专利外观相应部位由不透明面板遮挡，其内部结构不可见，从整体上观察，两者视觉效果不相同，也不近似。

在外观设计侵权判定的原则中，除了法律明文规定的“整体观察，综合判断”外，先后出现了“设计特征”“设计空间”“授权性设计特征”等各阶段的司法解释，尤其设计空间，在具体解释上出现了前后不一的陈述。《专利法》修改后对于局部外观设计权的承认，实际上也是解决了过去外观设计侵权判定中存在的疑惑和困难。

重点关注

一、“药品专利反向支付协议”反垄断审查①

事件回放

2021年12月17日，最高人民法院对阿斯利康有限公司（以下简称阿斯利康公司）与江苏奥赛康药业有限公司（以下简称奥赛康公司）侵害发明专利权纠纷案（以下简称阿斯利康诉奥赛康案）作出二审裁定②，准予阿斯利康公司撤回上诉。该案是我国首个涉及“药品专利反向支付协议”的反垄断案件，也是我国司法机关首次针对反向支付协议作出反垄断审查的案件。

阿斯利康公司系涉案专利ZL01806315.2的继受权利人，专利产品为沙格列汀片。涉案专利原权利人为使专利权效力免受挑战，曾与无效宣告请求人（奥赛康公司关联方）达成《和解协议》，约定：请求人撤回针对涉案专利的无效宣告请求，请求人及其关联方即可获许在涉案专利权保护期限届满前5年多实施涉案专利。后请求人依约撤回无效宣告请求，并由其关联方奥赛康公司实施涉案专利。之后，阿斯利康公司诉至法院，主张奥赛康公司侵害涉案专利权。一审法院认为，奥赛康公司方有权依据涉案《和解协议》实施涉案专利，故判决驳回阿斯利康公司全部诉讼请求。阿斯利康公司不服一审判决，提起上诉，后又以双方于二审审理期间达成和解为由申请撤回上诉。最高人民法院二审认为：对撤回上诉申请应当依法进行审查，涉案《和解协议》符合所谓的“药品专利反向支付协议”外观，人民法院一般应当对其是否违反反垄断法进行一定程度的审查，之后再决定是否准许撤回上诉。经审查，综合考虑涉案专利权保护期限已经届满等具体情况，最高人民法院终审裁定，准予撤回上诉。

---

① 陈颖律师、刘雅丽律师，北京金诚同达律师事务所。

② 一审案号：（2019）苏01民初1090号；二审案号：（2021）最高法知民终388号。

律师评析

“药品专利反向支付协议”是指在专利侵权诉讼中，专利药企业承诺给予仿制药制造商一定的利益，仿制药企业承诺在一定的时间内仿制药不进入市场的协议。由于和解要求专利权人向被指控的侵权人支付费用，而不是被指控的侵权人向专利权人支付费用，因此这种和解协议被称为“反向支付”和解协议。此类协议具有两点特性：一是逆利益流转性。一般情况下，专利药企业为市场中的强势主体，当仿制药制造商侵犯其权利时，专利药企业可行使专利排他权要求其停止侵权，且不必向侵权方给付利益。但此类协议中，专利药企业却主动让利于仿制药制造商。二是市场竞争排除性。此类协议中，获得利益的仿制药制造商承诺暂时退出竞争市场或者不进入相关市场，导致相关产品市场上的市场主体数量的减少或不增加，不利于相关产品市场中的竞争。基于该特性，“药品专利反向链接”可能会产生排除、限制竞争的效果，最终损害公众药品可及性，有悖于药品专利链接制度维持利益平衡的初衷。因此，对此类协议进行违法性审查具有必要性。

阿斯利康诉奥赛康案是目前我国首个由法院主动发起对“药品专利反向支付协议”反垄断审查的案件。虽然只是针对撤回上诉申请所作的反垄断初步审查，且未明确定性涉案和解协议是否违反《反垄断法》，但该案裁判强调了在非垄断案由案件审理中对当事人据以提出主张的协议适时适度进行反垄断审查的必要性。最高人民法院认为，判断“药品专利反向支付协议”是否构成垄断的核心在于其是否涉嫌排除、限制相关市场的竞争。一般可以通过比较签署、履行相关协议的实际情况与不签署、不履行相关协议的假定情形，考察在仿制药申请人不撤回无效请求的情况下，因无效请求导致药品相关专利权无效的可能性，进而在此基础上分析相关协议是否以及在多大程度上对相关市场造成了竞争损害。其中，竞争损害主要考察其是否实质延长了专利权利人的市场独占时间、是否实质延缓或者排除了实际的和潜在的仿制药申请人的市场进入。

最高人民法院通过该案裁判，阐明了对“药品专利反向支付协议”予以反垄断审查的必要性，并明确了此类协议进行反垄断审查的标准和路径，对于提升药品企业的反垄断合规意识、维护药品专利秩序、规范药品市场竞争、指引人民法院加强反垄断审查具有积极意义。

二、专利纠纷案件管辖[①]

事件回放

2022 年 4 月 20 日，最高人民法院公布《关于第一审知识产权民事、行政案件管辖的若干规定》（以下简称《规定》），自 2022 年 5 月 1 日起施行。主要内容包括：一是规定发明专利等七类专业技术性较强的第一审民事、行政案件由知识产权法院、省会城市中级人民法院及最高人民法院确定的中级人民法院管辖。二是规定外观设计专利权属和侵权纠纷、涉驰名商标认定第一审民事、行政案件由知识产权法院和中级人民法院管辖。三是除《规定》明确的特殊类型案件外，其他第一审知识产权民事、行政案件由最高人民法院确定的基层人民法院管辖。为细化《规定》第三条，最高人民法院配套发布了《关于印发基层人民法院管辖第一审知识产权民事、行政案件标准的通知》（以下简称《通知》），与《规定》同步实施。

律师评析

在专利侵权诉讼中，管辖问题一直较为复杂。一般的民事案件依据民事诉讼法及其司法解释即可以明确管辖法院，而专利案件的级别管辖和地域管辖均有许多特殊规定。实践中，专利案件的管辖权争议可能耗费争议双方巨大的人力、物力、财力，极大地增加当事人的维权成本、拉长当事人的维权周期。因此，准确把握专利案件的管辖规定对于确保案件的有序推进具有重要意义。

首先是级别管辖。《规定》发布后，发明、实用新型权属、侵权纠纷案

---

① 陈颖律师、刘雅丽律师，北京金诚同达律师事务所。

件由知识产权法院、省会城市中级人民法院及最高人民法院确定的中级人民法院管辖，外观设计专利权属、侵权纠纷案件由知识产权法院和中级人民法院管辖。需要注意的是，依据《关于在北京、上海、广州设立知识产权法院的决定》和《关于设立海南自由贸易港知识产权法院的决定》，北京、上海、广州知识产权法院跨区域管辖所在省（直辖市）的有关专利等第一审知识产权民事和行政案件，海南自由贸易港知识产权法院管辖海南省有关专利等第一审知识产权民事、行政案件。因此，知识产权法院所属区域的其他中级人民法院不能管辖外观设计民事、行政案件。此外，依据《民事诉讼法》第二十条规定，高级人民法院管辖在本辖区有重大影响的第一审民事案件。因此，各高级人民法院有权依据最高人民法院关于级别管辖标准的规定，受理标的较大的专利、垄断等专业技术性较强第一审案件。

其次是地域管辖。由于各地经济发展水平不同，知识产权及其司法保护的地域性差异较为明显，部分法院甚至存在地方保护主义倾向。因此，相较于级别管辖，当事人及其代理人更加关注地域管辖的问题。《规定》中未对地域管辖进一步补充，仍依据在先的相关规定，具体可分为三类：

（一）一般地域管辖规定。依据《民事诉讼法》第二十九条和《最高人民法院关于适用〈中华人民共和国民事诉讼法〉的解释》（以下简称《民事诉讼法解释》）第二十四条规定，侵犯专利权的纠纷，侵权行为的实施地、结果发生地、被告住所地的法院都享有管辖权。《最高人民法院关于审理专利纠纷案件适用法律问题的若干规定》（以下简称《若干规定》）第二条进一步明确了“侵权行为地”的含义。

（二）共同诉讼的地域管辖规定。《若干规定》第三条规定，原告仅对侵权产品制造者提起诉讼，未起诉销售者，侵权产品制造地与销售地不一致的，制造地人民法院有管辖权；以制造者与销售者为共同被告起诉的，销售地人民法院有管辖权。销售者是制造者分支机构，原告在销售地起诉侵权产品制造者制造、销售行为的，销售地人民法院有管辖权。此条系特别规定，便于专利权人向侵权产品的制造者、销售者主张权利。

（三）涉及网络销售侵权产品的地域管辖规定。与一般地域管辖规定一致。主要争议在于是否可以依据《民事诉讼法解释》第二十五条，按照侵权产品的收货地、被侵权人的住所地建立管辖。最高人民法院通过（2016）最高法民申731号民事裁定书，明确“通过信息网络销售侵犯专利权的产品的行为不属于信息网络侵权行为，不能按照被控侵权产品的收货地、被侵权人的住所地来建立管辖”。

未来，专利案件数量将持续增长，新类型疑难复杂案件也将不断涌现，对专利案件管辖布局提出了更高的要求。《规定》的发布进一步优化了现有的包括专利案件在内的知识产权案件管辖布局，有助于更好地统一知识产权类案件的司法裁判标准、促进专利案件及时有效进行审理。

三、《海牙协定》在中国正式生效①

事件回放

2022年2月5日，我国向世界知识产权组织递交了《工业品外观设计国际注册海牙协定》（以下简称《海牙协定》）（1999年）的文书，成为1999年文本的第68个缔约方和海牙联盟的第77个成员。5月5日，《海牙协定》在我国正式生效。我国申请人或者在我国有住所、经常居所或真实有效的工商营业所的非海牙协定成员国的申请人可以通过该海牙途径递交外观设计国际申请。

2023年1月4日，国家知识产权局发布《关于加入〈海牙协定〉后相关业务处理暂行办法》（以下简称《暂行办法》），以保障《海牙协定》在我国的顺利实施，回应国内外创新主体的迫切审查需求。

律师评析

《海牙协定》是适用于工业外观设计领域的一项国际知识产权协定，与《商标马德里协定》和《专利合作条约》共同构成工业产权领域的三大业务

① 陈颖律师、刘雅丽律师，北京金诚同达律师事务所。

体系，由世界知识产权组织统一管理。《海牙协定》于 1925 年在海牙缔结，其后经过多次修改，主要有三个文本，即 1934 年签署的伦敦文本（已冻结）、1960 年签订的海牙文本以及 1999 年签订的日内瓦文本。

相较于《巴黎公约》的规定，海牙体系为申请人提供了一种更高效率的外观设计国际申请途径：申请人只需要提交一份国际申请、使用一种语言、支付一种货币、进行一次国际注册，就可以在多个缔约方申请外观设计的保护，而不必分别向寻求保护的各个国家申请，显著降低了申请人的外观设计注册成本。同时，申请人在日后如有权利变更、保护期续展等需求也只需向世界知识产权组织国际局提交一份请求，即可在所有指定缔约方生效，有利于外观设计权利的集中化管理。此外，通过《海牙协定》途径提交外观设计申请，一次申请最多可涵盖 100 个设计，申请人也可请求对申请延迟公布，最长期限为 30 个月。

为做好我国外观设计制度与《海牙协定》中相关规定的衔接，2021 年 6 月 1 日施行的《专利法》第四次修正案进行了重要修改：将外观设计专利保护期限延长至十五年，新增局部外观设计保护，并规定了外观设计专利申请国内优先权。同时，考虑到《海牙协定》规则与我国外观设计审查规则差异较大，国家知识产权局发布了《暂行办法》，明确过渡期间的业务处理规则。

不可否认，加入《海牙协定》大幅简化了申请人获得外观设计国际保护的程序，节约了申请人在全球化布局过程中的注册成本，但同时也存在一些现实问题：一是语言障碍。《海牙协定》的官方语言没有中文，中国申请人可能会因语言方面的困难和对规则程序不熟悉，而不得不在国际程序中委托代理人，增加了投入的时间和资金成本。二是相关配套制度问题。目前专利法实施细则和审查指南仍在修改中，外观设计法律保障体系有待进一步完善。三是市场竞争问题。外国企业的优质产品进入我国，会加大国内企业的竞争压力，给我国本土市场带来冲击。

为应对前述问题，从申请人的角度而言，可以从以下方面着手：一是加强对《海牙协定》的理解，熟悉申请审查的规则、程序，以便高效准备申请文件、规划申请布局。二是深化创新格局，提升自主创新能力，增加国内市场、国际市场的竞争力。对于法律从业者而言，可以进一步强化对《海牙协定》相关业务的理解，提升涉及境内外主体的知识产权纠纷处理能力，更好地回应当事人需求。

四、专利开放许可制度[①]

事件回放

2020 年 10 月 17 日，全国人大常委会会议通过并公布了《专利法》第四次修正案，新增了专利开放许可制度，该法自 2021 年 6 月 1 日起施行。关于专利开放许可的规定包含三个条款：第五十条规定了开放许可的声明与撤回，第五十一条规定了专利实施许可的获得、年费减免与许可使用费，第五十二条规定了开放许可纠纷解决的处理。

目前，《专利法实施细则》和相关配套审查规则尚在修订中，办理专利开放许可声明的有关事项按照国家知识产权局发布的《关于施行修改后专利法的相关审查业务处理暂行办法》《专利开放许可声明受理业务办事指南（过渡期适用）》实行。

为推动专利开放许可制度平稳起步、高效运行，国家知识产权局采取了一系列措施：

一是引导地方试点。2022 年 5 月，国家知识产权局发布《专利开放许可试点工作方案》并组织开展专利开放许可试点工作，旨在为开放许可制度全面落地做好政策、机制、平台、项目等各方面准备。重点支持的省份要根据该方案制定具体方案，其他省份可以自行确定是否制定具体方案，具体进行搭建许可信息发布平台、促进供需对接、做好定价指导等配套服务、完善激励和规范措施等任务。

二是加强部门协调。2022 年 4 月，国家知识产权局联合教育部、工信部等部门出台政策措施，将专利开放许可纳入“千校万企”协同创新伙伴行动

① 陈颖律师、刘雅丽律师，北京金诚同达律师事务所。

的重点任务，作为知识产权助力专精特新中小企业创新发展的若干措施之一，鼓励支持高校院所专利向广大中小企业开放许可。

三是完善专项服务。2022 年 10 月，国家知识产权局印发《专利开放许可使用费估算指引（试行）》，内容包括总则、估算方法、操作步骤三大部分，以引导专利权人科学、公允、合理估算专利开放许可使用费，促进市场化定价和许可达成。

在各项措施推动下，截至 2022 年 11 月底，全国已有 18 个省份印发了试点实施方案，500 多家高校院所、600 多家企业参与试点。各地共筛选了 2.1 万件有市场化前景的专利试点开放许可，充分利用人工智能等技术，精准匹配推送至 6.1 万家中小微企业。目前，已达成的许可项目超过 4000 项。①

律师评析

专利开放许可是指专利权人自愿向国家专利行政部门提出开放许可声明，明确许可使用费支付方式、标准，由国家专利行政部门予以公告，在专利开放许可期内，任何人可以按照该专利开放许可的条件实施专利技术成果。

2015 年发布的《国务院关于新形势下加快知识产权强国建设的若干意见》第十五条明确指出，要“强化专利以许可方式对外扩散。研究建立专利当然许可制度，鼓励更多专利权人对社会公开许可专利”。同年 4 月，《专利法修改草案（征求意见稿）》突破性地引入了以促进专利许可为目的的当然许可制度，而在 2019 年 2 月的《专利法修正案（草案）（征求意见稿）》中，该制度被更名为“开放许可”。

随着我国科学技术的快速发展和专利战略的稳步推进，我国的专利申请数量持续增长，连续十一年居于全球第一。然而，我国在专利成果利用方面一直存在实施率偏低的问题。《2022 年中国专利调查报告》显示，2022 年有

① 国家知识产权局 2022 年 12 月例行新闻发布会，https：//www.cnipa.gov.cn/col/col3117/index.html。

效专利许可率为9.5%，有效专利实施率为58.7%。[①] 因此，贯彻落实专利开放许可制度，促进专利许可信息对接、提升专利许可谈判效率、降低专利许可的交易风险，对提升我国专利转化水平、激发我国专利市场的活力具有重要意义。

就国家知识产权局的相关举措而言，开展地方试点有助于探索地方模式、发挥地方优势，显著提升专利开放许可制度在地方专利权人（特别是地方高校院所、中小企业）之间的推广率。从江苏省试点成效来看，截至2022年底，全省共有32所高校院所和企业通过发布专利开放许可信息660项，其中，15所高校与138家中小企业达成许可协议，涉及专利398件。[②] 但是，地方试点工作仍存在其局限性，如许可信息平台依附于地方的数据平台，未形成全国信息互联共享的平台。基于此，有关部门应对地方信息平台数据进行集中整合，搭建面向公众的全国开放许可数据库，并注意与知识产权运营平台、知识产权交易中心建设相配套。另外，试点工作方案中提供了《专利许可信息表》《同意开放许可的声明》《专利开放许可合同》等文件，还应补充完善其他参考文件（如撤销声明模板）。

《专利开放许可使用费估算指引（试行）》与《专利开放许可试点工作方案》中"加强定价指导"这一试点任务相呼应，目的在于引导专利权人科学、公允、合理定价。需要明确的是，该文件仅为指导性文件，不具有强制性和约束力。专利开放许可的费用是由交易双方根据市场情况确定的，在实践中应注意把握行政指导的程度，以免干涉交易双方的行权自由。

在《专利法实施细则》和相关配套审查规则修订完成后，如何做好相应的制度衔接，如何进一步推动专利开放许可制度建设，我们将持续关注。

---

① 《2022年中国专利调查报告》，https://www.cnipa.gov.cn/art/2022/12/28/art_88_181043.html。

② 参见《江苏专利开放许可试点取得阶段性成效》，载微信公众号"江苏知识产权"，2023年1月19日。

五、专利视角下的绿色技术发展[①]

事件回放

2022年12月13日，国家知识产权局发布《绿色低碳技术专利分类体系》。该分类体系从制定目的、定义和范围、编制原则、结构和编码、有关说明等方面展开详细的解释。根据体系，绿色低碳技术专利分为四级技术分支，一级技术分支（5个）、二级技术分支（19个）、三级技术分支（56个）、四级技术分支（62个），共142个。其中一级技术分支包括：化石能源降碳技术、节能与能量回收利用、清洁能源、储能技术、温室气体捕集利用封存。

2022年12月13日，国家发展改革委、科技部印发《关于进一步完善市场导向的绿色技术创新体系实施方案（2023—2025年）》（以下简称《实施方案》）的通知。其中，重点任务之八为“强化绿色技术产权服务保护”，主要包括两方面：一是提高知识产权服务水平；二是加强绿色技术知识产权保护。

律师评析

党的十八届五中全会提出了“创新、协调、绿色、开放、共享”的五大新发展理念，其中绿色是永续发展的必要条件和人民对美好生活追求的重要体现。2020年世界知识产权日的主题为“为绿色未来而创新”，可见技术创新以及支持技术创新的知识产权已经成为绿色未来的核心。2020年9月，习近平总书记在第七十五届联合国大会一般性辩论上首次提出中国碳达峰、碳中和的宏伟目标。作为碳排放总量最大的国家，我国要在短期内实现碳达峰并最终实现碳中和，推动和应用绿色技术创新是重中之重。

目前，我国在绿色技术发展方面已取得一定成效。就专利方面而言，世界知识产权组织2022年11月发布的《绿色技术手册》的专利数据显示，中国、日本和美国在防汛系统和生物技术等许多关键领域应对气候变化的技术

① 陈颖律师、刘雅丽律师，北京金诚同达律师事务所。

创新中占了大部分的份额。[①] 2022 年 12 月国家知识产权局例行新闻发布会上，战略规划司司长葛树答记者问时表示，我国绿色低碳技术专利创新保持活跃发展态势，具体呈现以下特点：我国成为全球绿色低碳技术创新的重要带动力量；我国及美国成为全球绿色低碳专利布局最大目标市场；我国在氢能、储能等技术领域专利实现快速增长；我国绿色低碳专利以京苏粤领跑，大型央企和科研院校优势明显。但同时，我国绿色低碳专利的海外布局仍显薄弱，与美日欧尚存在一定差距。[②]

可以预见的是，未来绿色技术发展将持续深化。《实施方案》重点任务之八“强化绿色技术产权服务保护”从提高知识产权服务水平和加强绿色技术知识产权保护两个方面提供了行动指引。从实践来看，《绿色低碳技术专利分类体系》的发布无疑为开展绿色低碳技术的发明专利统计分析提供了基础，有助于加强绿色低碳技术专利统计监测，从而推动绿色专利技术产业化，加快发展方式绿色转型。但是，绿色技术专利快速审查制度建设仍有待进一步优化。现行有效的《专利优先审查管理办法》延续了《发明专利申请优先审查管理办法》中涉及节能环保、新一代信息技术、生物、高端装备制造、新能源、新材料、新能源汽车、智能制造等国家重点发展产业可以请求优先审查的条款，而关于低碳技术、节约资源等有助于绿色发展的内容未予保留，不利于促进绿色专利优先审查。因此，为提高绿色专利审查效能，有效激励绿色技术创新，保障绿色技术成果，应进一步明确绿色专利优先审查的适用范围，制定优先审查的绿色推荐标准。此外，在绿色技术知识产权保护方面，主要着力点在于健全绿色技术知识产权行政与司法保护机制，“严格规范绿色技术创新专利申请、商标注册行为，严厉打击不以保护创新为目的的非正常专利代理行为。组织开展打击侵犯知识产权专项行动，加大

---

① 世界知识产权组织发布《绿色技术手册》，https：//www. wipo. int/pressroom/zh/articles/2022/article_ 0012. html。

② 国家知识产权局 2022 年 12 月例行新闻发布会，https：//www. cnipa. gov. cn/col/col3117/index. html。

对侵犯绿色技术知识产权侵权行为的打击力度”。①

六、我国声明的5G标准必要专利达1.8万项②

事件回放

2022年6月国家知识产权局知识产权发展研究中心发布的报告显示，当前，全球声明的5G标准必要专利共21万余件，涉及4.7万项专利族（一项专利族包括在不同国家申请并享有共同优先权的多件专利）。其中，中国声明1.8万项专利族，全球占比近40%，排名第一。5G标准必要专利布局最多的目标国家或地区依次为：美国4.6万件、中国3.9万件和欧洲3.1万件。③

报告还显示，在全球排名前15位的专利申请人中，中国企业占7家，美国、日本、欧洲、韩国各有2家。专家表示，“无线资源管理”仍是5G标准必要专利最重要的技术方向，所占比例达46.9%，其次分别为接入技术、多载波传输、信道编码、核心网以及下一代接入网，这6个技术方向的5G标准必要专利总量占比达89.8%。

数据显示，截至2022年4月底，5G基站总数达到161.5万个，占全球5G基站的60%以上，中国登录5G网络的用户已经达到4.5亿户，占全球5G登网用户的70%以上，5000多个5G行业项目在落地和规模商用。

律师评析

2019年6月6日，工信部向中国电信、中国移动、中国联通、中国广电发放5G商用牌照。5G商用牌照的发放，是中国5G迎来实质性进展的一步，宣告我国正式进入5G商用元年。截至2022年6月6日，5G发牌整整三周

① 《实施方案》重点任务（八）第三款。

② 李建律师，北京大成（贵阳）律师事务所。

③ 《我国声明的5G标准必要专利达1.8万项》，载中国政府网，http：//www.gov.cn/xinwen/2022-06/10/content_ 5695002.htm。

年。据报道，三年来，我国电信运营商中国电信、中国移动、中国联通在5G上的投资金额分别达到了865亿元、3171亿元、736亿元，三年总投资共计4772亿元，为通信设备制造业注入巨大动力。

当前，中国正在引领全球5G产业发展浪潮，这是从1G到5G 30多年来移动通信史上的首次。回望过去，我国5G的领先有很多经验值得总结；展望未来，将要保持定力和方向，实现由5G到5.5G的持续领先乃至更加高远的目标。

中国声明1.8万项专利族中，华为公司以6583项5G标准必要专利一骑绝尘，不光在中国5G专利排名上登顶，也高居全球专利申请人榜首，占比达到14%。中国5G和华为5G专利可以说是双双登顶。而在企业数量上，中国也占据压倒性的优势，在全球排名前15位的专利申请人中，中国企业占7家，美国、日本、欧洲、韩国加起来才8家。这说明我们企业在5G技术研发方面投入巨大，技术含金量高，同时重视知识产权保护工作，专利布局及时、全面，牢牢把握了5G通信市场的话语权。

CHAPTER 4

第4章
商业秘密

综　述

商业秘密是指不为公众所知悉、具有商业价值，并经权利人采取相应保密措施的技术信息、经营信息等商业信息。随着中国市场经济的不断发展、知识产权保护水平的不断提高，商业秘密问题越来越受到企业和社会的关注，加强企业商业秘密保护不仅事关企业发展，也事关国家形象和国际竞争力。目前，我国已经建立了较为完备的商业秘密民事、行政和刑事保护体系，为商业秘密的保护提供了强有力的法律保障。2022 年，市场监管总局发布了关于公开征求《反不正当竞争法（修订草案征求意见稿）》意见的公告，修订的内容包括新增商业秘密自我保护、行政保护和司法保护三位一体的商业秘密保护体系，并补充行政程序中的举证规则等条款，力图推动商业秘密保护工作再上新台阶。在实践中，商业秘密案件的审判质量和效率不断提高，笔者选取了 2022 年的典型案件，涉及在境外网络平台披露源代码、同时涉及植物新品种权和商业秘密的育种材料案、离职员工私自外发公司程序、技术秘密许可合同保密期限届满后被许可人的权利与义务、非法获取并使用客户清单、离职员工侵犯原雇主商业秘密、代理律师对其既往办理案件的披露以及商业秘密的认定等多个典型问题，其中的案例一、案例二还被选为 2022 年最高人民法院知识产权法庭典型案例。

笔者还关注了过去一年内商业秘密领域的重大事件：多个部门和机构通过印发政策文件为商业秘密保护提供指引，例如，国家市场监督管理总局印发《全国商业秘密保护创新试点工作方案》，为商业秘密保护试点工作开展提供详细指导。上海技术交易所发布《上海技术交易所企业商业秘密资产确权管理指引》，以响应国家市场监督管理总局《全国商业秘密保护创新试点工作方案》的号召。陕西省市场监督管理局发布《陕西省经营者加强商业秘密保护指引》，进一步提升陕西省商业秘密保护工作。另外，各地以多种形式助力商业秘密保护工作制度创新，例如，市场监管总局在京召开全国商业秘密保护百家企业圆桌会议、湖南自贸区率先推出知识产权“前置保护”新模式、江苏南通正式上线商业秘密保护“一站式”服务平台。此外，笔者还关注了 2022 年度商业秘密保护相关的重大案件，例如，天津成功办理全国首例以合理许可费确定损失数额的侵犯商业秘密刑事案件、湖南省首例侵犯国家级专精特新“小巨人”企业商业秘密犯罪案件、“球鞋黄牛”侵犯商业秘密案等重大案例。

在过去的一年，围绕提高商业秘密的治理水平和保护效能，各项工作有序开展。展望新的一年，在统筹推进知识产权强国建设的过程中，我们对中国商业秘密保护水平和能力的持续提升充满信心。

新法观察

《反不正当竞争法（修订草案征求意见稿）》[①]

2022 年 11 月 22 日，市场监管总局发布了关于公开征求《反不正当竞争法（修订草案征求意见稿）》（以下简称修订稿）意见的公告。本次修订稿在加快建设全国统一大市场的背景下出台，充分地考虑了新经济、新业态、新模式下经济活动的规制，其中即包括对商业秘密部分的进一步修订。

修订稿第十条在原有的商业秘密保护条款的基础上，额外新增了“国家推动建立健全商业秘密自我保护、行政保护、司法保护一体的商业秘密保护体系”的规定；第四十六条在原有的商业秘密举证规则条款的基础上，额外

① 张汉国律师，北京市海问律师事务所；陈桥律师，北京市海问（深圳）律师事务所。

新增了“商业秘密权利人认为其商业秘密受到侵犯，向市场监督管理部门举报侵权行为时，可以提供商业秘密以及侵权行为存在的初步证据”的规定。

以上两处关于商业秘密条款的修订，体现出了国家进一步加强商业秘密保护的决心。第十条的修订中，企业规范商业秘密内部管理制度等进行自我保护，可以事先预防商业秘密风险，行政部门通过行政保护可以发挥快速便捷处理案件的优势，及时响应企业的需求并提供保护，司法机关通过司法保护则更为严谨审慎地分析具体案件，确立严格的商业秘密保护；三位一体的商业秘密保护体系，能够助力商业秘密保护工作再上新台阶。第四十六条的修订则对应了第十条的修订，原有的商业秘密举证规则仅规定了在民事审判程序中的举证规则，新增的规定补上了在行政程序中的举证规则，符合三位一体的保护要求。然而，该两处修订暂时仅属于概括性的规定，还有待观察是否会进一步修订，以及在立法后实际操作中的具体法律适用的情况。

典型案例

一、深圳花儿绽放网络科技有限公司诉浙江盘兴数智科技股份有限公司、浙江盘石信息技术股份有限公司侵害技术秘密纠纷案[①][②]

案情聚焦

2018年10月，深圳花儿绽放网络科技股份有限公司（以下简称花儿公司）将其自主研发的“有客多”微信小程序开发工具软件源代码交付给合作方浙江盘兴数智科技股份有限公司（以下简称盘兴公司），授权其有偿使用该软件。后发现该套软件源代码被全部上传至GitHub公共存储库，并被多人复刻（fork）。上传行为人luxin212121即在境外平台上披露涉案信息的注册用户，所注册的真实身份信息存储于境外平台并归其管理，花儿公司通

---

① 李德成律师，北京金诚同达律师事务所；白露律师，北京金诚同达（深圳）律师事务所。

② 一审案号：(2019）粤03民初4519号；二审案号：(2021）最高法知民终2298号。

过包括 GitHub 平台在内的各种渠道无法获取侵权主体身份信息。经分析，披露的源代码包含了交付给盘兴公司的源代码。根据花儿公司与盘兴公司签署的《源代码授权合同》约定，员工泄露源代码公司应承担连带责任。花儿公司于 2019 年 10 月向广东省深圳市中级人民法院（以下简称深圳中院）以盘兴公司及其唯一股东浙江盘石信息技术股份有限公司（以下简称盘石公司）为共同被告提起了侵犯商业秘密之诉，请求判令两被告连带赔偿花儿公司经济损失及合理费用 5095 万元，并就其侵权行为刊登声明、消除影响。花儿公司主张“有客多”软件中 20 个技术点对应的 965 个源代码文件构成商业秘密，网络用户 luxin212121 将包含前述商业秘密的源代码发布到 GitHub 公共存储库和其他存储库，使不特定公众能够知悉。被披露的源代码中包含了大量盘兴公司和盘石公司的信息，盘兴公司与盘石公司应对其员工非法披露源代码的侵权行为承担连带责任。深圳中院于 2021 年 6 月 9 日作出了一审判决，认定原告主张的技术信息构成商业秘密，被告盘兴公司应对其员工“luxin212121”违反保密义务披露原告花儿公司源代码的行为承担连带责任。但因根据本案在案证据，不能证明被告对涉案源代码的披露具有恶意，故不应适用惩罚性赔偿，且根据现有证据难以确定原告因被告侵权而遭受的实际损失数额，也难以确定被告盘兴公司因侵权所获经济利益数额，故应当适用法定赔偿原则，判决盘兴公司赔偿花儿公司经济损失及合理维权费用共计 500 万元，盘石公司对前述金额承担连带责任。后双方当事人均不服一审判决，向最高人民法院提起上诉。最高人民法院于 2022 年 11 月 15 日判决驳回上诉，维持原判。

律师评析

笔者认为，案件的典型意义体现在三个方面：

1. 网络侵权结果地管辖条款扩大适用于商业秘密侵权案件

因本案侵害技术秘密行为的实施地和结果地均为互联网络，一、二审法院均认为应当属于信息网络侵权行为，侵权结果发生地即被侵权人住所地法院有管辖权；本案指导意义体现在将利用互联网发布直接侵害他人合法权益的信息的行为，除了针对信息网络传播权、名誉权以外，还扩大适用于侵害技术秘密的行为；

2. 根据优势证据规则和日常生活经验法则确定侵权主体

因非法披露涉案软件源代码的行为发生在境外的 GitHub 共享平台上，无直接证据证明用户“luxin212121”是被告公司员工，公司没有实施披露行为的动机也无利益可图，因此本案证据组织工作特别重要。除证明披露源代码包含大量被告公司域名、官网链接、办公地址、客服电话等外部人员可获知的信息外，还要成功地证明包含诸多仅由被告公司自身掌控的参数信息，为此被告公司应做而未能做出合理解释。

3. 作为被诉公司唯一股东盘石公司被判承担连带责任

最高人民法院认为作为唯一股东通过其子公司有实际接触涉案源代码的可能，结合本案证据确认系由两公司的员工实际披露了涉案软件源代码，即便涉案软件源代码系公司员工违背公司意愿而对外披露，因公司未采取相应足够的保密措施，亦应对披露涉案技术秘密的行为造成的侵权结果承担责任。又依据《公司法》第六十三条规定，一人有限责任公司的股东不能证明公司财产独立于股东自己的财产的，应当对公司债务承担连带责任，故维持原判。

除此以外，本案在如下几个方面很值得深入探讨：

（1）区分软件源代码披露行为与披露源代码的持续行为有何不同，可能产生的实质影响；

（2）非法披露行为导致源代码为公众所知悉的损失认定方法；

（3）评估软件源代码技术秘密商业价值的判断依据和参考因素；

（4）公司对员工披露源代码侵权行为承担法律责任的依据；

（5）披露软件源代码的侵权行为与违反保密条款违约责任之间的关系问题；

（6）适用惩罚性赔偿的必要性与重要意义以及此类案件对我国信息安全产生的影响等。

二、河北华穗种业有限公司诉武威市搏盛种业有限责任公司侵害技术秘密纠纷案①②

案情聚焦

河北华穗种业有限公司（以下简称华穗种业公司）于 2020 年 9 月向甘肃省兰州市中级人民法院（以下简称兰州中院）起诉武威市搏盛种业有限责任公司（以下简称搏盛种业公司），请求判令搏盛种业公司立即停止侵害华穗种业公司“W68”玉米自交系亲本种子技术秘密，将库存的“W68”交还华穗种业公司；判令搏盛种业公司赔偿经济损失 150 万元并承担本案的保全费、差旅费、律师费、鉴定费及诉讼费等。

“万糯 2000”玉米品种先后于 2014 年、2015 年经上海市农作物品种审定委员会、河北省农作物品种审定委员会、广东省农作物品种审定委员会、原农业部国家农作物品种审定委员会审定为市、省、国家级农作物品种，被原农业部授予植物新品种权。审定证书记载：“万糯 2000”品种来源为“W67”×“W68”；品种权申请日为 2012 年 6 月 11 日；育种者为郭某臣、郭某；品种权号为 CNA20120515. 0；品种权人为河北省万全县（现万全区）华穗特用玉米种业有限责任公司（华穗种业公司曾用名）。华穗种业公司制定了一系列保密制度，规定公司的育种技术资料、育种样品、育种亲本、繁殖材料等属于公司秘密，不得泄露。并与育种者等员工签订了保密协议，约定其在任职期间及离职后的一定期间对种子育种方法、育种亲本、用于繁育种子技术材料、繁殖材料等商业秘密进行保密，离职时应将所持有的所有商业秘密资料等物品移交指定人员并办妥相关手续，否则承担违约责任。华穗种业公司在与案外人甘肃金源种业股份有限公司（以下简称金源种业公司）签订的《委托繁育合同》中约定，金源种业公司按计划生产的合格种子全部交给华穗种业公司，不得截留和自行销售，否则承担违约责任，金源种业公

① 李德成律师，北京金诚同达律师事务所；白露律师，北京金诚同达（深圳）律师事务所。

② 一审案号：(2020) 甘 01 知民初 61 号；二审案号：(2022) 最高法知民终 147 号。

司对华穗种业公司提供的自交系亲本种子要负责保密，不得向外扩散。一审法院委托鉴定机构将兰州市凉州区法院从博盛种业公司证据保全调取的玉米样品和从农业农村部申请提取的“万糯 2000”的父本“W68”标准样品进行品种真实性鉴定。北京玉米种子检测中心作出了检验结论为极近似或相同的检验报告。搏盛种业公司在一审中陈述证据保全的玉米种子系“白糯913”，为其申请了植物新品种权的“盛甜糯 9 号”的亲本，但未申请将两者进行品种真实性鉴定。一审法院认为，当杂交种被授予植物新品种权后，杂交种的繁殖材料即受品种权保护，而杂交种的亲本，因其包含杂交种的遗传信息，属于技术信息，在符合秘密性等法定条件下属于商业秘密，应当受到保护。本案所涉植物新品种“万糯 2000”系玉米杂交种，其父本“W68”及母本“W67”作为“万糯 2000”的亲本，属于反不正当竞争法规定的技术信息。本案没有证据显示“W68”系普通玉米品种，已在行业内被公开，为玉米育种领域的相关人员所普遍知悉，且华穗种业公司提交证据证明其通过与玉米新品种“万糯 2000”的育种人、公司高管、委托制种企业签订保密协议，制定公司保密制度等方式对“W68”技术信息采取了保密措施。故一审法院认定“W68”玉米品种属于未公开的技术秘密，判决搏盛种业公司立即停止使用玉米植物新品种“万糯 2000”的父本“W68”技术秘密的行为，将库存的“W68”玉米种子交还华穗种业公司，赔偿经济损失及维权合理开支 150. 5 万元。

搏盛种业公司不服一审判决上诉至最高人民法院，并在二审期间提交了两组新证据，用以证明存在不同的主体同时选育相同亲本繁殖材料，并以不同名称命名、组培、生产杂交种的事实，“万糯 2000”的亲本组合未对外公开亦未允许第三方使用的所谓秘密事实并不存在。华穗种业公司在二审期间提交了 4 份证据，分别为：2019 年金源种业公司与某村民委员会签订的《甘肃省农作物种子生产合同》；2020 年金源种业公司与甘肃省某村民委员会签订的《甘州区玉米种子生产合同书》；《甘肃省农作物种子生产基地管理办法》和“万糯 2000”的《品种选育报告》等。用以证明华穗种业公司已经对“W68”采取了合理的保密措施，“万糯 2000”品种来源为“W67”×

"W68"，"W68"是用万 6 选系与万 2 选系杂交后，经自交六代选育而成。最高人民法院经审理认为一审判决认定事实清楚，适用法律正确，于 2022 年 11 月 2 日判决驳回上诉，维持原判。

律师评析

最高人民法院审理的该起育种材料商业秘密案，对于综合运用植物新品种权和商业秘密等知识产权方式对育种过程和成果有效实施保护具有示范作用。笔者认为，本案有几个方面值得关注。

1. 在无相反证据的情况下，合法持有涉案技术秘密的主体应当被认定为涉案技术秘密的开发者或权利人

二审中搏盛种业公司认为华穗种业公司主张"万糯 2000"自 2010 年开始生产至今，但仅提交了 2016 年、2018 年、2020 年、2021 年的《委托繁育合同》，不能证明其为本案"W68"亲本的权利人，无权提起本案侵权之诉。对此，最高人民法院认为该抗辩不能成立，并在判决中做分析：

玉米育种主要包括自交系育种和杂交种育种，在杂交种的选育中，通常以利用杂种优势为主，从选育自交系开始。选育出优良的自交系是选育出优良杂交种的基础。对于玉米自交系的选育而言，一般从玉米单株开始，经过连续多代自交结合选择出具有一致性状以及遗传上相对稳定的自交后代系统，通常需要经过连续 5—7 代的自交和选择，并通过产量测试从而保证其产量和品质的优势。选育自交系的基本材料可以来自地方品种、各种类型的杂交种综合品种以及经过改良的群体，也可以选择杂交种后代选育出的自交系，采用哪一种基本材料与育种单位所拥有的种质资源基础、育种目标、育种者的经验和技术水平有关。本案中，"万糯 2000"品种审定公告记载，"W68"和"W67"组配的"万糯 2000"品种的选育人为华穗种业公司，搏盛种业公司亦认可"W68"是在万 6 选系和万 2 选系杂交基础上经过自交六代形成的自交系。从华穗种业公司以"W68"作为亲本进行组配选育"万糯 2000"，并合法持有"W68"和"W67"组配的"万糯 2000"品种，以及"W68"是在万 6 选系和万 2 选系杂交基础上经过了长达六代进行自交选择的事实可以推定，选育“W68”的基本材料来源于育种单位华穗种业公司所持有的种质资源，在无相反证据的情况下，结合玉米杂交育种领域常规做法，可以初步证明华穗种业公司为“万糯2000”父本自交系“W68”的育种开发者或权利人。因此，在无相反证据的情况下，华穗种业公司有权针对“万糯2000”的亲本“W68”提起侵权之诉。

2. 单方委托的《检验报告》检材来源不详，与所主张的待证事项缺乏关联性，其抗辩理由不被采信

二审中搏盛种业公司提交了其自行委托的检验报告和公证书，拟证明“万糯2000”与案外品种“农科糯336”使用的是同一个亲本，由此主张“万糯2000”的亲本是他人选育，而非华穗种业公司，华穗种业公司作为本案原告的主体不适格，同时认为“W68”属于公共资源等。

最高人民法院认为，当事人自行委托机构出具的检验报告，应当对检测程序的合法性、检测方法的科学性以及对照样品的真实性等进行审查。本案中，搏盛种业公司提交的检验报告所涉育种亲本样品来源不详，通过杂交种检测育种亲本来源的检验事项与该检验所依据的品种真实性和纯度的检验事项不同。该检验报告缺乏来源可靠的检材，且与搏盛种业公司所主张的待证事项之间缺乏关联性，不能够证明“万糯2000”的亲本“W68”是“农科糯336”的亲本，认定该检验报告不具有证明力，不予采纳。

3. 杂交种的亲本承载有育种者对自然界的植物材料选择驯化或对已有品种的性状进行选择而形成的特定遗传基因，属于商业秘密保护的客体

搏盛种业公司主张，只有与亲本相关的育种技术信息才属于商业秘密，“W68”作为亲本不属于商业秘密的保护客体。最高人民法院认为，作物育种过程中形成的育种中间材料、自交系亲本等，不同于自然界发现的植物材料，是育种者付出创造性劳动的智力成果，承载有育种者对自然界的植物材料选择驯化或对已有品种的性状进行选择而形成的特定遗传基因，该育种材料具有技术信息和载体实物兼而有之的特点，且二者不可分离。通过育种创新活动获得的具有商业价值的育种材料，在具备不为公众所知悉并采取相应保密措施等条件下，可以作为商业秘密依法获得法律保护。

4. 植物新品种和商业秘密两种制度在权利产生方式、保护条件、保护范围等方面存在差异，权利人可以根据实际情况选择不同保护方式

本案判决书进一步指出：植物新品种和商业秘密两种制度在权利产生方式、保护条件、保护范围等方面都存在差异，权利人可以根据实际情况选择不同保护方式。在作物育种过程中，符合植物品种权保护条件的育种创新成果，可以受到植物新品种权制度的保护。同时，杂交种的亲本等育种材料符合商业秘密保护要件的，可以受到反不正当竞争法的兜底保护。将未获得植物新品种保护的育种创新成果在符合商业秘密的条件下给予制止不正当竞争的保护，是鼓励育种创新的必然要求，也是加强知识产权保护的应有之义。笔者也曾撰文《涉植物新品种与商业秘密被侵权纠纷的问询要点——以先正达为例》建议上市审核机构在审查种业公司时，除了关注植物新品种权还要关注该类企业对商业秘密的合规管理。①

5. 主张涉案杂交种亲本已作为商品进行公开销售以及公示亲本代号的行为致使丧失秘密性，对此有提供证据予以证明的责任

搏盛种业公司上诉称，华穗种业公司及其利害关系人已经将“W68”作为产品销售，华穗种业公司委托种子繁育公司的制种行为导致“W68”成为商品被农民公开销售，以及“万糯 2000”审定公告对“W68”及其来源的披露，致使“W68”已经为公众所知悉，因此“W68”不属于商业秘密。对此，最高人民法院认为，亲本是育种者最为核心的育种材料，通常不会进行公开买卖销售。育种者通常会委托种子繁育公司扩繁亲本进行制种，但委托制种的行为并非销售亲本的行为。《民事诉讼法》（2021 年修正）第六十七条第一款规定，当事人对自己提出的主张，有责任提供证据。搏盛种业公司主张华穗种业公司将“W68”作为商品进行公开销售，对此有提供证据予以证明的责任，但搏盛种业公司未提交任何证据加以证明。在二审庭审中，搏

---

① 参见李德成、白露：《科创板技术秘密审查与技术秘密刑事保护》，法律出版社 2022 年版，第 69 页。

盛种业公司称可以在市场上随时购买到“W68”种子，但明确拒绝向法院提供销售“W68”种子的主体信息，既难以证明其所称的可以通过市场购买得到的种子即为“W68”种子，又难以证明该购买渠道合法。搏盛种业公司对于其主张“W68”属于公开销售的品种或者“W68”已被推广应用的事实并未举证证明，因此不足以证明“W68”已经脱离了华穗种业公司的控制，处于公众容易获得的状态。“W68”作为商业秘密保护的客体是否为公众所知悉，应当以其是否为所属领域的相关人员普遍知悉和容易获得为标准，同时是否为公众所知悉的对象应当是指具体的技术信息内容，而非只是技术信息的名称或代号。权利人对育种材料的实际控制是利用其遗传信息进行育种的关键，尚未脱离权利人实际控制、依法采取保密措施的育种材料难以满足为所属领域的相关人员普遍知悉和容易获得的构成要件，即具有秘密性。

6. 在被诉侵权行为发生以前采取了合理保密措施，在正常情况下足以防止商业秘密泄露的，应当认定采取“相应的保密措施”

在认定保密措施时，应当考虑保密措施与商业秘密的对应程度。本案中，对内华穗种业公司有保密制度，规定了公司育种技术资料、育种样品以及育种亲本等繁殖材料属于公司秘密，不得泄露，规定了公司相关人员在任职期间以及离职后的一定期间对种子育种方法、育种亲本以及用于繁育种子的技术资料、繁殖材料等商业秘密进行保密，离职时应当将自己持有的所有商业秘密资料等物品移交指定人员并办妥相关手续，否则承担违约责任；对外华穗种业公司与委托制种的案外人金源种业公司签订《委托繁育合同》约定，繁育品种名称予以代号，金源种业公司按计划生产的合格种子全部交给华穗种业公司，不得截留和自行销售，并对华穗种业公司提供的自交系负责保密，不得向外扩散。在金源种业公司委托前述村民委员会制种的繁育合同中，约定亲本种子不外流、不自留。法院认为，上述避免亲本被他人非法盗取、获得及不正当使用的保密措施，符合商业秘密法定构成要件的“相应的保密措施”。

7. 权利人已完成证明其权利被侵害的初步举证责任，被控行为人负有主张涉案杂交亲本是其合法获得或自主繁育取得的证明义务

本案中，华穗种业公司提供了证据保全获得的被诉侵权玉米果穗并提交了鉴定，鉴定结论证明被诉侵权种子与“W68”分子检测位点一致，其已完成证明其权利被侵害的初步举证责任。本案依据《反不正当竞争法》第三十二条第一款的规定，搏盛种业公司应证明其不侵权。搏盛种业公司上诉称被诉侵权种子是其合法取得，用于科研活动的繁殖材料。最高人民法院认为，首先，搏盛种业公司对被诉侵权种子是其合法获得或者通过自主繁育取得的主张有责任提供证据证明，但其未提供；其次，搏盛种业公司也没有提交与被诉侵权种子相关的任何育种计划、育种记录或者委托育种合同证明其是用于科研活动；最后，搏盛种业公司有意隐瞒被诉侵权种子的真实信息。故综合作物选择育种的基本情况，足以认定被诉侵权种子是搏盛种业公司采取不正当手段获取“W68”后扩繁生产而来，该行为属于《反不正当竞争法》第九条第一款第一项、第二项规定的侵犯商业秘密行为。

8. 涉案杂交亲本是侵权产品同时也是被侵犯商业秘密技术信息的载体，判决其生产库存种子交付给权利人合理合法

本案中最高人民法院认为搏盛种业公司的行为已经构成对华穗种业公司商业秘密的侵害，依法应当承担停止侵害、赔偿损失等民事责任。由于搏盛种业公司生产的库存“W68”玉米种子，作为反不正当竞争法保护的商业秘密，具有技术信息和载体实物兼而有之的特点。依据《最高人民法院关于审理侵犯商业秘密民事案件适用法律若干问题的规定》第十八条的规定，权利人请求判决侵权人返还或者销毁商业秘密载体，清除其控制的商业秘密信息的，人民法院一般应予支持。最高人民法院维持了一审判令搏盛种业公司将其库存“W68”玉米种子全部交还给华穗种业公司的判决结果。

三、北京心果科技有限公司诉解某雄、万源汇康公司侵犯经营秘密纠纷案①②

案情聚焦

北京心果科技有限公司（以下简称心果公司）是互诚信息技术（上海）有限公司（以下简称互诚公司）的信息技术支持服务商。心果公司的项目对接人为解某雄。解某雄在任职期间利用对接人的身份和协议续约机会擅自将服务主体由心果公司换成万源汇康公司，并在万源汇康公司名称后冠以心果公司的“心果”字号提交合同审批并促成互诚公司与万源汇康公司签订合同。“大众点评”平台内部将万源汇康公司作为心果公司的关联主体纳入合作范围。该合作持续到解某雄从心果公司离职。万源汇康公司就“大众点评”信息服务项目获得收益 637 万元。本案涉及的商业秘密是心果公司与“大众点评”平台信息服务项目的合同内容和客户信息。

心果公司向北京市西城区人民法院（以下简称一审法院）起诉解某雄和万源汇康公司（以下简称两被告），请求两被告连带赔偿心果公司经济损失 637 万元及合理支出 5 万元。一审法院认为解某雄与万源汇康公司共同侵犯了心果公司的商业秘密且构成混淆的不正当竞争行为，酌定解某雄、万源汇康公司共同赔偿心果公司经济损失 350 万元和合理开支律师费 5 万元。后解某雄不服一审判决向北京知识产权法院提起上诉。二审法院驳回上诉，维持原判。

本案中，解某雄在对接合同业务时，实施了故意混淆心果公司和万源汇康公司是两个不同主体的行为。解某雄使用心果公司与“大众点评”平台信息服务项目的合同内容和客户信息等商业秘密更换合作主体签订合同，法院认为同时构成《反不正当竞争法》第六条第四项规定的“其他足以引人误

---

① 李德成律师，北京金诚同达律师事务所；白露律师，北京金诚同达（深圳）律师事务所。

② 一审案号：（2021）京 0102 民初 6218 号；二审案号：（2021）京 73 民终 3593 号。

认为是他人商品或者与他人存在特定联系的混淆行为”和《反不正当竞争法》第九条第三款规定的侵犯商业秘密的行为。在此仅对侵犯商业秘密部分进行讨论，对于混淆的不正当竞争行为不做评述。

律师评析

本案中，万源汇康公司与互诚公司签订的合同约定结算方式为实际合作完成后进行结算，由万源汇康公司向互诚公司发送服务费结算单，心果公司主张按照万源汇康公司就“大众点评”信息服务项目所获得的收益637万元或者心果公司此前与互诚公司、汉诚公司（与三块技术合并后改名互诚公司）3235.895638万元的交易流水计算经济损失。

一审法院认为，依据万源汇康公司收益和此前心果公司的交易流水作为赔偿依据均不合理。万源汇康公司仅取得交易机会，收益多少取决于服务的质量和效果，其所获得的收益并不完全依赖交易机会的取得，因此依据收益赔偿损失不合理；在案证据不能证明因万源汇康公司与互诚公司的合作造成互诚公司与心果公司合作终止，心果公司此前的交易流水也是通过提供技术服务而取得，故其与互诚公司、汉诚公司之间的交易流水并不等同于其所遭受的损失。在案证据不能证明原告因涉案侵权行为所遭受的经济损失，也不能证明两被告侵权行为的获利。因此，一审法院没有以万源汇康公司就该项目的收益或心果公司此前该项目的项目流水作为损失赔偿的依据，仅将其作为考量因素，酌定两被告共同赔偿心果公司经济损失350万元。

笔者认为，根据《反不正当竞争法》第十七条的规定[①]，“实际损失难以计算的，按照侵权人因侵权所获得的利益确定”，本案万源汇康公司因该信息服务合同所获利益可以作为赔偿数额的依据。解某雄在任职期间恶意披

---

① 《反不正当竞争法》第十七条第三款规定：“因不正当竞争行为受到损害的经营者的赔偿数额，按照其因被侵权所受到的实际损失确定；实际损失难以计算的，按照侵权人因侵权所获得的利益确定。经营者恶意实施侵犯商业秘密行为，情节严重的，可以在按照上述方法确定数额的一倍以上五倍以下确定赔偿数额。赔偿数额还应当包括经营者为制止侵权行为所支付的合理开支。”

露并非法使用心果公司的经营秘密，万源汇康公司明知解某雄为违反保密义务向其披露心果公司的经营秘密，仍然非法使用窃取了心果公司的续约机会，心果公司因前述主体侵犯商业秘密的行为产生了实际损失，该损失与侵权行为存在必然因果关系。根据《最高人民法院关于民事诉讼证据的若干规定》第九十五条①，万源汇康公司经一审法院释明后，未在法定期间提交其财务账簿等财务凭证，致使具体获利数额不能查实。其应当依法承担不提供相关证据的不利后果。另司法实践对恶意侵权或以侵权为业的主体，一般可按照销售利润②认定赔偿数额，本案被告无合理理由不提供销售成本财务凭证，且明显存在恶意，故笔者认为以其所得收益637万元减去相应税金认定赔偿数额是合理的。

四、大连倍通数据平台管理中心诉崔某吉侵犯技术秘密纠纷案③④

案情聚焦

原告大连倍通数据平台管理中心（以下简称大连倍通）成立于2017年，经营范围包括数据处理、数据调研和商业项目服务等。2019年7月，原告大连倍通与被告崔某吉签订《劳动合同书》《保密协议书》，聘其在管理岗位工作，并发放载有商业秘密保护及保密义务内容的《员工手册》。崔某吉在大连倍通工作期间负责组织技术团队开发“爬虫平台”项目。该项目是大连倍通针对医药企业特定目的和特殊要求开发的，包含计算机程序及相关技术信息等。2019年9月至12月期间的开发成本为25.2万元。2019年11月20

---

①《最高人民法院关于民事诉讼证据的若干规定》第九十五条规定：“一方当事人控制证据无正当理由拒不提交，对待证事实负有举证责任的当事人主张该证据的内容不利于控制人的，人民法院可以认定该主张成立。”

② 销售利润=销售收入-销售成本-税金及附加费用。

③ 李德成律师，北京金诚同达律师事务所；白露律师，北京金诚同达（深圳）律师事务所。

④ 一审案号：（2021）辽02民初174号；二审案号：（2021）最高法知民终1687号。

日，经协商一致，原、被告双方签署《解除劳动合同协议书》《离职保密协议》。2019 年 12 月 4 日至 17 日，崔某吉未经原告准许，将存有“爬虫平台”的数据库文件、系统运行程序文件、源代码和配置文件等保密数据信息，通过公司电子邮箱发送至个人邮箱。电子邮件下载列表包括 design 文件夹、web2data 文件夹和 crawler_ v1 文件夹等。2019 年 12 月 19 日，崔某吉与大连倍通签署《倍通数据集团关于信息外泄处置协议》（以下简称《信息外泄处置协议》），确认泄密行为并删除了崔某吉电子邮箱中的上述信息。

大连倍通向辽宁省大连市中级人民法院（以下简称一审法院）对崔某吉提起技术秘密侵权诉讼，请求判令立即停止侵害技术秘密，不得以任何目的、任何形式使用及传播原告的技术秘密；请求判令被告赔偿原告经济损失 50 万元并承担原告律师费。2021 年 1 月 29 日一审法院受理了本案，2021 年 6 月 30 日作出一审判决，认定构成侵犯商业秘密，判决立即停止侵害行为，赔偿包括制止侵权行为所支付的合理开支在内的损失共计 5 万元，驳回其他诉讼请求。

原、被告双方均不服一审判决提起上诉，最高人民法院于 2021 年 9 月 13 日立案，2021 年 11 月 3 日开庭询问，2022 年 3 月 14 日作出二审判决：禁止崔某吉披露、使用或者允许他人使用涉案技术秘密，直至该技术秘密为公众知悉时止并赔偿经济损失 25 万元及制止侵权行为所支付的合理开支。

律师评析

1. 涉案技术尚未投入市场，外发电子邮件仅为程序片段以及技术曾用于违法活动等抗辩事实，对认定构成技术秘密是否产生影响

涉案技术信息为爬虫平台的数据库设计，包括系统架构、数据库架构、系统运行程序、系统源代码和系统运行配置文件等。崔某吉确认外发电子数据包括爬虫平台的部分数据库文件、部分系统运行程序文件、部分源代码和配置文件，同时抗辩称，外发文件仅为程序片段，不是独立运行的程序，爬

虫技术是违法技术不应受法律保护等。一、二审法院分别从价值性、秘密性、保密措施和合法性等几个方面对涉案技术信息是否构成技术秘密做了分析，值得关注：（1）关于外发电子邮件并非大连倍通“爬虫平台”项目全部数据的抗辩事由。大连倍通在诉讼中已明确了请求保护的技术信息载体和具体内容。崔某吉也确认外发电子邮件包括大连倍通主张的三个密点，至于是否涵盖“爬虫平台”的全部数据，不影响涉案行为性质的认定。（2）关于涉案技术信息秘密性的分析判断。涉案技术信息是大连倍通付出创造性劳动而获得的成果，聘用崔某吉在内的多名技术人员组成团队共同开发该项目，仅4个月就投入成本25.2万元。涉案技术信息凝聚了研发人员的智力成果，并非所属领域相关人员普遍知悉和容易获得。崔某吉为获得涉案技术信息，违反公司严格的保密规定以采取外发邮件的方式获取，显然并非所属领域人员普遍知悉的平台或渠道，也反证了不为公众普遍知悉的事实。大连倍通已尽到初步的举证责任，证明涉案技术信息不为公众所知悉。崔某吉虽然主张涉案技术信息具有公知性、已被普遍使用，但并未提交反证予以证明。所称爬虫技术的概念、分类、功能和策略等文字叙述材料可以通过互联网等公开渠道获得，并不意味着涉案技术信息为公众所知悉。（3）涉案技术虽然尚未投入市场但不影响认定具有价值性。涉案技术信息是大连倍通向医药企业提供技术支持针对特定目的和行业要求而开发的计算机程序和相关技术信息，能够降低工作成本，缩短工作时间，增强竞争优势，具有实用性。虽然该技术尚未投入市场应用，但是从该技术的开发目的、技术功能和投入成本等各方面看，具有潜在的商业价值。（4）爬虫技术曾被用于违法活动不等于该技术本身有违法性。二审中崔某吉提交了网页新闻等证据拟证明爬虫技术不应受法律保护。最高人民法院认为，即使爬虫技术曾被用于违法活动，但并不等于该项技术本身具有违法性，且崔某吉也未举证证明涉案技术信息是违法信息。

2. 将技术秘密信息从公司邮箱外发至个人邮箱的行为，定性为“盗窃”还是“以其他不正当手段获取”之讨论

一审法院认为，被告崔某吉的行为构成《反不正当竞争法》第九条规定，所禁止的“以其他不正当手段获取权利人的商业秘密”侵权行为。主要理由为被告崔某吉明知原告严格的保密管理规范和对涉案技术信息限制使用、传播的要求，及其自身所负的保密义务，仍未经许可将涉案技术秘密转移至非原告所有和控制的电子邮箱，使涉案技术秘密面临被披露和使用的风险，且对该转移信息的行为未能作出合理解释。因此，被告的行为构成“以其他不正当手段获取权利人的商业秘密”行为。最高人民法院认为，被告崔某吉的行为构成以“盗窃”手段获取他人商业秘密的行为。根据《反不正当竞争法》第九条第一款第一项和第二款的规定①，如果行为人未经技术秘密权利人许可，以复印、照相、发送邮件等方式窃取权利人的技术秘密，使该技术秘密脱离权利人的原始控制，则行为人构成以盗窃手段获取他人商业秘密。行为人在实施窃取权利人技术秘密行为之前是否合法知悉该技术秘密，对该盗窃行为的定性不产生影响。崔某吉明知保密规定，仍然违反大连倍通的保密要求和管理规定，在其不知情的情况下将含有涉案技术信息的文件通过电子邮件发送至私人邮箱，致使涉案技术信息脱离大连倍通的原始控制，使涉案技术信息存在可能被披露和使用的风险，该行为构成以盗窃手段获取他人商业秘密的行为。本案将该行为定性为盗窃，笔者是认同的，但下文中有几个问题值得讨论并希望能够引起重视。

---

① 《反不正当竞争法》第九条规定：“经营者不得实施下列侵犯商业秘密的行为：(一) 以盗窃、贿赂、欺诈、胁迫、电子侵入或者其他不正当手段获取权利人的商业秘密；(二) 披露、使用或者允许他人使用以前项手段获取的权利人的商业秘密；(三) 违反保密义务或者违反权利人有关保守商业秘密的要求，披露、使用或者允许他人使用其所掌握的商业秘密；(四) 教唆、引诱、帮助他人违反保密义务或者违反权利人有关保守商业秘密的要求，获取、披露、使用或者允许他人使用权利人的商业秘密。经营者以外的其他自然人、法人和非法人组织实施前款所列违法行为的，视为侵犯商业秘密。第三人明知或者应知商业秘密权利人的员工、前员工或者其他单位、个人实施本条第一款所列违法行为，仍获取、披露、使用或者允许他人使用该商业秘密的，视为侵犯商业秘密。本法所称的商业秘密，是指不为公众所知悉、具有商业价值并经权利人采取相应保密措施的技术信息、经营信息等商业信息。”

3. 将违约金作为认定技术秘密侵权赔偿损失数额的参考因素，值得在类似的案件中学习借鉴

大连倍通未能提供证据证明因被侵权所受到的实际损失及被告因侵权的获利，仅以数据技术部的成本为依据主张法定赔偿。一审法院结合大连倍通涉案技术秘密的性质、研究开发成本、创新程度和能够带来的竞争优势，以及被告崔某吉的主观过错、侵权行为的性质和情节等因素，酌定崔某吉赔偿大连倍通包括制止侵权行为所支付的合理开支在内的损失5万元。

最高人民法院根据《反不正当竞争法》第十七条第三款、第四款[①]和《最高人民法院关于审理侵犯商业秘密民事案件适用法律若干问题的规定》[②]（以下简称《商业秘密民事司法解释》）第二十条第二款的规定，综合考虑商业秘密的性质、商业价值、研究开发成本、创新程度、能带来的竞争优势以及侵权人的主观过错、侵权行为的性质、情节和后果等因素，确定本案的赔偿数额。考量了涉案技术秘密的开发成本，侵权人具有主观恶意，特别是权利人与侵权人事前在保守商业秘密条款中约定的侵权损害赔偿数额等因素。《保密协议书》约定：公司数据库、系统源代码及内含资料等文件资料属于公司的绝密级秘密，并约定大连倍通每月向崔某吉支付保密工资作为其保守公司商业秘密的补偿金；若崔某吉违反以上协议，侵犯大连倍通绝密秘

---

① 《反不正当竞争法》第十七条规定：“经营者违反本法规定，给他人造成损害的，应当依法承担民事责任。经营者的合法权益受到不正当竞争行为损害的，可以向人民法院提起诉讼。因不正当竞争行为受到损害的经营者的赔偿数额，按照其因被侵权所受到的实际损失确定；实际损失难以计算的，按照侵权人因侵权所获得的利益确定。经营者恶意实施侵犯商业秘密行为，情节严重的，可以在按照上述方法确定数额的一倍以上五倍以下确定赔偿数额。赔偿数额还应当包括经营者为制止侵权行为所支付的合理开支。经营者违反本法第六条、第九条规定，权利人因被侵权所受到的实际损失、侵权人因侵权所获得的利益难以确定的，由人民法院根据侵权行为的情节判决给予权利人五百万元以下的赔偿。”

② 《最高人民法院关于审理侵犯商业秘密民事案件适用法律若干问题的规定》第二十条规定：“权利人请求参照商业秘密许可使用费确定因被侵权所受到的实际损失的，人民法院可以根据许可的性质、内容、实际履行情况以及侵权行为的性质、情节、后果等因素确定。人民法院依照反不正当竞争法第十七条第四款确定赔偿数额的，可以考虑商业秘密的性质、商业价值、研究开发成本、创新程度、能带来的竞争优势以及侵权人的主观过错、侵权行为的性质、情节、后果等因素。”

密的，应当向大连倍通赔偿 50 万至 100 万元。本案为侵害技术秘密纠纷，该约定属于双方就侵权损害赔偿达成的事前约定，且崔某吉根据这一约定在工作期间每月可以获得相应的保密工资，故在崔某吉违反相关约定时，可以将双方约定的侵权赔偿数额作为确定本案侵权损害赔偿的重要参考因素。综上，改判崔某吉赔偿经济损失 25 万元。

4. 提起技术秘密侵权诉讼与《信息外泄处置协议》对新侵权行为进一步追诉的约定并不冲突

崔某吉上诉称，双方在《信息外泄处置协议》中已经达成和解，大连倍通已经处罚崔某吉，无权再起诉。该抗辩未被支持，对此最高人民法院分析如下：首先，《信息外泄处置协议》是崔某吉作出的关于销毁文件、不得扩散和使用相关泄露内容的承诺，是其就信息外泄行为作出的承诺，不足以证明大连倍通放弃追究被诉侵权行为的法律责任。其次，《信息外泄处置协议》约定"若泄露内容对倍通数据造成利益损失，大连倍通保留进一步追诉的权利"。这是就崔某吉的披露、使用、允许他人使用权利人技术秘密等违法行为保留追诉权利的约定内容，提起本诉并不违反约定。最后，崔某吉提出的大连倍通拒付部分安全合规工资及补偿金的行为属于大连倍通依据双方保密约定作出的行为，由此产生的争议属于劳动争议纠纷，与本案中承担《反不正当竞争法》下的侵权责任属于不同的法律关系，并不矛盾。

5. 定性"盗窃"或"以不正当手段获取"对民事案件并无实质性影响

笔者注意到，在（2020）最高法民申 3388 号再审案（以下简称"3388 号案"）中，最高人民法院对员工在离职前将技术秘密从办公邮箱拷贝至个人邮箱的行为明确定性为"以不正当手段获取"商业秘密的行为，与本案明显不同。如果崔某吉以涉案侵权行为定性问题导致适用法律错误为由申请再审，最高人民法院民三庭是否会按照"3388 号案"的思路改判。这是一个值得关注的问题。笔者希望不要改判，因为就本案而言在适用法律的问题上没有实质影响。根据《反不正当竞争法》第九条第一款规定，"盗窃"也是属于"不正当手段获取"中的一种，亦即行为类型法定化，性质可谓相当无所谓孰轻孰重。具体到本案是一、二审院在认定赔偿数额时均没有将行为定性作为民事责任和判赔的考量因素。对本案再审改判确无必要。然而，将本案的行为定性为盗窃是具有积极意义，是值得肯定的。2020 年 6 月 29 日，笔者代表中华全国律师协会知识产权专业委员会起草《关于〈最高人民法院关于审理侵犯商业秘密纠纷民事案件应用法律若干问题的解释〉（征求意见稿）修改建议》，提出：被诉侵权人违反法律规定、明显违反公认的商业规则，或者员工违反了权利人所采取的第×条（×）项保密措施，获取权利人的商业秘密的，人民法院应当认定属于反不正当竞争法第九条第一款所称的以其他不正当手段获取权利人的商业秘密。并阐明修改的理由：员工在职期间合法获取商业秘密，但未按照与公司的协议约定或公司制度规定，于离职时未主动返还、删除、销毁其接触或者获取的商业秘密及其载体商业秘密而带走的，应属于以其他不正当手段获取权利人的商业秘密。很遗憾上述建议没有被《商业秘密民事司法解释》采纳。笔者调研深知技术秘密信息（载体）脱离权利人控制，多因员工违规产生，也是引发一系列技术秘密侵权和犯罪行为的诱因，从根上确实需要明确并强化行为本身的不法性而不仅仅是违约或违规的具体体现。

6. 民事案件定性为盗窃，希望能够在形成共识的前提下对技术秘密刑事案件产生积极的影响

根据林广海和许常海在《人民司法》2020 年第 34 期发表的《〈关于办理侵犯知识产权刑事案件具体应用法律若干问题的解释（三）〉的理解与适用热点关注》（该文以下简称《解释的适用》，该司法解释以下简称《解释（三）》）一文，在侵犯商业秘密罪“其他不正当手段”的认定中提到：

实践中，行为人为非法获取商业秘密，多采用偷拍偷录、复印记录或者未经授权、超越授权进入计算机信息系统拷贝、下载等方式秘密窃取，《解释（三）》第三条第一款将该类行为明确规定为《刑法》第二百一十九条第一款第一项的“盗窃”[①]，突出打击重点。《解释（三）》第三条第二款采纳了《反不正当竞争法》第九条的内容，明确规定“贿赂、欺诈、电子侵入”属于“其他不正当手段”。适用本条应当注意：一是《刑法》第二百一十九条第一款第一项规定的“以盗窃、贿赂、欺诈、胁迫、电子侵入或者其他不正当手段获取权利人的商业秘密的”，规制的是“不正当获取行为”本身，故其他不正当手段的性质应当与盗窃、利诱、胁迫相当，行为本身即是不法行为；二是认定“以不正当手段获取商业秘密”的前提是，行为人此前并不掌握、知悉或者持有该项商业秘密，以区别于《刑法》第二百一十九条第一款第三项[②]规定的违约侵犯商业秘密的行为。行为人合法正当获取商业秘密后违反保密义务侵犯商业秘密，属于《刑法》第二百一十九条第一款第三项规定的行为，而不属于该条款第一项规定的情形。例如，商业秘密权利人的员工参与了商业秘密研发或者因日常工作使用而知悉该项商业秘密，获取行为是合法正当的，其违反保密协议擅自复制商业秘密的行为，不属于《刑法》第二百一十九条第一款第一项规定的“不正当手段”的情形。

笔者深刻体会到，不少地方的侦办单位和检察机关虽认为《解释的适用》一文对“不正当手段”的认定过窄并深感困惑，但在实务办案过程中仍照此标准在收集组织证据。按照此文的观点，崔某吉作为权利人的员工因日常工作使用而知悉涉案技术秘密，不属于刑法意义上的“不正当手段”获取，属于“违约”。如果按照一审判决认定为《反不正当竞争法》规定的“不正当手段”获取，将可能因该手段达不到与“盗窃”相当的程度而不属于《刑法》第二百一十九条第一款第一项的规定行为，当然也就无法根据

---

① 《刑法》第二百一十九条第一款规定：“有下列侵犯商业秘密行为之一，情节严重的，处三年以下有期徒刑，并处或者单处罚金；情节特别严重的，处三年以上十年以下有期徒刑，并处罚金：（一）以盗窃、贿赂、欺诈、胁迫、电子侵入或者其他不正当手段获取权利人的商业秘密的；……”

② 《刑法》第二百一十九条第一款规定：“有下列侵犯商业秘密行为之一，情节严重的，处三年以下有期徒刑，并处或者单处罚金；情节特别严重的，处三年以上十年以下有期徒刑，并处罚金：……（三）违反保密义务或者违反权利人有关保守商业秘密的要求，披露、使用或者允许他人使用其所掌握的商业秘密的。”

《解释（三）》第五条第一款第一项[①]以涉案技术秘密的合理许可费认定损失数额。

本案最高人民法院改判认定为盗窃，是否可以对接《刑法》第二百一十九条第一款第一项和《解释（三）》第五条第一款第一项，以涉案技术秘密的合理许可费作为损失认定数额，超过30万元即可定侵犯商业秘密罪呢？很显然这是一个很严肃的问题！笔者撰文《员工携密跳槽不正当手段认定对罪与非罪的影响》《从音王商业秘密案看新刑事司法解释的适用》多次表达过对“不正当手段”获取认定的困惑以及该认定给基层的刑事执法带来的问题。[②] 将本案中的侵权行为认定为盗窃是有积极意义的，希望该观点能尽快形成共识，为在当前形势下推动商业秘密的刑事保护起到应有的作用。

---

① 《解释（三）》第五条规定：“实施刑法第二百一十九条第一款规定的行为造成的损失数额或者违法所得数额，可以按照下列方式认定：（一）以不正当手段获取权利人的商业秘密，尚未披露、使用或者允许他人使用的，损失数额可以根据该项商业秘密的合理许可使用费确定；（二）以不正当手段获取权利人的商业秘密后，披露、使用或者允许他人使用的，损失数额可以根据权利人因被侵权造成销售利润的损失确定，但该损失数额低于商业秘密合理许可使用费的，根据合理许可使用费确定；（三）违反约定、权利人有关保守商业秘密的要求，披露、使用或者允许他人使用其所掌握的商业秘密的，损失数额可以根据权利人因被侵权造成销售利润的损失确定；（四）明知商业秘密是不正当手段获取或者是违反约定、权利人有关保守商业秘密的要求披露、使用、允许使用，仍获取、使用或者披露的，损失数额可以根据权利人因被侵权造成销售利润的损失确定；（五）因侵犯商业秘密行为导致商业秘密已为公众所知悉或者灭失的，损失数额可以根据该项商业秘密的商业价值确定。商业秘密的商业价值，可以根据该项商业秘密的研究开发成本、实施该项商业秘密的收益综合确定；（六）因披露或者允许他人使用商业秘密而获得的财物或者其他财产性利益，应当认定为违法所得。前款第二项、第三项、第四项规定的权利人因被侵权造成销售利润的损失，可以根据权利人因被侵权造成销售量减少的总数乘以权利人每件产品的合理利润确定；销售量减少的总数无法确定的，可以根据侵权产品销售量乘以权利人每件产品的合理利润确定；权利人因被侵权造成销售量减少的总数和每件产品的合理利润均无法确定的，可以根据侵权产品销售量乘以每件侵权产品的合理利润确定。商业秘密系用于服务等其他经营活动的，损失数额可以根据权利人因被侵权而减少的合理利润确定。商业秘密的权利人为减轻对商业运营、商业计划的损失或者重新恢复计算机信息系统安全、其他系统安全而支出的补救费用，应当计入给商业秘密的权利人造成的损失。”

② 参见李德成、白露：《科创板技术秘密审查与技术秘密刑事保护》，法律出版社2022年版，第191页、第205页。

笔者注意到最高人民法院和最高人民检察院于 2023 年 1 月 18 日就《关于办理侵犯知识产权刑事案件适用法律若干问题的解释（征求意见稿）》向社会公开征求意见。其中第十五条规定：采取非法复制、未经授权或者超越授权使用计算机信息系统等方式窃取商业秘密的，应当认定为《刑法》第二百一十九条第一款第一项规定的“盗窃”。这一问题再次引起高度重视和广泛关注。

五、北京君德同创生物技术股份有限公司诉石家庄泽兴氨基酸有限公司、河北大晓生物科技有限公司侵害技术秘密纠纷案①②

案情聚焦

北京君德同创生物技术股份有限公司（以下简称君德同创）成立于 2004 年，通过多年的实践于 2009 年发现胍基乙酸在动物营养上的作用机理和胍基乙酸在饲料上的应用价值，并研发出生产胍基乙酸的工艺方法，其中包括盐酸胍-氯乙酸法以及甘氨酸-单氰胺法等工艺。为防止核心技术秘密泄露，与涉及此项技术秘密的员工签订《保密协议》。被告石家庄泽兴氨基酸有限公司（以下简称泽兴公司）成立于 2005 年，经营范围之一为饲料添加剂（胍基乙酸）的生产和销售。君德同创与泽兴公司在 2010 年 8 月 1 日签订了《战略合作协议》《加工协议》，约定君德同创独立占有生产胍基乙酸的有关知识产权（如专利、新产品等），泽兴公司按照君德同创提供的生产工艺生产胍基乙酸，并负有保密义务。加工协议终止后，泽兴公司应当继续对君德同创公司知识产权和技术秘密负有保密义务。泽兴公司在 2010 年到 2015 年间受君德同创委托加工生产胍基乙酸，在此期间获得了君德同创相关胍基乙酸的生产工艺技术。2014 年 6 月泽兴公司为君德同创生产了最后一批胍基乙酸产品。其间泽兴公司曾于 2015 年底私自生产销售胍基乙酸，经君德同创举报到当地农业局后，受到行政机关警告处理，名义上停止生产和销

① 李德成律师，北京金诚同达律师事务所；白露律师，北京金诚同达（深圳）律师事务所。

② 一审案号：（2018）冀 01 民初 936 号；二审案号：（2020）最高法知民终 621 号。

售胍基乙酸产品。2016年下半年，君德同创发现市场上出现大量仿制饲料添加剂胍基乙酸的产品，这些产品均来自河北大晓生物科技有限公司（以下简称大晓公司）。经查，大晓公司主要人员均系泽兴公司为君德同创公司生产胍基乙酸期间的工作人员，大晓公司法定代表人李某艳与泽兴公司法定代表人闫某辉之妻系亲姐妹关系，大晓公司法定代表人李某艳与该公司股东闫某栋系夫妻关系。大晓公司在其官网宣传其生产的饲料级胍基乙酸，其销售人员在市场上销售时宣传其曾为君德同创公司加工商，并宣称生产工艺就是君德同创公司所研发。2016年下半年，大晓公司开始大规模宣传和销售胍基乙酸；2017年4月，大晓公司参加了2017年中国饲料工业展览会，大肆宣传并散发胍基乙酸样品。

2018年君德同创向石家庄市中级人民法院（以下简称石家庄中院）提起诉讼，主张泽兴公司、大晓公司共同侵犯了君德同创相关胍基乙酸的知识产权和技术秘密，私自使用君德同创技术秘密生产胍基乙酸，并在市场上大肆宣传和销售。请求判令两被告立即停止制造、销售、许可他人销售侵害君德同创知识产权和技术机密的饲料级胍基乙酸，共同赔偿经济损失以及维权费用共计1067万元。石家庄中院于2019年7月3日作出一审判决，认定君德同创向泽兴公司提供的《单氰胺法生产胍基乙酸》记载的内容构成技术秘密，认定泽兴公司、大晓公司对君德同创涉案技术秘密构成侵害，判决泽兴公司、大晓公司立即停止制造、销售侵害君德同创技术秘密的饲料级胍基乙酸产品，两公司自原审判决生效之日起十日内共同赔偿君德同创经济损失及合理开支共计50万元。

泽兴公司、大晓公司不服，向最高人民法院提起上诉。二审中，泽兴公司提交了工商登记信息，拟证明泽兴公司2015年前经营范围不含生产饲料级胍基乙酸，其在履行与君德同创的合同期间没有生产饲料添加剂胍基乙酸的资质，也没有生产过饲料添加剂胍基乙酸。最高人民法院于2021年12月18日做出二审判决，改判泽兴公司立即停止允许他人使用君德同创涉案技术秘密的行为直至涉案技术秘密为公众所知悉，大晓公司立即停止使用君德同创涉案技术秘密的行为直至涉案技术秘密为公众所知悉。虽然经济损失赔偿总数额仍为50万元，但将其中的5万元酌定为君德同创为维权支付的合理费用。

律师评析

本案系技术秘密许可合同约定的保密期限届满后，被许可人使用获知的技术秘密继续生产、销售产品并许可他人使用该技术秘密的典型案例。

1. 本案值得关注的几个方面

一是，本案所指控侵权行为发生在新法生效前，本案应适用《合同法》和旧的《反不正当竞争法》及相应的司法解释。原审法院于2018年7月4日立案受理本案，于2019年7月3日作出一审判决，新修订的《反不正当竞争法》于2019年4月23日开始施行。但本案涉及的《战略合作协议》《加工协议》的订立、履行等相关法律事实发生于《民法典》及新的《反不正当竞争法》施行前。故，本案应适用《合同法》及2017年修订的《反不正当竞争法》及相关法律法规、商业秘密的司法解释进行审理。

二是，技术秘密许可合同仅约定了保密期限和许可使用的范围，未约定许可使用期限，如何判断被许可人在约定的合同期限外保密期限内使用许可方技术秘密的行为是否构成侵权。《合同法》未区分技术转让合同和技术许可合同，故《合同法》有关技术转让合同的规定应当适用于技术许可合同。根据《合同法》第三百四十三条、第三百四十八条和《最高人民法院关于审理技术合同纠纷案件适用法律若干问题的解释》第二十八条第一款的规定①，技术秘密许可合同的双方当事人可以约定被许可人使用技术秘密的范围，包括使用期限、地域、方式以及接触技术秘密的人员等；还可以约定保密期限，被许可人应当按照约定使用技术秘密，承担保密义务。如果技术秘

① 《合同法》第三百四十三条规定：技术转让合同可以约定让与人和受让人实施专利或者使用技术秘密的范围，但不得限制技术竞争和技术发展。第三百四十八条规定：技术秘密转让合同的受让人应当按照约定使用技术，支付使用费，承担保密义务。《最高人民法院关于审理技术合同纠纷案件适用法律若干问题的解释》第二十八条第一款规定：《合同法》第三百四十三条（现《民法典》第八百六十四条）所称“实施专利或者使用技术秘密的范围”，包括实施专利或者使用技术秘密的期限、地域、方式以及接触技术秘密的人员等。

密许可合同约定了使用期限，期限届满，被许可人不得再使用相关技术秘密；如果技术秘密许可合同没有约定使用期限，仅约定了保密期限，那么保密期限内，被许可人应当按照合同约定使用相关技术秘密，保密期限届满，被许可人仍可以使用技术秘密；如果技术许可合同对使用期限、保密期限均没有约定或者约定不明确的，被许可人使用技术秘密不受期限限制。本案中泽兴公司基于协议取得了君德同创公司的涉案技术秘密，协议明确约定乙方泽兴公司不得将胍基乙酸出售给除君德同创公司之外的任何第三方，并应严格控制胍基乙酸生产技术，防止相关技术外泄，乙方无权私自销售该合同涉及的加工产品。协议未明确约定涉案技术秘密的使用期限，但约定了合同期限和保密期限，即合同有效期三年，自 2010 年 6 月 30 日至 2013 年 6 月 30 日，保密期限为合作期内及双方合作结束后三年内。又知，泽兴公司为君德同创公司生产最后一批胍基乙酸产品的时间为 2014 年 6 月，故保密期限应自 2010 年 6 月 30 日至 2017 年 6 月 30 日。根据前述约定，最高人民法院认为泽兴公司对君德同创公司涉案技术秘密的保密义务应当至 2017 年 6 月 30 日，在此期限内未经许可不得使用涉案技术秘密。否则，根据 2017 年修订的《反不正当竞争法》第九条第一款第三项的规定①，构成因违反合同约定侵害君德同创商业秘密的行为。根据一审法院查明的事实，被诉侵权技术信息载明的时间为 2015 年 3 月 26 日，又根据 2016 年 3 月 10 日君德同创委托律师事务所发出的《律师函》记载，泽兴公司在 2016 年 3 月前（双方合作结束后三年内）实施了将胍基乙酸作为饲料添加剂销售给用户等行为，在泽兴公司没有提交相反证据的情况下，可以推定泽兴公司在协议约定的保密期限内，未经君德同创的许可，使用了涉案技术秘密，构成侵害商业秘密。

三是，技术秘密许可合同约定的保密期限届满后，接触到技术秘密的被许可人是否可以许可他人使用、披露相关商业秘密需综合判断。最高人民法院认为技术许可合同首先遵循当事人意思自治原则，如果合同中明确约定保

---

① 2017 年《反不正当竞争法》第九条第一款第三项规定，违反约定或者违反权利人有关保守商业秘密的要求，披露、使用或者允许他人使用其所掌握的商业秘密的行为属于侵害商业秘密行为。

密期限届满后，被许可人可以许可他人使用、披露相关商业秘密，则被许可人实施上述行为不构成侵害商业秘密；如果技术许可合同并未明确约定保密期限届满后，被许可人可以许可他人使用、披露相关商业秘密，则需要根据双方签订合同的目的、双方的权利义务、合同对价、合同履行情况、商业惯例及诚信原则等，综合判断保密期限届满后，被许可人是否可以许可他人使用、披露相关商业秘密。泽兴公司在相关协议约定的保密期限届满后，即2017年6月30日以后，仅能自己使用涉案技术秘密，不能许可他人使用、披露涉案技术秘密（为避免重复具体理由见下文分析）。

四是，被诉侵权产品的销售方在何种情况下与生产方承担技术秘密共同侵权责任。本案中，最高人民法院认定泽兴公司（生产方）与大晓公司（销售方）在协议约定的保密期限届满前及届满后共同使用了涉案技术秘密，并作了具体分析：（1）大晓公司对外宣称的经营范围不仅包括胍基乙酸产品的销售，还包括相关研发和生产。故，对大晓公司一审和二审期间，宣称其仅参与了被诉侵权产品销售的主张，最高人民法院未予支持。（2）本案相关证据能够证明大晓公司在协议约定的保密期限届满前，即2017年6月30日前，已经开始饲料级胍基乙酸产品生产经营活动，且对外宣传时使用了君德同创公司的相关信息。（3）大晓公司销售胍基乙酸产品时宣称产品来自泽兴公司和君德同创。（4）大晓公司不能证明被诉侵权产品合法来源。大晓公司虽主张其仅系销售商，同时否认被诉侵权产品来源于泽兴公司，并声称被诉侵权产品来源于广瑞公司，最高人民法院要求其提供广瑞公司具有生产饲料级胍基乙酸产品能力和资质，其未予提交。（5）泽兴公司虽主张其并未与大晓公司合作销售胍基乙酸产品，但根据二审审理期间君德同创陈述和大晓公司的自认，泽兴公司与大晓公司法定代表人之间、股东之间具有亲属、姻亲等关系，应当认定泽兴公司、大晓公司之间具有关联关系，结合大晓公司未能提供其销售的被诉侵权产品的生产工艺及其研发主体，且泽兴公司知悉大晓公司在销售被诉侵权产品时对外宣称产品来自泽兴公司的情况下，并未采取任何措施维权，故应当推定大晓公司在生产经营活动中使用了君德同创的涉案技术秘密，且来源于泽兴公司。综上，君德同创为证明泽兴公司与大晓公司共同实施了使用涉案技术秘密的行为已经尽力举证，在泽兴公司、大晓公司没有提供相反证据的情况下，应当认定泽兴公司未经君德同创许可，在战略合作协议、加工协议约定的保密期限内和保密期限届满后，均实施了许可大晓公司使用涉案技术秘密的行为，且大晓公司对于泽兴公司未经君德同创许可系明知，故，根据2017年修订的《反不正当竞争法》第九条第一款第三项规定，大晓公司亦构成侵害君德同创商业秘密。

五是，技术秘密侵权案件中，应明确区分侵权行为类型确定法律责任。本案一审法院认定泽兴公司、大晓公司对涉案技术秘密具有披露行为，进而判决承担侵权责任。最高人民法院认为在确定泽兴公司、大晓公司的侵权责任时，原审法院没有根据技术许可合同的特点，保密期限的法律性质等严格区分泽兴公司作为被许可人应当承担的民事责任，和大晓公司作为第三人应当承担的民事责任，属于适用法律错误，并予以了纠正。最高人民法院认为泽兴公司、大晓公司对涉案技术秘密的侵害行为不是披露，大晓公司与泽兴公司在协议约定的保密期限内和保密期限届满后共同实施了侵害涉案商业秘密的行为，应当承担连带责任。最高人民法院判令泽兴公司立即停止允许他人使用君德同创涉案技术秘密的行为直至涉案技术秘密为公众所知悉；大晓公司立即停止使用君德同创涉案技术秘密的行为直至涉案技术秘密为公众所知悉。

2. 对本案观点的反思与疑问

本案关于“保密期限届满后仅能自己使用涉案技术秘密，不能许可他人使用、披露涉案技术秘密”的结论笔者认为值得商讨。

（1）技术秘密的保密期限与技术秘密受法律保护的关系需要分析清楚

本案二审引用《民法总则》第一百二十三条的相关规定指出：“包括技术秘密在内的商业秘密是民事主体依法享有的知识产权，任何人未经许可不得披露、使用和允许他人使用权利人的商业秘密”。对此笔者完全同意，这似乎也是本领域的共识。但接下来的观点却有很大的讨论空间：①“其他知识产权具有公开性、期限性、绝对排他性等特征，商业秘密自产生之日就自动取得，并具有相对排他性，即同一商业秘密可能由多个权利主体占有。”

这里要强调的是商业秘密的相对排他性并不是自产生之日就自动取得的，这与著作权作品不同。因为不为公众所知悉能够解决技术问题的方案和信息虽然已经产生，但是如果没有为保密而采取必要的保护措施，就无法获得法律的保护，其排他性也就无从谈起。②“商业秘密的保护期限具有不确定性，只要商业秘密不被泄露，就一直受法律保护。”这里想提醒的是商业秘密不被泄露有可能属于不为公众所知悉，可以成为商业秘密保护的对象，但并不必然受法律保护，因为保密措施是其必要条件。③“技术许可合同约定保密期间，仅代表双方当事人对该期间的保密义务进行了约定，该保密期间届满，虽然合同约定的保密义务终止，但被许可人仍需承担除自己使用以外的保密义务。”这一观点值得商榷。

（2）基于诚实信用原则不能成为保密期限届满后附加保密义务的理由

二审判决引用《合同法》第四十三条、第九十二条以及《最高人民法院关于适用〈中华人民共和国合同法〉若干问题的解释（二）》第二十二条规定认为：对于当事人在订立合同过程中知悉的商业秘密，无论合同是否成立，都不得泄露或者不正当地使用，泄露或者不正当地使用该商业秘密给对方造成损失的，应当承担损害赔偿责任；合同终止后，当事人仍然有保密义务，未尽到保密义务的，应当向对方承担赔偿责任。对法条的上述理解笔者完全同意，但是这些合同义务与保密期限届满后附加给被许可人的保密义务是完全不同的事实，以此作为论据没有说服力。从被许可人的角度看，基于诚实信用原则约定保密期限就要按约定履行保密义务，而又基于诚实信用原则要求被许可人保密期限届满后继续履行保密义务，这难以自圆其说。

（3）合同附随的保密义务与保密期限届满后另要求延长保密期限完全不同

二审判决认为“按照技术许可合同的性质，被许可人仅是获得了使用相关商业秘密的权利，合同中约定有保密期限，也不应当解释为保密期限届满后，受让人和被许可人可以许可他人使用，甚至披露相关商业秘密”，其理由是“因披露商业秘密属于放弃商业秘密民事权利的行为，除非合同中有明确约定，否则该行权处分行为不能由非权利主体作出”。笔者对此有不同看法。合同约定的保密期限与权利人的保密意愿和技术秘密的价值等因素密切相关。涉案的保密期限是权利人与被许可人商定的，显然是权利人保密意愿的真实意思表示，保密期限届满后被许可人不再负有保密义务，这也是权利人对期限届满后的权利处分。

二审判决还认为，因合同法未区分技术转让合同和技术许可合同，《合同法》第三百四十八条和第三百五十条规定应当适用于技术许可合同。技术许可合同中被许可人应当承担的保密义务至少包括，未经许可人同意，不得擅自许可第三人使用相关商业秘密；应当按照合同约定采取保密措施，不应故意或者过失泄露相关商业秘密；对许可人提供或者传授的技术和有关技术资料，应当按照合同约定的范围和期限承担保密义务；对超过合同约定范围和期限仍需保密的技术，应当遵循诚实信用的原则，履行合同保密的附随义务。笔者认为，这些保密义务以及履行合同保密的附随义务，与本案中在保密期限届满后额外增加给被许可人的保密义务，有着明显的区别。

（4）保密期限届满后技术秘密权利丧失，相对人的行为无需权利人同意

笔者认为，通过合同约定相对人在一定的期限内负有保密义务是权利人对技术秘密采取的有效保密措施。保密期限届满后，权利人没有继续采取保密措施的，该技术信息虽然尚未被公众知悉和容易获得，但是因为不符合我国《反不正当竞争法》第九条和《刑法》第二百一十九条的规定，不再受法律保护。相对人所实施的行为，不再需要权利人许可，更不需要事先约定，据此笔者认为二审法院的如下观点有待商榷，“本案中，战略合作协议、加工协议均没有授权泽兴公司在合同约定的保密期限届满后可以许可他人使用、披露涉案技术秘密，且根据战略合作协议、加工协议对泽兴公司保密义务和保密期限的约定，泽兴公司未经君德同创许可，不得将胍基乙酸出售给除君德同创之外的任何第三方，显然，君德同创作为涉案技术秘密的权利人通过签订战略合作协议、加工协议，允许泽兴公司使用涉案技术秘密，旨在充分利用涉案技术秘密商业价值，与泽兴公司实现合作共赢。而泽兴公司提供的在案证据不能证明，战略合作协议、加工协议约定的保密期限届满后，君德同创公司具有允许泽兴公司许可他人使用、披露涉案技术秘密的任何意

思表示；亦不能证明泽兴公司为了在保密期限届满后享有与君德同创同等的涉案技术秘密权利人权益，支付了相当于涉案技术秘密价值的合理对价。故，泽兴公司在战略合作协议、加工协议约定的保密期限届满后，即 2017 年 6 月 30 日以后，仅能自己使用涉案技术秘密，不能许可他人使用、披露涉案技术秘密。”

（5）通过合同解释延长保密期限无异于创设技术秘密的保密措施

本案认定泽兴公司与大晓公司在保密期限届满后实施的行为构成共同侵权的前提是涉案技术信息构成商业秘密，很显然等于认定在这个时间段权利人采取了相应的保密措施。本案事实已经查明保密期限届满后，针对两被告权利人并没有采取新的保密措施将保密期限延长，而是通过解读《最高人民法院关于〈中华人民共和国合同法〉若干问题的解释（二）》《最高人民法院关于审理技术合同纠纷案件适用法律若干问题的解释》和本案的协议而得出的结论。这无异于创设一种对技术秘密的保密措施。《最高人民法院关于审理侵犯商业秘密民事案件适用法律若干问题的规定》就商业秘密保密措施的问题已经作出较为详尽的规定，且在合同法和技术合同纠纷等相关司法解释颁布之后，如若司法政策确有变化之迫切需要，还是在深入研究后修改商业秘密的司法解释后再适用为宜。更何况，在客观上也是对权利人懈怠行为不积极地采取保密措施行为的纵容，从长远看对我国技术秘密的保护是不利的。这很有可能对以通过约定保密期限保密义务对技术秘密采取保护措施的理解，产生不利的导向。

六、武汉市武昌区某美艺术教育培训学校诉武汉市洪山区某佳教育咨询有限公司和赵某豪等15人侵害商业秘密纠纷案[①②]

案情聚焦

武汉市武昌区某美艺术教育培训学校（以下简称武昌某美）长期从事中国少儿英语教育，为获取客户资源通过长期走访、网络全渠道推广等多种手段，分析、检索特定客户的教育和职业背景、社会交往圈、购买力等原始数据，综合整理、加工后形成其独有的客户清单，为此付出大量人力、物力和财力。2020年1月，本案15名自然人被告利用疫情期间线下教育停滞，武昌某美陷于困境的特殊情况，集体辞职后成立武汉市洪山区某佳教育咨询有限公司（以下简称洪山某佳），运营与武昌某美的目标客户、教育群体完全重合的少儿英语培训“某诺英语”。被告利用在武昌某美工作期间非法下载的客户名单，逐一精准拜访，以更低价格游说家长转投某诺英语，还在家长群中散布谣言，造谣武昌某美濒临倒闭，极大地误导学员家长，直接导致客户大量流失，纷纷退学，转投某诺英语。本案16名被告侵犯商业秘密的不法行为给武昌某美造成重大经济损失。武昌某美向武汉市中级人民法院提起诉讼请求判令：（1）被告洪山某佳公司立即停止不正当竞争行为，公开向原告赔礼道歉、消除影响；（2）请求判令上述被告立即停止侵权销毁商业秘密载体、清除其共同控制的商业秘密信息；（3）请求判令本案16名被告连带共同赔偿原告经济损失2308126.95元，并承担本案诉讼费、保全费、律师费等合理费用等。

2021年8月11日，武汉市中级人民法院一审判决认定武昌某美诉称的客户清单构成商业秘密，判决被告立即停止不正当竞争行为，立即销毁、清除涉案客户信息商业秘密的载体及复本，不再利用涉案商业秘密，赔偿原告

---

① 李德成律师，北京金诚同达律师事务所；白露律师，北京金诚同达（深圳）律师事务所。

② 一审案号：（2020）鄂01知民初206号；二审案号：（2022）鄂知民终40号。

996543.12元。[①] 其中11名被告提起上诉后，经湖北省高级人民法院审理并组织调解和解结案。

律师评析

1. 原告主张的学员客户信息需要通过深度探寻、分析及加工才能获得，不为公众所知悉具有商业价值，且采取了合理的保密措施

（1）武昌某美的南湖校区是主要教学点，开设后需要获取学员报名、参加培训，打开市场，拓展市场，以获取更多的竞争优势。为打开生源市场，拓展生源渠道，南湖校区投入大量人力、物力和资金，对潜在生源及其家庭进行深度家访、专访，获取生源深度隐秘信息。对这些信息进行比较、分析，再沟通、再联络，直至潜在学员成为正式学员（客户），并持续提供后续服务以稳定生源。如果没有这些深度隐秘信息，仅靠生源公开信息无法将潜在生源变成正式学员。在上述巨大投入的基础上获得庞大的生源群体，维系南湖校区的教育培训市场。涉案学员信息是南湖校区投资、投智的结果；该生源信息中的学员姓名、家庭住址等信息属于简要的表面信息，通过询问、查询、填表、登记即可简单获得，但学员家庭信息，如家庭结构、成员关系、身份、联系电话、消费取向、消费能力及能否愿意对子女提供英语培训的信息则属于深度的隐秘信息，其个性化较强，获取这些信息的难度也大，特别是学员家庭消费趋向及对子女培训意愿等信息，需要通过深度探寻、分析及加工才能获得。故被告辩称的原告诉称的学员信息属公开信息的理由不能成立。

（2）教育培训机构，刚开始都着力于打开培训市场，待发展到一定程度之后再培育市场、发展市场，以拥有与其投资、投智相匹配的生源及学员。南湖校区以少儿英语培训为其主业范围，生源渠道越多，学员越多，培训活动越丰富、越具体，培训市场份额越大，培训利益越大。培训机构争夺市场

---

① 本案中原告主张被告采用贬损性方法非法披露、非法使用原告南湖校区的客户信息，损害了原告的商誉，请求判令被告承担赔礼道歉、消除不良影响的民事责任。庭审中，原告当庭明示放弃该项请求，一审法院无需再行判决。

也即争夺生源，争夺学员，生源、学员对南湖校区投资回报有着巨大影响，也是原告获取、整理、开发学员信息清单投资、投智需要的巨大依赖。原告诉称的南湖校区的740名学员名单是南湖校区耗费巨大财力、物力、智力投入获得的，是南湖校区稳定的教育培训对象。南湖校区对其有较大的利益期待。故这些学员信息对南湖校区具有重大的实用性。

（3）南湖校区采取了特别的保密措施对涉案学员信息实施保密，对教职员工公开宣称学员信息是其保密制度所使用的范畴，需谨守保密责任，履行保密义务；对教职员工使用的办公系统，根据教职员工的职务、职位试行分级管理，限定学员信息的知悉范围、知悉程度，严格执行硬件保密措施；对员工使用的OA办公系统，设定用户名、登录密码及密码找回程序，避免无关人员知悉这些学员的涉密信息。这些措施相对完备、具体，可操作性强。若非故意涉密信息泄密的可能性极小。依法应认定南湖校区对涉密学员客户信息采取了合理的保密措施。

（4）2019年修改的《反不正当竞争法》第九条第四款规定，"本法所称的商业秘密，是指不为公众所知悉、具有商业价值并经权利人采取相应保密措施的技术信息、经营信息等商业信息"。笔者注意到一审判决援引《最高人民法院关于审理侵犯商业秘密民事案件适用法律若干问题的规定》（以下简称《商业秘密民事案件若干规定》）第一条第二款"与经营活动有关的创意、管理、销售、财务、计划、样本、招投标材料、客户信息、数据等信息，人民法院可以认定构成反不正当竞争法第九条第四款所称的经营信息"。很显然涉案南湖校区的740名学员名单属于经营信息，然而本案却没有引用该条第三款即"前款所称的客户信息，包括客户的名称、地址、联系方式以及交易习惯、意向、内容等信息"，是否可以由此判断一审法院并未将其认定为上述司法解释明确规定的"客户信息"呢？笔者不得而知。然后结合本案的证据看，南湖校区740名学员名单与上述条款所规定的"客户信息"确有不同，有其特殊所在。为此一审法院在查明涉案学员名单形成过程所付出精力成本等必要事实的基础上，还就原告对学员名单已产生的和期待性的实用价值做了分析和阐述，并援引《商业秘密民事案件若干规定》第七条

“权利人请求保护的信息因不为公众所知悉而具有现实的或者潜在的商业价值的，人民法院经审查可以认定为《反不正当竞争法》第九条第四款所称的具有商业价值”规定，认定武昌某美诉称的客户清单构成商业秘密。笔者认为，在事实认定和法律适用上是严谨的，值得肯定和借鉴学习。

2. 被告非法获取、非法披露和非法使用涉案740名学员名单的行为，侵犯了原告的商业秘密依法被判令适用惩罚性赔偿

（1）本案证据显示，被告赵某、周某、翟某和马某等四被告为原告南湖校区从事教学培训、教育管理的教职员工，2020年2—4月离职后作为发起股东共同筹资筹办洪山某佳。该公司发起、初创期间，劝导原告南湖校区行管人员陈某入股被拒绝。之后，四被告以洪山某佳之名，招募南湖校区前员工陈某、马某、许某和李某等人入职，注册组建并使用“某诺培训学校”公众号、微信群聊圈或以与家长点对点等方式发布南湖校区资金链出现问题的不实信息，并将两培训机构设施、课程做贬损性对比，劝导南湖校区在册学员退学退费并通过原带班老师将20名学员带入某诺培训。

（2）证据显示自2020年1月开始部分学员申请退学、退费，2020年2—5月大幅增加，截至2020年5月底总计退费学员达118人，退费金额达2308126.95元。2020年5月份退费特别集中。一审法院认为被告赵某、马某、瞿某和周某身为南湖校区前教职员工，注册成立洪山某佳从事教育咨询服务，通过不正当促销方法直接从南湖校区在册学员中截获生源；在招生过程中洪山某佳通过原教职员工掌控的南湖校区的客户信息，虚构事实贬损南湖校区教学培训，劝退、拉拢在册学员，退学、退费，并通过这些原南湖校区离职员工将部分学员带入某诺培训。被诉行为与南湖校区生源大面积流失存在必然因果关系。洪山某佳直接违法操控某诺培训，是其法律责任主体应承担法律责任；由于部分退费退学行为发生在洪山某佳2020年4月完成注册成立之前，不能当然归责于被诉行为，故本案经济损失范围应自2020年5月开始计算，其中11笔退费损失178332.5元应扣除。故此本案实际应计退费损失107笔（学员）共计2129794.45元。

（3）一审法院认为，本案被告赵某、周某等人及洪山某佳非法持有、非

法披露、非法利用原告南湖校区客户信息的行为构成侵权，应承担停止侵权的法律责任，即清除包含有南湖校区740名学员的客户信息及其各种复本载体，并不得再行披露、再行利用；洪山某佳实际接收原告原南湖校区退费学员20人，占应计退费学员份额18.7%。依此计算应承担退费损失398271.56元。由于双方为同业竞争业务，两校所处位置相近，生源市场交叉，雇佣教职员工多来自原告南湖校区，属直接竞争对手；且其主要发起股东本身原为原告南湖校区教职员工，均直接接触涉案客户信息，被告对此十分明知，但被告故意劝诱、拉拢原告任教职员工，利用涉案客户信息，具有直接的主观故意，行为上则属故意而为，主观恶意明显，应适用惩罚性赔偿对其进行苛责。遂按照洪山某佳实际受益数额的两倍对其判罚。

（4）被告蒋某在任职南湖校区分校校长期间，筹办同业竞争机构，发表新任职单位任职感言似有不妥，但并不直接涉及原南湖校区在校学员的客户信息，无证据证明被告蒋某离职后非法持有、非法披露、非法利用在原任单位南湖校区掌控的商业秘密的行为。原告亦未提交证据证明被告吴某、梅某、陈某和颜某四位离职员工实施上述行为。一审认定蒋某、吴某等5名被告不构成侵权。

（5）被告赵某、周某等10名被告，均系原南湖校区教职员工，担任教学培训、教学管理之职。在离职后，上述被告利用所获原在任单位在册学员客户信息，挖走原任单位在册学员，主观上十分明知，客观上积极劝导、劝诱，其行为属于非法持有、非法披露原告南湖校区商业秘密，并故意授权第三方非法使用，主观过错明显。但是，鉴于这些被告毕业时间不长、责任承担能力有限、给予部分赔偿即可与其被诉侵权行为后果相当等因素，酌情决定上述各被告赔偿数额各按2万元计算，由上述被告赔偿给原告。

（6）本案在侵犯经营信息的商业秘密案件中适用惩罚性赔偿，笔者认为着实难得，不论是在被诉侵权行为与退学退费损害后果之间因果关系事实理由阐述上，还是在被告侵权受益数额的认定上，以及区分各自然人被告的不同责任等方面，均有理有据，值得充分肯定并对律师实务有直接的借鉴意义。一审判决指出鉴于这些赵某和周某等10名自然人被告毕业时间不长、责任承担能力有限、给予部分赔偿即可与其被诉侵权行为后果相当等因素，酌情决定上述各被告赔偿数额均各按2万元计算给原告，对此笔者表示理解。如细思量，被告赵某、周某、翟某和马某等四被告是发起股东共同筹资筹办洪山某佳，从离职后即实施侵权行为，与后来加入的陈某、马某、许某和李某等人实施的侵权行为相比而言要严重得多。2021年度包括最高人民法院判决法定代表人、实际控制人与公司共同实施侵权行为而承担连带责任案例有不少。这对于有效地打击侵犯商业秘密的行为起到了良好的效果。在技术秘密刑事案件中亦是如此。本案中洪山某佳恶意实施侵权行为而被施以惩罚性赔偿，不论从主观上还是客观上分析，与赵某、周某、翟某和马某等四被告（股东）都有着密切的关系。为此笔者并不赞同不加区分判决承担相同的责任，即便从如判决书所言出于"毕业时间不长、责任承担能力有限"等考虑表示可以理解，但最起码也应体现出对作为股东的这四名被告更强的苛责性，以发挥司法判决应有的积极导向作用。

除此以外，笔者对本案的法律适用有些不同的看法：（1）判决书引用《商业秘密民事案件规定》第二十条有误。该条第一款规定"权利人请求参照商业秘密许可使用费确定因被侵权所受到的实际损失的，人民法院可以根据许可的性质、内容、实际履行情况以及侵权行为的性质、情节、后果等因素确定"，很显然本案中不存在以商业秘密许可使用费确定实际损失的情况；第二款规定，"人民法院依照反不正当竞争法第十七条第四款确定赔偿数额的，可以考虑商业秘密的性质、商业价值、研究开发成本、创新程度、能带来的竞争优势以及侵权人的主观过错、侵权行为的性质、情节、后果等因素"。而《反不正当竞争法》第十七条第四款规定的是"法定赔偿"即："经营者违反本法第六条、第九条规定，权利人因被侵权所受到的实际损失、侵权人因侵权所获得的利益难以确定的，由人民法院根据侵权行为的情节判决给予权利人五百万元以下的赔偿"，也与本案的事实不符。（2）本案判决引用《民事诉讼法》第一百四十二条，"当事人在法庭上可以提出新的证据。当事人经法庭许可，可以向证人、鉴定人、勘验人发问。当事人要求重新进行调查、鉴定或者勘验的，是否准许，由人民法院决定"，与本案不具有关联性。（3）本案判决依据《民法典》第一千一百八十五条，“故意侵害他人知识产权，情节严重的，被侵权人有权请求相应的惩罚性赔偿”，也不妥。本案于2020年7月6日提起诉讼，被诉侵权行为明显发生在2021年1月1日《民法典》生效之前。即便按照《最高人民法院关于适用〈中华人民共和国民法典〉时间效力的若干规定》第二条规定，“民法典施行前的法律事实引起的民事纠纷案件，当时的法律、司法解释有规定，适用当时的法律、司法解释的规定，但是适用民法典的规定更有利于保护民事主体合法权益，更有利于维护社会和经济秩序，更有利于弘扬社会主义核心价值观的除外”，也不合适。因为，《反不正当竞争法》第十七条第三款已经有“惩罚性赔偿”的明确规定：“因不正当竞争行为受到损害的经营者的赔偿数额，按照其因被侵权所受到的实际损失确定；实际损失难以计算的，按照侵权人因侵权所获得的利益确定。经营者恶意实施侵犯商业秘密行为，情节严重的，可以在按照上述方法确定数额的一倍以上五倍以下确定赔偿数额。赔偿数额还应当包括经营者为制止侵权行为所支付的合理开支。”

七、南方中金环境股份有限公司诉浙江南元泵业有限公司、赵某高等侵害商业秘密纠纷案[①][②]

案情聚焦

原告南方中金环境股份有限公司（以下简称中金公司）的主营业务包括研发、生产、销售各种泵类产品，在研发、生产过程中设计完成各类产品图纸。中金公司采取制定公司员工手册、签署保密条款、实施技术软件加密等措施保护其产品图纸等商业秘密。被告赵某高、吴某忠、金某明、姚某保均为中金公司前员工，在原告公司担任生产负责人、技术员等工作。被告浙江

① 汪妍瑜律师，上海市锦天城律师事务所。

② 一审案号：（2020）浙01民初287号，二审案号不详，浙江省高级人民法院于2021年12月27日发布为商业秘密司法保护八大典型案例之一，该案判决后判决书并未全文上网，因而未收录进2021年十大案例，该案判决已经生效。

南元泵业公司（以下简称南元公司）系赵某高、金某明从原告处离职后投资成立的企业，经营范围包括水泵、供水设备的生产、销售、研发。被告吴某忠、姚某保从原告处离职后相继加入南元公司工作。中金公司经市场调查发现，南元公司生产销售的立式多级离心泵 SDL32 系列产品与中金公司生产销售的 CDL32 系列产品基本相同。中金公司认为上述五被告侵害了其商业秘密，遂诉至法院，要求停止侵权、赔偿经济损失及合理费用。诉讼中，中金公司明确其主张的商业秘密是涉案产品设计图纸所承载的尺寸公差、形位公差、粗糙度、图样画法（表达方法）、局部放大视图、明细表内容、尺寸标法和技术要求。

杭州市中级人民法院经审理认为，原告主张的商业秘密满足价值性、保密性、秘密性的要求。其中对秘密性要件做了如下重点论述："对于秘密性要件，虽然单个零部件所承载的尺寸公差、形位公差信息已经属于公共领域的知识，但涉案技术信息系经重新组合设计而成的新的技术方案，既无法通过查阅公开资料或其他公开渠道得到，也无法通过反向工程测绘产品实物获得，故这些技术信息不为公众所知悉，构成反不正当竞争法意义上的商业秘密。而原告主张的粗糙度、图样画法（表达方法）、局部放大视图、明细表内容、尺寸标法和技术要求等技术信息，或可通过反向工程获取，或可通过查阅公开资料获得，属于为本领域技术人员所熟知或为公众所知悉的内容，不符合商业秘密的构成要件。经庭审比对，南元公司的技术图纸中共有 22 份图纸所载总计 47 处尺寸公差、6 处形位公差与中金公司享有商业秘密的对应技术信息构成实质性相同，对此南元公司并未提交证据证明上述技术信息系其自行研发取得或具有其他合法来源，故法院认定南元公司的被诉侵权技术图纸实际使用了原告的涉案商业秘密，构成商业秘密侵权。"

综上，2021 年 8 月 27 日该院判决：被告南元公司于判决生效之日起立即停止侵害原告中金公司涉案技术图纸商业秘密的行为，即停止复制、存储并删除含有涉案商业秘密的技术图纸，停止使用侵权技术图纸生产销售侵权产品，并销毁侵权产品专用模具；被告南元公司于判决生效之日起十日内赔偿原告中金公司经济损失及为维权支出的合理费用 110 万元；驳回原告中金公司的其他诉讼请求。

律师评析

最高人民法院2020年9月12日发布并生效的《最高人民法院关于审理侵犯商业秘密民事案件适用法律若干问题的规定》（法释〔2020〕7号）第四条第二款规定“将为公众所知悉的信息进行整理、改进、加工后形成的新信息，符合本规定第三条规定的，应当认定该新信息不为公众所知悉”。

在本案中法院认为虽然单个零部件所承载的尺寸公差、形位公差信息已经属于公共领域的知识，但涉案技术信息系经重新组合设计而成的新技术方案，既无法通过查阅公开资料或其他公开渠道得到，也无法通过反向工程测绘产品实物获得，故这些技术信息不为公众所知悉，构成反不正当竞争法意义上的商业秘密。这应当引起研发企业的重视，目前法院的主流裁判方向还是重视知识产权保护、对权利人友好。商业秘密的非公知性，只判断组合而成的新技术方案是否被公开，并没有考虑该新技术方案是否有一定“独创性”，因而理论上简单的已知技术信息组合也是可以构成商业秘密的，只要该组合未被公开。

而现代社会员工的流动不可避免，研发中挑选已知技术组合得到新技术方案是一个常见的研发逻辑，如何避免被商业秘密争议“误伤”是企业内部合规一定要重视的问题。当然笔者并非质疑本案的认定，因为在本案中被告47处尺寸公差、6处形位公差与中金公司享有商业秘密的对应技术信息构成实质性相同，被误伤的可能性很低。笔者从近期代理案件中发现权利人用诉讼进行商业竞争已经成为一种趋势，通过提供员工合同、岗位职责、拼凑现有技术去主张技术秘密侵权，给被告带来很大诉累。在这一类案件中被告只有提供比较完备的自我研发资料才能够洗清嫌疑，如果被告企业内部管理不够完善，时间久远证据材料遗失很容易输掉诉讼。因此建议企业内部一方面要加强员工培训，让他们有避免侵犯前雇主商业秘密的意识，遇到无法判断的要及时向上级汇报，做侵权风险判断；另一方面要加强内部研发文档留痕、归档管理。这样才能从容应对将来可能的被诉风险。

八、有家（天津）企业管理有限公司与北京市盈科（大连）律师事务所等侵害经营秘密纠纷案[①②]

案情聚焦

2018 年 8 月 24 日，张某与有家（天津）企业管理有限公司（以下简称有家公司）签订《委托服务合作协议》，约定了相关合作事宜，其中包括有家公司经营信息、客户信息等重要内容，双方对合作协议约定有保密条款且保密期限为 10 年。后张某与有家公司因履行《委托服务合作协议》产生争议，张某作为申请人，委托北京市盈科（大连）律师事务所（以下简称盈科律师事务所）曲某律师，于 2019 年 2 月 11 日向中国国际经济贸易仲裁委员会（以下简称贸仲）申请仲裁，贸仲于 2019 年 2 月 26 日受理该案，经不公开审理，于 2019 年 8 月 13 日出具（2019）中国贸仲京裁字第 1205 号《裁决书》（以下简称 1205 号《裁决书》）。有家公司因不服 1205 号《裁决书》，向北京市第四中级人民法院提起撤销仲裁裁决申请，但北京市第四中级人民法院依法裁定驳回有家公司的申请。

2018 年 12 月 3 日，案外人高某与有家公司也签订了类似的《委托服务合作协议》，后高某与有家公司因上述《委托服务合作协议》产生争议，高某作为申请人向贸仲申请仲裁，高某亦委托盈科律师事务所曲某律师作为代理人。在 2020 年 11 月 2 日该案开庭过程中，申请人向仲裁庭提交了 1205 号《裁决书》供仲裁庭参考，并载明该《裁决书》的使用范围仅限于本案仲裁庭相关人员内部参照使用，均不得对外界透露本《裁决书》的有关情况。

基于此，有家公司以侵犯商业秘密为由起诉张某与盈科律师事务所至北京市西城区人民法院（以下简称一审法院），有家公司认为 1205 号《裁决书》为企业商业秘密，但张某与盈科律师事务所却于另案中公开该裁决书，

---

① 汪妍瑜律师，上海市锦天城律师事务所。

② 一审案号：（2021）京 0102 民初 33778 号；二审案号：（2022）京 73 民终 68 号。

使其他公众获知该商业秘密，从而对有家公司造成经营风险和经济损失，并严重影响有家公司商业信誉。一审法院经审理认为：1205 号《裁决书》本身作为仲裁裁判文书，不属于商业秘密，但该《裁决书》所引用的张某与有家公司《委托服务合作协议》合同内容具有商业秘密的三性特征，1205 号《裁决书》含有的合同内容可被认定为有家公司的商业秘密。盈科律师事务所在仲裁中向仲裁庭提交 1205 号《裁决书》，采取了一定技术处理措施，其主观目的不是获取不正当竞争优势，故盈科律师事务所向仲裁庭披露涉案仲裁裁决的行为，不构成侵犯有家公司商业秘密的行为。

有家公司不服一审判决，上诉至北京知识产权法院（以下简称二审法院），二审法院纠正了一审法院对于商业秘密的认可。二审法院认为。裁决书所记载的事实、仲裁庭意见以及裁决结果等是法律规定必须写明的信息，是认定争议事实和责任承担的载体，这些信息并不会给当事人的经营活动带来商业意义上的具有现实的或者潜在的商业价值，不符合法律规定的商业秘密的价值性要件。此外，商业秘密中的保密措施应当是为防止信息泄露，权利人主动采取的与其商业价值等相适应的措施，本案中有家公司主张对商业秘密采取的保密措施是《中国国际经济贸易仲裁委员会仲裁规则》第三十八条的规定，但是该规则并不是有家公司自身设立的保密措施，因此，有家公司所主张的裁决书信息亦不符合法律规定的商业秘密的保密性要件，故有家公司所主张的裁决书并不属于反不正当竞争法规定的商业秘密。

律师评析

该案涉及律师在代理案件中对既往办理案件的披露问题，具有一定的典型性。在律师的案件办理过程中，不可避免地会参考其办理过的既往案件，并且通常会将既往案件中同类的有用信息提供给审理人员参考，使审理人员可以获知同类案件信息，统一审理尺度。然而律师在既往案件办理过程中，或多或少会接触到一些客户的商业秘密，如何使律师在提供案件信息的过程中既能给予审理人员足够的信息进行参考，又能避免泄露客户的商业秘密，确实是一个值得考虑的问题。

在本案中，律师在代理的仲裁案件中将之前代理的同类仲裁案件的《裁决书》提供给仲裁庭参考使用，该《裁决书》中的内容是否构成商业秘密是法院审理的重点。

《反不正当竞争法》第九条规定："经营者不得实施下列侵犯商业秘密的行为：（一）以盗窃、贿赂、欺诈、胁迫、电子侵入或者其他不正当手段获取权利人的商业秘密；（二）披露、使用或者允许他人使用以前项手段获取的权利人的商业秘密；（三）违反保密义务或者违反权利人有关保守商业秘密的要求，披露、使用或者允许他人使用其所掌握的商业秘密；（四）教唆、引诱、帮助他人违反保密义务或者违反权利人有关保守商业秘密的要求，获取、披露、使用或者允许他人使用权利人的商业秘密。经营者以外的其他自然人、法人和非法人组织实施前款所列违法行为的，视为侵犯商业秘密……本法所称的商业秘密，是指不为公众所知悉、具有商业价值并经权利人采取相应保密措施的技术信息、经营信息等商业信息。"也就是说，商业秘密需要具有秘密性、价值性（实用性）和保密性三个要件，缺一不可。

本案中，二审法院对一审法院确定的商业信息的载体进行了纠正，一审法院以《委托服务合作协议》为载体，而二审法院明确了以有家公司所主张的《裁决书》为载体。就商业信息本身而言，其为抽象内容，需要通过载体进行承载，因此确定载体是进行判断的基础，该载体应与原告的主张相一致，相应的关于商业秘密三个要件的判断以此载体为基础展开。

本案中二审法院在商业信息载体的基础上，明确了价值性和保密性的判断方法：首先，二审法院明确了裁决书是仲裁机关依照法定的程序作出的有法律效力的文书，裁决书所记载的事实、仲裁庭意见以及裁决结果等是法律规定必须写明的信息，是认定争议事实和责任承担的载体，这些信息并不会给当事人的经营活动带来商业意义上的现实的或者潜在的商业价值，不符合法律规定的商业秘密的价值性要件。其次，虽然《中国国际经济贸易仲裁委员会仲裁规则》第三十八条规定，"……不公开审理的案件，双方当事人及其仲裁代理人、仲裁员、证人、翻译、仲裁庭咨询的专家和指定的鉴定人，以及其他有关人员，均不得对外界透露案件实体和程序的有关情况"，然而该保密的规定并非权利人主动采取的，也即二审法院明确了商业秘密中的保密措施应当是权利人主动采取的与载体相关的保密措施，而非其他方采取的保密措施或者权利人采取的与载体无关的保密措施。可见，商业秘密的价值性和保密性应结合载体进行判断，即应结合考虑承载该商业信息的载体是否具有价值性和保密性，如果载体不具有价值性和保密性，则其承载的商业信息也就不具有价值性和保密性。

通过本案，我们可以总结出二审法院对法律文书类文件的普适性观点，即法律文书类型的信息载体本身不符合法律规定的商业秘密的价值性要件和保密要件，律师在法庭中对此类法律文书的合理使用并不会造成侵犯商业秘密的风险。然而，需要注意的是，代理律师如果超出了合理使用的范围，如律师对商业信息的披露、使用等并非以法律文书的形式，或者律师将商业信息提供给了除审判人员以外的其他人员以谋取办案机会，同样可能存在侵犯商业秘密的风险。本案中代理律师对《裁决书》采取的使用形式和使用范围的处理值得借鉴，律师并非法外之人，律师在维护当事人利益的同时同样要注意对自身行为进行规范，规避法律风险。

九、广州晟视电子科技有限公司、刘某雯等侵害商业秘密纠纷案①②

案情聚焦

被告刘某雯、刘某杰系姐弟关系，两人曾同期就职于原告广州晟视电子科技有限公司（以下简称晟视公司），其中，姐姐刘某雯于 2015 年 4 月 21 日入职担任市场部经理一职。2019 年 2 月 28 日，弟弟刘某杰入职晟视公司技术部门担任技术工程师岗位，于 2019 年 7 月 16 日在职期间成立被告公司嘉蓝（广州）科技有限公司（以下简称天予嘉蓝公司）并作为该公司法人。

① 汪妍瑜律师，上海市锦天城律师事务所。

② 一审案号：（2021）粤 0112 民初 797 号；二审案号：（2021）粤 73 民终 5578 号。

刘某杰于 2020 年 4 月 13 日离开晟视公司。同年，晟视公司、天予嘉蓝公司一起参加广州农商行监控设备项目投标，投标项目涉及四项报价，刘某雯、刘某杰两人分别作为其所在公司的授权代表之一。在监控设备项目的两轮报价中，天予嘉蓝公司第一轮报价比晟视公司高，但在第二轮报价时进行了降价，使其四项报价均小幅低于晟视公司，最终该项目由天予嘉蓝公司中标。

2021 年，晟视公司向广东省广州市黄埔区人民法院（以下简称一审法院）起诉主张刘某雯、刘某杰、天予嘉蓝公司侵害其投标价格等商业秘密，请求判令刘某雯、刘某杰、天予嘉蓝公司向晟视公司赔偿经济损失 350 万元并承担诉讼费、保全费。一审法院经审理后认为晟视公司所主张的投标报价不为公众知悉、开标之前采取保密措施、能给权利人带来竞争优势，中标后可以为权利人带来经济利益，因此符合商业秘密的构成要件，属于商业秘密中的经营信息，应当予以保护；并基于刘某雯、刘某杰系姐弟关系，曾同在晟视公司任职、曾经参加同公司的同类投标项目，投标的四项报价均设定为小幅低于晟视公司报价的事实，直接推定刘某雯存在违反保密义务向刘某杰、天予嘉蓝公司披露晟视公司投标报价信息的行为，进而认定刘某雯、刘某杰、天予嘉蓝公司的被控侵权行为侵害了晟视公司的商业秘密，构成不正当竞争。一审法院判决：刘某雯、刘某杰、天予嘉蓝公司共同赔偿晟视公司经济损失 10 万元（含合理费用），以及负担诉讼费。

晟视公司、刘某雯和天予嘉蓝公司均不服广东省广州市黄埔区人民法院（2021）粤 0112 民初 797 号民事判决，向广州知识产权法院（以下简称二审法院）提起上诉。

二审法院在一审法院的基础上进一步查明刘某雯工作电脑中储存的天予嘉蓝公司与案外人的合同，从而证明刘某雯参与了天予嘉蓝公司的经营，知悉天予嘉蓝公司的经营情况；另外还查明投标项目的响应函的部分记载内容，投标方承诺与本项目其他谈判供应商不存在任何关联关系，在此情况下两家依然参与投标，说明刘某雯和刘某杰知悉两公司共同参与竞标。在此基础上结合一审法院查明的两人是姐弟关系，第二轮报价上的小幅差价设置判定侵害了前雇主晟视公司的商业秘密。

最终二审法院于2022年4月15日作出二审判决，驳回上诉维持原判。

律师评析

本案是对《反不正当竞争法》商业秘密举证责任分配的典型适用案例，虽然在案证据均无法直接证明刘某雯向其弟刘某杰提供了投标价格信息，但法院根据《反不正当竞争法》的规定，结合在案证据推定刘某雯实施了披露行为。本案一审和二审法院判决结论相同，但适用的举证证明标准不同，二审法院在一审法院的基础上进一步明确原告举证需要达到的证明标准，为各级法院提供了参考和借鉴。

为了解决长久以来一直困扰商业秘密权利人的“维权难”现状，2019年修订的《反不正当竞争法》增加了第三十二条规定：“在侵犯商业秘密的民事审判程序中，商业秘密权利人提供初步证据，证明其已经对所主张的商业秘密采取保密措施，且合理表明商业秘密被侵犯，涉嫌侵权人应当证明权利人所主张的商业秘密不属于本法规定的商业秘密。商业秘密权利人提供初步证据合理表明商业秘密被侵犯，且提供以下证据之一的，涉嫌侵权人应当证明其不存在侵犯商业秘密的行为：（一）有证据表明涉嫌侵权人有渠道或者机会获取商业秘密，且其使用的信息与该商业秘密实质上相同；（二）有证据表明商业秘密已经被涉嫌侵权人披露、使用或者有被披露、使用的风险；（三）有其他证据表明商业秘密被涉嫌侵权人侵犯。”

根据该条的规定，商业秘密权利人不再需要直接提供证据证明涉嫌侵权人存在不当行为，其仅需提供初步证据合理表明商业秘密被侵犯，有证据表明涉嫌侵权人有渠道或者机会获取商业秘密，且其使用的信息与该商业秘密实质上相同的即可达到证明标准，转由涉嫌侵权人提交相反证据证明其不存在侵犯商业秘密的行为，若无法提供则可推定其侵权行为成立，即“接触可能+实质性相同”原则。该规定从立法层面大幅度地降低了商业秘密权利人的举证压力，加大了对商业秘密权利人的保护。

本案中，一审法院在没有直接证据的情况下，结合刘某雯、刘某杰二人是姐弟关系、曾经同在晟视公司工作以及天予嘉蓝公司第二次投标的四项报价均小幅低于晟视公司的投标报价等在案事实，基于逻辑推理和日常生活经验法则推定刘某雯存在不当披露行为。一审法院在认定部分明确其依据的是证据优势原则。从一审法院的推定来看，原告仅举证证明投标报价属于其商业秘密以及刘某雯和刘某杰两姐弟可能接触到该商业秘密进行利用，举证责任就转移给了被告。一审法院在被告不能举证证明其没有实施披露行为的情况下直接推定其实施了披露行为。

但毕竟天予嘉蓝公司第二次报价在原价格的基础上浮动 9%—15% 的幅度，在该行业内属于正常的商业行为，具有现实的合理可能性。刘某雯和刘某杰作为姐弟，在共同参与投标时就已经注定处于“瓜田李下”境地，一旦最终投标价格相近，就可能面临被追诉商业秘密侵权的风险，除非他们能自证清白，一个没透露另一个没接受商业秘密。然而众所周知，诉讼中消极事实的证明很难，这样一来势必无数个有亲缘关系在同业不同公司供职的人都将面临承担“不主动避嫌的责任”，稍有不慎将会波及公司的正常经营。

对此，二审法院的推理进一步明确了原告的证明标准，更符合立法原意。具体来说，二审法院在一审法院查明事实的基础上进一步补充查明刘某雯工作电脑中储存了带有其签名的天予嘉蓝公司与案外人的合同，说明刘某雯实际参与天予嘉蓝公司的经营，并且刘某雯和刘某杰两姐弟分别作为投标经办人均知悉两公司共同参与竞标，结合一审证据从而推定刘某雯将晟视公司的第二轮报价披露给刘某杰、天予嘉蓝公司。二审法院适用的高度盖然性的证明标准中，仅有亲缘关系不足以说明“泄露”，还应该有客观证据表明双方在日常生活工作中有单向或者双向参与对方经营的事实。二审法院的标准有利于避免“冤案”产生，也对将来案件中原告的举证责任具有参考和借鉴价值。

十、张某霞诉张某等侵害商业秘密纠纷案[①][②]

案情聚焦

原告张某霞与被告之一张某曾为夫妻关系，二人婚后成立并共同经营宁津县宏奥布艺厂，该厂经营范围为布艺制品生产、加工、销售；其间张某曾与“罗”（即义乌市亦柳家居用品厂法定代表人罗某）、“樊”（即义乌市超源包装制品有限公司法定代表人樊某滔）二人有过经营往来。2017 年 9 月 18 日张某霞与张某协议离婚，在二人离婚时，张某出具保证书保证不与“樊”“罗”二人交易。二人协议离婚后，宁津县宏奥布艺厂注销，张某成立自然人独资公司即凯盛公司（被告），从事与原宁津县宏奥布艺厂经营范围一致的经营，张某披露并允许凯盛公司使用“罗”“樊”二客户信息并获利。原告张某霞认为张某离婚后的上述行为侵害了其商业秘密，诉请张某、凯盛公司停止侵权并补偿其经济损失。一审法院经审理认为，张某霞主张的客户信息具体明确，在二人婚姻关系存续期间，张某曾与上述客户进行过交易，掌握上述客户的名称、地址、联系方式，了解客户的交易习惯、意向，这些客户信息属于《反不正当竞争法》第九条第四款所称的经营信息。虽然客户的名称可以公开的方式获取，但交易习惯、意向等内容不为公众所知悉且具有商业价值，张某霞曾要求张某不得与该两个客户交易，已经采取了相应的保密措施，应认定张某霞主张的客户信息构成商业秘密。一审法院判决：张某、凯盛公司立即停止侵害张某霞客户信息的不正当竞争行为，并于判决生效十日内赔偿张某霞损失 8 万元。

双方均不服一审判决，向山东省高级人民法院（以下简称二审法院）提起上诉。关于张某霞是否享有商业秘密权利的问题。二审法院认为：张某自认其在与张某霞婚姻存续期间共同经营宁津县宏奥布艺厂，与“罗”“樊”二人有经营上的往来，这种基于合作关系所形成的交易习惯、意向、内容等

---

① 汪妍瑜律师，上海市锦天城律师事务所。

② 一审案号：（2020）鲁 14 民初 305 号；二审案号：（2021）鲁民终 869 号。

特殊信息构成区别于公知信息的客户信息；考虑到上述信息获得时，张某霞与张某处于婚姻关系存续期间，不能按照普通企业对职工的保密措施标准来认定二人之间的保密措施，张某霞与张某在婚姻关系存续期间，共同经营宁津县宏奥布艺厂，二者具有利益一致性与共同对外性，在二人离婚时，张某出具保证书保证不与“樊”“罗”交易，可以认定张某霞对涉案客户信息采取了合理的保密措施。综上，二审法院认为：一审法院认定张某霞主张的涉案客户信息构成反不正当竞争法保护的商业秘密基本适当，维持一审法院所判张某、凯盛公司立即停止侵害张某霞客户信息的不正当竞争行为；一审法院酌定赔偿数额 8 万元有所不当，变更为 30 万元。

律师评析

商业秘密的认定中保密性是其中一个要件。《最高人民法院关于审理侵犯商业秘密民事案件适用法律若干问题的规定》（法释〔2020〕7 号）第六条规定“具有下列情形之一，在正常情况下足以防止商业秘密泄露的，人民法院应当认定权利人采取了相应保密措施：（一）签订保密协议或者在合同中约定保密义务……”

签订保证不与“樊”“罗”二人交易的保证书，并不属于上述规定中的保密协议，也不属于在合同中约定保密义务。然而，夫妻关系，亲属关系，甚至合租关系的双方，很容易获得对方的商业秘密，在这种情况下，根据信任和亲疏关系，保密措施可以具有不同的判定标准，不应拘泥于上述形式，而是应该考虑措施背后暗含的意图。本案中，张某与张某霞原系夫妻关系，二人在婚姻存续期间共同经营一家企业，二人离婚时，张某保证不与“樊”“罗”二人交易，张某的保证书实质是张某霞为保护其客户的特殊信息所采取的措施，可以认定为张某霞采取了保密措施。鉴于二人的特殊关系，两审法院对保密措施的认定没有依据普通企业对职工的保密措施标准，也不认为须签订保密协议或者在合同中约定保密义务，才构成保密措施，而是将二人在离婚时张某保证不与“樊”“罗”二人交易的协议，认定为张某霞对涉案客户信息采取了合理的保密措施。本案丰富了保密措施的认定方式，具有一定的借鉴意义。该案也提示公众，对于关系较近的人，如果需要采取保密措施保护自身商业秘密，至少留存书面证据，以免日后被侵权时举证困难，造成利益的损失。

同时，该判决与《民法典》中的诚实信用原则高度契合。张某曾保证不与“樊”“罗”二人交易，却仍与二人交易获利，其行为构成失约。诚实守信是市场活动的基本准则，是保障交易秩序的重要法律原则，同时又是一种重要的道德规范，不正当竞争行为很多是明显的侵权行为，这个法律实际上也是调整平等当事人之间的财产关系，同样适用诚实守信原则。

十一、北京元鼎时代科技股份有限公司与屈某斌等侵害技术秘密纠纷案①②

案情聚焦

北京元鼎时代科技股份有限公司（以下简称元鼎公司）成立于2003年9月10日，在日常经营中开发了元鼎蓝鲸智能运维平台V2.0软件、元鼎蓝鲸SmartCMP平台V1.0软件和元鼎容器云管理平台软件等多个计算机软件，并与洛阳银行有涉及前述三个计算机软件的相关合作项目。元鼎公司分别于2015年11月25日、2016年1月4日与屈某斌、李某鹏签订劳动合同，并在劳动合同中约定，二人对在元鼎公司任职期间接触、知悉的技术秘密负有保密义务。2019年6月，屈某斌和李某鹏先后离职，离职时两人分别担任副总裁和技术总监的职务。而厚诺公司成立于2019年5月7日，法定代表人是屈某斌，且屈某斌和李某鹏都是该公司股东，厚诺公司成立后先后中标洛阳银行、平顶山银行的招标项目。由于屈某斌和李某鹏在元鼎公司任职期间就深度参与了和洛阳银行的合作项目，本次洛阳银行的招标项目又与前期元鼎公司和洛阳银行的合作项目有一定的关联性，因此元鼎公司认为屈某斌、李

---

① 汪妍瑜，上海市锦天城律师事务所。

② 一审案号：（2021）豫01知民初1009号；二审案号：（2021）最高法知民终2389号。

某鹏和厚诺公司与洛阳银行、平顶山银行的合作项目使用了元鼎公司的三个计算机软件代码，其行为侵犯了元鼎公司的商业秘密，遂提起诉讼。

一审中，元鼎公司主张其商业秘密是其自行开发的三个计算机软件代码及洛阳银行一期项目所涉及的研发资料、研发费用，而与屈某斌、李某鹏签订的劳动合同中都约定应对在元鼎公司任职期间接触、知悉的技术秘密负有保密义务。河南省郑州市中级人民法院于2021年8月17日作出（2021）豫01知民初1009号民事判决，主要认为针对技术秘密的载体、内容，元鼎公司仅向法院提交了其中两个计算机软件的著作权登记证书及其与洛阳银行签订的软件采购合同，并未提交其主张代码及研发资料的具体载体及具体内容，而通过软件采购合同对软件产品清单的约定，显然不能确定元鼎公司要求保护的研发资料中相关技术秘密的具体内容和范围；此外，在技术秘密载体及内容均不明确，且元鼎公司提交的计算机软件著作权登记证书已载明首次发表日期的情况下，法院无法判断相关信息是否不为公众所知悉，亦无法评判相关信息是否具有商业价值。同时，元鼎公司亦未能举证证明被告侵犯了元鼎公司的技术秘密，最终驳回元鼎公司的诉求。

元鼎公司不服一审判决，向最高人民法院（以下简称二审法院）提起上诉。

二审法院认为：计算机软件源代码属于技术信息范畴，且一般并不公开，认定是否构成商业秘密不以提交计算机软件源代码为前提，拥有计算机软件著作权登记证书亦并不等于计算机软件源代码已被公开；被上诉人（原审被告）也未提供证据证明元鼎公司主张的商业秘密已公开，因此元鼎公司主张的商业秘密范围并不为公众所知悉。而计算机软件属于一种重要的技术信息，开发者为其投入了大量人力财力，软件可为开发者带来经济利益，具有商业价值，研发资料、研发费用信息已具有一定商业价值。元鼎公司与屈某斌、李某鹏的劳动合同中约定两人对元鼎公司的技术秘密承担保密义务，可以认定元鼎公司对其技术秘密采取了相应的保密措施，并依据上述内容认定元鼎公司主张的技术秘密符合法定条件。

但同样指出元鼎公司的证据并不足以证明厚诺公司使用了屈某斌、李某鹏从元鼎公司获得的计算机软件代码、研发资料或进行了何种修改，即无法认定被告使用的信息与其所主张的商业秘密构成相同或者实质相同，同时元鼎公司也未能证明被告采取不正当手段获取相关商业秘密信息。最终认为难以认定原告实施了侵害元鼎公司商业秘密的行为，驳回了元鼎公司的上诉请求。

律师评析

商业秘密案件中，对于商业秘密的认定一直是商业秘密案件中的重难点。通常来说，判断依据是《反不正当竞争法》第九条第四款规定，“本法所称的商业秘密，是指不为公众所知悉、具有商业价值并经权利人采取相应保密措施的技术信息、经营信息等商业信息”。即对于商业秘密的认定主要是从秘密性、价值性（实用性）和保密性三个要件来进行判断。具体在本案中，一审法院和二审法院对于元鼎公司主张的技术信息是否构成商业秘密存在较大分歧。

针对秘密性这一构成要件，一审法院认为元鼎公司未提交其主张代码及研发资料的具体载体及具体内容，是不能确定元鼎公司要求保护的研发资料中相关技术秘密的具体内容和范围。但最高人民法院直接指出一审法院的相关认定适用法律错误，并依照软件行业特点，认为通常情况下源代码为企业自行开发，天然地具有非公知性特点。其次，虽然软件著作权人向版权登记机关进行了相关软件的著作权登记，但软件著作权人并不向版权登记机关提交完整的源代码，软件著作权登记不会破坏源代码的非公知性。在被诉侵权人无法提供证据证明该商业信息已经被公开的情况下，最高人民法院认为元鼎公司的相关软件具备不为公众所知悉的秘密性以及价值性。

由于商业秘密必须是真实存在的信息，因此其必然存在载体进行承载。本案中元鼎公司并未直接提交涉案软件的源代码或者源代码的直接表现形式（例如软件界面），即最高人民法院在并未获得商业秘密直接载体和间接载体的情况下，根据笼统的软件行业特点以及相关辅助信息，且被诉侵权人未提供证据证明上述信息已公开，直接认定了相关信息的秘密性。这一裁判规则值得注意，即对于计算机软件而言，法院可以仅仅依据计算机软件本身的特点就认定该计算机软件的秘密性、价值性，而提供直接或间接的计算机软件载体并非对于计算机软件的秘密性、价值性认定的前提。

这一裁判规则对权利人更加友好，举证责任有所减轻，权利人维权的难度得到进一步降低。

重点关注

一、全国商业秘密保护创新试点工作启动

事件回放

2022 年 3 月 2 日，国家市场监督管理总局印发《全国商业秘密保护创新试点工作方案》（以下简称《方案》），部署各地开展商业秘密保护创新试点工作，提出通过选择一批地区开展商业秘密保护创新试点，用 3 年时间，不断提高商业秘密的治理水平和保护效能，推动商业秘密保护工作再上新台阶。

2022 年 7 月 14 日，全国商业秘密保护创新试点启动会在杭州市举行，启动会贯彻落实党中央、国务院决策部署，对全国商业秘密保护创新试点工作进行动员部署，苏州等 20 个地区成为首批全国商业秘密保护创新试点地区。

国家市场监督管理总局副局长甘霖出席会议并讲话，会议指出，开展商业秘密保护创新试点是贯彻落实党中央、国务院决策部署的重要举措，是推动创新发展、高质量发展的重要举措，是推进商业秘密保护工作改革创新的重要举措，是对标国际规则、提升国际影响力的重要举措。同时也是一项开拓性的改革工作、创新工作，是监管与服务相结合，微观改革政策与宏观发展政策、创新政策相结合的重要着力点，意义重大、影响深远。①

---

① 《市场监管总局关于印发全国商业秘密保护创新试点工作方案的通知》，载中国政府网，http://www.gov.cn/zhengce/zhengceku/2022-03/23/content_5680784.htm，最后访问时间：2023 年 2 月 15 日。

律师评析

随着我国知识产权保护水平的不断提高，创新主体的知识产权保护意识不断提升，商业秘密逐渐成为创新主体保护其经营成果的一种重要手段和形式，成为创新主体参与市场竞争的重要战略性资源。

我国高度重视商业秘密的保护，《民法典》《反不正当竞争法》《刑法》等法律为商业秘密的保护构建了全面、立体的司法保护体系，2019 年 4 月《反不正当竞争法》的修订对商业秘密保护制度进行了进一步的完善，商业秘密保护力度和保护水平进一步和提高，目前，我国已经建立了较为完备的商业秘密民事、行政、刑事保护体系，为企业保护商业秘密提供了强有力的法律保障。

值得注意的是，近年来，我国商业秘密纠纷案件呈增长趋势，企业核心技术成果被盗、员工离职跳槽泄密、同行窃密等事件屡禁不绝。且随着计算机技术的快速发展，商业秘密的侵权手段更加隐秘，创新主体在保护商业秘密时，常常面临防范难、取证难、成本高、周期长、赔偿低等问题，如何帮助创新主体建立有效的商业秘密保护体系，对于提高创新主体的商业秘密治理水平和保护效能，具有重要意义。

此次发布的《方案》，围绕加强制度创新、健全工作机制、加强监管执法、健全服务保障体系、对标高标准国际经贸规则、营造良好氛围等六个方面，全面部署了全国商业秘密保护创新试点工作的主要任务，为商业秘密保护创新试点工作的开展提供了详细指引。

该工作方案可以分为三大方面：

（1）制度方面。包括加强商业秘密保护制度创新的工作任务的内容，即为企业提供、建立、完善行业的和企业内部的商业秘密管理保护制度。

（2）行政方面。包括健全商业秘密保护工作机制、加强商业秘密保护监管执法、健全商业秘密保护服务保障体系的工作任务的内容，即从行政机关的角度进一步地优化完善为企业提供的商业秘密保护服务及执法能力等，并推动对接司法机关形成部门联动，为企业提供一体的商业秘密保护。

（3）氛围方面。包括对标高标准国际经贸规则、营造商业秘密良好保护氛围的工作任务的内容，即进一步地提升商业秘密保护国际化水平、加强商业秘密保护氛围。

在创新试点地区的选择上，首批试点选取了包括苏州在内的20个地区，这些地区在创新活动上走在全国前列，以苏州为例，苏州拥有16万家工业企业，2021年规上工业总产值迈上4万亿元台阶，稳居全国最前列。企业创新能力强，商业秘密保护的工作基础较好，成为首批试点地区的共同特点，期待首批试点地区能够充分发挥先行地区的示范引领作用，推进全国商业秘密保护工作改革创新，推动商业秘密保护工作再上新台阶。

二、全国商业秘密保护百家企业圆桌会议在京召开

事件回放

2022年11月16日，市场监管总局在北京组织召开全国商业秘密保护百家企业圆桌会议。会议围绕加强商业秘密保护主题进行交流研讨。

根据市场监管总局发布的信息，会议指出，商业秘密是企业的重要知识产权，是企业的核心竞争力。作为商业秘密的创造者和所有者，企业要切实履行主体责任，将商业秘密保护纳入企业整体发展战略，与专利保护统筹结合，科学谋划知识产权布局，推动形成尊重知识产权、保护商业秘密的良好氛围。

会议倡导，企业应牢牢树立产业报国、实业强国的初心志向，把企业发展同国家繁荣、民族兴盛和人民幸福结合在一起。在全面建设社会主义现代化国家的新征程上，秉承企业家精神，增强责任感使命感，不断提升企业商业秘密保护意识和能力，共同净化市场竞争生态，为促进高质量发展、全面推动中国式现代化建设作出应有贡献。

会上，百家企业代表联合签署“保护商业秘密 助力创新发展”倡议书，向全国企业发出九项倡议：一是围绕宏观大局，服务高质量发展。二是秉持创新精神，致力发明创造。三是重视商业秘密，保护知识产权。四是健全管

理制度，夯实保护基础。五是加大投入保障，提升保护能力。六是恪守商业道德，净化竞争生态。七是诚信守法经营，履行社会责任。八是加强政企联动，健全保护体系。九是遵循国际规则，参与全球竞争。

律师评析

我国高度重视企业的商业秘密保护工作，加强企业商业秘密保护不仅是企业发展的需要，也影响着国家形象，关系着国际竞争力。

近年来，无论是在法律层面，还是在政策层面，我国都在加大包含商业秘密在内的知识产权保护的力度。《民法典》《反不正当竞争法》《刑法》等法律对商业秘密保护构建了较为全面的立法保护体系。中共中央国务院印发的《知识产权强国建设纲要（2021—2035 年）》等系列国策文件也对商业秘密保护提出了明确要求，指出要构建门类齐全、结构严密、内外协调的法律体系。制定修改强化商业秘密保护方面的法律法规，完善规制知识产权滥用行为的法律制度以及与知识产权相关的反垄断、反不正当竞争等领域立法。

随着我国商业秘密立法保护体系的逐渐完善，以及党和国家对商业秘密保护工作的大力落实和宣传，我国的商业秘密保护水平取得了长足的发展，企业保护商业秘密的意识逐渐提高，营商环境得到持续改善。商业秘密在产业创新发展中的价值越来越高，商业秘密作为企业的核心知识产权，为越来越多的经营主体所重视。

本次圆桌会议围绕加强商业秘密保护主题进行了深入研讨，百家企业代表联合签署的“保护商业秘密 助力创新发展”倡议书高度全面地概括了商业秘密保护的价值和意义、商业秘密保护的路径和措施、商业秘密保护的目标和方向，为经营者开展商业秘密保护工作提供了重要指引，对共同净化市场竞争生态，促进企业高质量发展有重要的指导意义。

三、七部门联合印发指导意见强化种业知识产权保护，大力推进种业商业秘密保护工作

事件回放

2022年1月28日，农业农村部、最高人民法院、最高人民检察院、工业和信息化部、公安部、市场监管总局及国家知识产权局七部门联合印发《关于保护种业知识产权打击假冒伪劣套牌侵权营造种业振兴良好环境的指导意见》（以下简称《指导意见》）。《指导意见》强调要加大种业知识产权司法保护力度，加强种业知识产权案件审判工作，深入推进种业知识产权民事、刑事、行政案件“三合一”审判机制改革。充分利用举证责任转移等制度规定，降低维权成本，提高侵权代价。加强种业领域商业秘密保护，完善犯罪行为认定标准。①

律师评析

种业是保障粮食安全的核心要素，也是提升农业竞争力的核心变量。党中央、国务院高度重视种业振兴和知识产权保护工作。习近平总书记多次就种业的知识产权保护作出重要指示，2021年7月9日主持召开中央全面深化改革委员会第二十次会议审议通过《种业振兴行动方案》，要求强化企业创新主体地位，加强知识产权保护，优化营商环境。

《指导意见》的出台既是贯彻落实中央种业振兴行动部署和新修改种子法有关要求的具体措施，也是农业农村部联合公检法等部门致力于加强种业知识产权保护的共同行动。

为了加强种业领域的商业秘密保护，一方面要求种业领域的经营者加强商业秘密保护意识，提高商业秘密保护的实务水平，种业领域的商业秘密保护应贯穿育种的整个流程，将育种创新过程中形成的品种资源、育种材料、

---

① 《关于保护种业知识产权打击假冒伪劣套牌侵权营造种业振兴良好环境的指导意见》，载云南省人民政府官网，https：//www. yn. gov. cn/ztgg/lqhm/lqzc/gbhqwj/202203/t20220330_ 239884. html，最后访问时间：2023年2月15日。

中间材料、实验数据、制种技术等技术信息和经营信息全面纳入商业秘密保护的范畴，从人防、物防、技防等方面采取有效保护措施，提高商业秘密保护主动防范意识和事后维权救济能力。另一方面，在民事、刑事、行政方面要实施严格的商业秘密保护制度，深入推进种业知识产权民事、刑事、行政案件“三合一”审判机制改革。健全行政执法和刑事司法衔接机制。农业农村部门要加强与公安、检察院、法院等部门单位的沟通衔接，建立健全信息共享、案情通报、案件移送机制，联合开展重大案件督查督办工作。严惩违法犯罪行为，加强对恶性侵权行为的威慑，对反复侵权、侵权为业等行为实施惩罚性赔偿。降低维权难度和成本，充分利用举证责任转移等制度规定，提高侵权代价。深入研究严重侵害植物新品种权行为入刑问题，构建“不敢侵权、不能侵权、不想侵权”的长效机制。

四、《上海技术交易所企业商业秘密资产确权管理指引》正式发布

事件回放

2022 年 8 月 1 日，上海技术交易所为响应国家市场监督管理总局《全国商业秘密保护创新试点工作方案》的号召，正式发布《上海技术交易所企业商业秘密资产确权管理指引》（以下简称《指引》）。

该《指引》是由上海技术交易所、华东政法大学知识产权研究中心及上海汇智达科技创新与知识产权研究院等机构共同起草，是根据反不正当竞争法及相关法律对于企业商业秘密资产的权利存在事实的要求、商业秘密司法维权立案标准与现行各级政府推动企业强化商业秘密管理的政策与规范，针对各行业在商业秘密管理实务中存在的具体需求而制定，对我国企业在商业秘密管理上接轨国际、做好商业秘密资产确权工作提供了具体有效的措施建议。

律师评析

商业秘密保护与管理是我国《“十四五”国家知识产权保护和运用规

划》的重点任务与专项工程，商业秘密保护工作得到社会各界越来越多的重视，地方政府或行业组织也纷纷结合区域经济和本地实际，制定了商业秘密保护的相关指导文件。

与其他地区出台的类似的商业秘密保护指导性文件不同，该《指引》从企业商业秘密资产确权管理的角度出发，聚焦于企业如何做好商业秘密资产确权工作，同时开创性地将商业秘密保护、区块链数字存证、商业秘密资产鉴定程序三者有机结合，共同纳入到《指引》的实施建议之中，既具有较高的理论性、前瞻性，又具有很强的可操作性。

该《指引》共分为 10 个章节，第 1—5 章分别阐述了《指引》的实施目的、实施范围、术语与定义、实施流程及总体要求；第 6 章从商业秘密资产的辨识、梳理、确认及登记的角度详细阐述了商业秘密资产的盘点工作；第 7 章从商业秘密载体归档、备份及封存的角度阐述了商业秘密资产固化的基本原则及操作规范；第 8 章从电子数据存证的角度阐述了商业秘密资产的存证措施，详细阐述了对存证平台的资质、技术及监管方面的要求；第 9 章侧重于商业秘密资产的保护，从人员管理、涉密信息保护、涉密文档管理、涉密区域管理、商务活动管理、泄密事件预防与应对等角度阐述了实践中商业秘密的保护措施；第 10 章则从商业秘密资产鉴定程序的角度阐述了如何确定商业秘密的非公知性（秘密性），为企业在实践中选择司法鉴定机构，申请司法鉴定提供了详细的操作指引。

整体上，该《指引》聚焦于商业秘密保护实务，系统地总结了商业秘密保护实务中的规范做法，同时详细阐述了区块链数字存证等较为新颖的创新实践，贴近企业实际需求，可操作性强，为企业强化商业秘密管理制度建设、防范商业秘密侵害风险、提高商业秘密资产确权效力提供了系统的指导建议。

五、湖南自贸区率先推出知识产权“前置保护”新模式，助力企业商业秘密保护工作

事件回放

根据中国（湖南）自由贸易试验区知识产权服务中心的介绍，为了解决企业生产经营过程中产生但还未注册成为知识产权的、有潜在价值的电子数据以及商业秘密的保护难题，利用湖南自贸区建设契机，在湖南省知识产权局的指导下，2022 年 6 月，中国（湖南）自由贸易试验区知识产权服务中心建立数字知识产权保护平台，通过构建知识产权全流程存证模式，提高电子数据效力，加强司法验证，对接国际标准探索全球认证，创新形成了知识产权“前置保护”数字化新模式，并在湖南省全省推广复制。①

律师评析

知识产权“前置保护”模式是中国（湖南）自由贸易试验区知识产权服务中心首推的全国性改革创新案例。

知识产权“前置保护”模式的基本原理是，针对企业在生产经营过程中产生但还未注册成为知识产权的、有潜在价值的电子数据以及商业秘密等技术信息，利用区块链技术的不可篡改、信用共识、可以溯源等技术特性，在区块链上进行数字化确权，为电子数据以及商业秘密等技术信息生成唯一对应的数字身份编码，并同步至公证、行政、司法等机构，确保数据全流程可溯源、全数据可核验、全链路可信举证，以有效解决企业生产经营过程中产生但还未注册成为知识产权的、有潜在价值的电子数据以及商业秘密的保护难题。

知识产权“前置保护”模式运用区块链技术搭建数字知识产权保护平台，为数字经济形态下的知识产权保护提出了全新的解决方案。相较于传统

---

① 《常德市市场监管局推广知识产权“前置保护”模式 助力企业商业秘密保护工作》，载湖南省市场监督管理总局官网，http：//amr. hunan. gov. cn/amr/xxx/szdtx/202206/t20220620_ 26267315. html，最后访问时间：2023 年 2 月 15 日。

的知识产权确权、维权模式，知识产权“前置保护”模式具有诸多优点，例如，通过区块链对数字知识产权信息进行登记确权，能确保企业商业秘密信息不会被公开或泄露；另外，通过将研发周期内全流程链条上的商业秘密信息进行实时上链存证，能有效实现知识产权的全流程保护；并且，当发生商业秘密侵权纠纷时，通过区块链存证平台能够真实、安全、高效地追溯商业秘密的形成时间、来源及内容，且存证的信息会实时同步至经司法机构和政府机构认证的联盟链，为维权提供有效的司法保障。

知识产权“前置保护”模式是对知识产权体系中商业秘密保护方式的一种有益创新，该模式以企业需求为导向，利用区块链的技术手段为企业商业秘密保护提供了强有力的支撑和保障。知识产权前置保护模式使商业秘密信息的储存、核对、比对、提取更加简单、快捷，除了能用于企业商业秘密的保护之外，还能够在企业开展数字版权交易、品牌保护、侵权举证等方面发挥重要作用。

六、天津成功办理全国首例以合理许可费确定损失数额的侵犯商业秘密刑事案件

事件回放

2022 年 3 月 31 日，天津市第三中级人民法院公开审理了赵某某侵犯商业秘密罪一案，根据天津市第三中级人民法院的介绍，该案基本案情如下：

被告人赵某某原系某外资企业销售部员工，其在该公司工作期间，私自将大量公司文件存储于配发的移动硬盘内，并在离职后带离公司。经鉴定，硬盘内设计图所记载的公差参数系不为公众所知悉的技术信息，具有较高的经济价值。此前，该外资企业通过签订劳动合同、员工手册、发送邮件、设置电脑开机提醒等多种方式对公司的商业秘密采取了保护措施。其后，被告人赵某某被抓获归案。经过庭审，法院当庭宣判，判处被告人赵某某有期徒刑十个月，并处罚金 6 万元。

被告人赵某某当庭表示服从法院判决，不上诉。①

律师评析

案件的争议焦点之一是如何确定商业秘密侵权行为给权利人造成的“损失数额”，在案件审理过程中，法院围绕“损失数额”的认定问题，组织多轮研讨论证，翻查大量理论资料和案例，最终以合理许可使用费作为认定损失数额的标准，该案是《最高人民法院、最高人民检察院关于办理侵犯知识产权刑事案件具体应用法律若干问题的解释（三）》（以下简称《司法解释（三）》）施行后，全国首例以合理许可费确定损失数额的案件。

“损失数额”的确定是商业秘密刑事案件定罪量刑的关键，往往也是案件的争议焦点。根据《司法解释（三）》第四条第一款第一项的规定，实施刑法第二百一十九条规定的行为，给商业秘密的权利人造成损失数额或者因侵犯商业秘密违法所得数额在三十万元以上的，应当认定为“给商业秘密的权利人造成重大损失”。《司法解释（三）》第五条进一步根据侵犯商业秘密的行为类型规定了“损失数额”或者“违法所得数额”的认定方式，其中，根据商业秘密的合理许可使用费确定“损失数额”是明确规定的认定方式之一。然而，在实践中，如何根据个案的实际情况确定商业秘密的合理许可使用费是个难点。

知识产权许可使用费是权利人许可他人使用其知识产权所取得的市场收益，许可使用费在一定程度上可用于衡量权利人因被侵权而遭受的损失。相较于其他用以确定损失数额的方法而言，合理许可使用费方法有其独特的优点，一方面，许可合同作为证据更容易获得，能够减轻权利人的举证负担；另一方面，合理许可使用费标准对于损失数额与损害后果之间因果关系的证明相对简单、易于操作。但合理许可使用费标准在理论及实践层面也存在很多值得探讨的问题，例如，在侵权人与权利人之间未签订《许可协议》的情

① 《我院成功办理全国首例以合理许可费确定损失数额的侵犯商业秘密案》，载天津市人民检察院第三分院官网，http://www.sftianjin.jcy.gov.cn/jcdt/202204/t20220426_3643831.shtml，最后访问时间：2023 年 2 月 15 日。

况下，能否基于类似的许可协议确定合理许可费？如何证明类似许可协议的真实性、许可费的合理性以及许可协议的实际履行情况，如何评价类似许可协议与被诉侵权行为之间的关联性、可比性等。

基于合理许可使用费认定“损失数额”在我国司法实践中尚处于发展起步阶段，相比较而言，美国司法实践中对合理许可使用费标准进行了较为充分的研究，并总结出了多种用于确定合理许可使用费的方法，例如，既定许可费法、虚拟许可费法、行业惯例法等，其中既定许可费法和虚拟许可费法的应用最为广泛且理论研究也相对成熟[①]，我国学者可尝试研究国外的理论及实践模型，相信随着理论研究的深入及司法审判规则的完善，合理许可使用费标准在我国司法实践中也会得到广泛应用。

七、湖南省首例侵犯国家级专精特新“小巨人”企业商业秘密犯罪案件审结

事件回放

2022 年 11 月，长沙县法院审结了湖南省首例侵犯国家级专精特新“小巨人”企业商业秘密犯罪案件。根据湖南省长沙县人民法院报道，该案的基本案情如下：

王某和阳某某为被害公司的技术人员与销售人员，陈某某为被害单位的客户，2019 年阳某某与陈某某集结，并拉拢掌握被害单位配方及生产工艺的王某入伙，三人于 2020 年 2 月成立了某贸易公司，其后王某、阳某某经商议陆续从被害单位离职；同时，王某违反保密规定，将被害单位多种石材胶技术配方私自截留存于自己笔记本电脑并带离。此后，三人直接利用被害单位的石材胶原配方或在不影响产品本质特性的情况下对原配方进行微调和改进后用于涉案贸易公司的产品生产，并对外销售。经审计，该被害单位直接

① 丁文严、张蕾蕾：《知识产权侵权惩罚性赔偿数额的司法确定问题研究》，载《知识产权》2021 年第 2 期，第 72—86 页。

经济损失 1635740.04 元。

法院审理后认为，王某违反保密义务及被害单位关于保守商业秘密的要求，使用其掌握的商业秘密，被告人陈某某明知王某、阳某某存在侵犯商业秘密的行为，仍然使用该商业秘密，三被告行为均构成侵犯商业秘密罪，对被告人王某、阳某某、陈某某均判处有期徒刑一年三个月，累计判处罚金 85 万元，同时责令三名被告人退赔被害单位直接经济损失 1635740.04 元。[①]

律师评析

前员工离职后因违反保密义务或者违反权利人有关保守商业秘密的要求而侵犯前雇主商业秘密的纠纷案件并不少见。本案中被告人王某、阳某某违反保密义务及权利人关于保守商业秘密的要求，使用其掌握的商业秘密；而被告人陈某某明知王某、阳某某存在侵犯商业秘密的行为，仍然使用该商业秘密，给被害单位造成重大损失，属于刑法第二百一十九条规定的情节严重情形。故法院最终以侵犯商业秘密罪对三人判处刑罚，并处以一定罚金。

本案中被害单位系工信部公布的第四批国家级专精特新“小巨人”企业，是其领域内中小企业群体的“领头羊”。专精特新“小巨人”企业一般属于快速成长型的中小企业，核心技术多以商业秘密的形式存在，商业秘密往往是该类企业参与市场竞争的重要战略性资源，是企业的核心资产，能够为企业带来竞争优势，对企业的生存和发展至关重要，是企业“安身立命之本”，一旦核心技术配方等商业秘密被泄露，对企业的生产经营活动将会造成严重影响。

如何帮助专精特新“小巨人”企业建立健全商业秘密保护制度，协助企业快速采取维权措施、补救措施，及时为企业追赃挽损，保障企业知识产权权益，并有效威慑窃取企业商业秘密、擅自使用企业商业技术等不法行为，为专精特新“小巨人”企业的健康发展提供良好的营商环境，是地方政府、

① 《全省首例 237 丨 离职后截留国家级专精特新“小巨人”企业技术配方被判侵犯商业秘密罪》，载长沙县人民法院官网，http：//csxfy. hunancourt. gov. cn/article/detail/2023/02/id/7126518. shtml，最后访问时间：2023 年 2 月 15 日。

司法机关及行业组织应该共同探讨的话题。

八、“球鞋黄牛”侵犯商业秘密案入选检察机关保护知识产权服务保障创新驱动发展典型案例

事件回放

2022 年 4 月 25 日，在第 22 个世界知识产权日即将到来之际，最高人民检察院发布检察机关保护知识产权服务保障创新驱动发展典型案例。其中，蔡某侵犯耐克商业（中国）有限公司（以下简称耐克公司）商业秘密刑事案件如下，根据最高人民检察院的通报，该案的基本案情如下：

耐克公司在经营过程中整合了商品的价格信息和库存（在库和拟到库）信息等经营信息用于商业运营，并与员工签订保密协议，约定所有关于耐克公司的项目和内部信息均属保密信息。蔡某自 2018 年起设立并经营“折扣店扫货”微信小程序，明知他人违规从耐克公司内部网盘下载上述经营信息，仍然付费购买，并在其经营的微信小程序上使用，同时收取相应会员费营利。经鉴定，耐克公司商品的价格信息和库存（在库和拟到库）信息，均属于不为公众所知悉的经营信息，“折扣店扫货”微信小程序、蔡某手机内相关电子数据等，与耐克公司经营信息实质相同。截至 2020 年 12 月，蔡某违法所得数额共计人民币 90 余万元。

2020 年 11 月 26 日，经权利人耐克公司报案，上海市公安局杨浦分局对蔡某涉嫌侵犯商业秘密案立案侦查。

2021 年 1 月 29 日，杨浦区检察院以侵犯商业秘密罪对蔡某批准逮捕。

2021 年 3 月 29 日，公安机关以蔡某涉嫌侵犯商业秘密罪向杨浦区检察院移送起诉。

2021 年 4 月 26 日，杨浦区检察院以侵犯商业秘密罪对被告人蔡某提起公诉。

2021 年 7 月 23 日，上海市杨浦区人民法院以侵犯商业秘密罪判处被告人蔡某有期徒刑八个月，并处罚金人民币 96 万元。

被告人未提出上诉，判决已生效。[①]

律师评析

该案又被业内称为“球鞋黄牛”侵犯商业秘密案，近年来，高端球鞋市场活跃，一些大牌的限量版球鞋或签名版球鞋，成为时尚买家或收藏爱好者的宠儿，在货源供应上常常出现供不应求的情况，部分“球鞋黄牛”为了牟取暴利，利用非法获取的权利人经营信息，投机炒作，扰乱正常的市场经营秩序，给权利人造成了较大的经济损失。

该案涉及经营信息类商业秘密的保护，根据《反不正当竞争法》第九条的规定，经营信息是商业秘密的重要形式，《最高人民法院关于审理侵犯商业秘密民事案件适用法律若干问题的规定》第一条第二款详细规定了与经营活动有关的创意、管理、销售、财务、计划、样本、招投标材料、客户信息、数据等信息，均属于反不正当竞争法第九条第四款所称的经营信息。经营信息对于市场主体获得竞争优势往往具有重要的商业价值。

涉及经营信息类的商业秘密侵权案件，重点之一是如何认定权利人主张的哪些经营信息属于受反不正当竞争法保护的商业秘密，在该案审理过程中，检察机关综合分析本案经营信息的具体内容、形成过程、保密措施、非公知性、商业价值等方面证据，最终认定本案中的库存信息、价格信息等是权利人在长期经营中形成的不为公众所知悉的信息，是经营者进行市场决策的依据，具有较高的商业价值，企业采取了保密措施予以保护，属于受反不正当竞争法保护的商业秘密，办案思路为权利人在面临涉及经营信息方面的商业秘密侵权案件时，制定维权策略、证据收集策略等提供了较好的指导和借鉴。

---

① 《检察机关保护知识产权服务保障创新驱动发展典型案例》，载最高人民检察院官网，https：//www. spp. gov. cn/spp/xwfbh/wsfbt/202204/t20220425_ 555133. shtml#2，最后访问时间：2023 年 2 月 15 日。

九、陕西省市场监督管理局发布《陕西省经营者加强商业秘密保护指引》

事件回放

2022 年 10 月 14 日，为进一步提升陕西省商业秘密保护工作，切实保障经营主体合法权益，维护公平竞争市场秩序，陕西省市场监督管理局依据《反不正当竞争法》《民法典》及相关法律法规及政策文件，制定并发布了《陕西省经营者加强商业秘密保护指引》（以下简称《指引》）。

《指引》共分四章十二条，主要内容包括：一、总则，重点阐述了《指引》的适用对象、商业秘密定义、商业秘密的权利人与义务人、商业秘密的保护范围、侵犯商业秘密的违法行为以及合法取得商业秘密的方式。二、经营者商业秘密保护，对经营者的保密组织架构构建、涉密人员管理、涉密信息管理、涉密区域管理、涉密活动管理以及检查与改进等商业秘密保护工作主要因素进行了指引性规定。同时根据实践需求，对域外商业秘密陷阱规避、相关方及员工侵权预警及应急管理给出了建议。三、商业秘密协同保护，就经营者商业秘密被侵犯时，协商调解或寻求民事、行政或刑事保护等救济途径做出了指引，对涉及国家秘密时相关主体应向有关部门报告进行了特别提醒。对商业秘密侵权受害主体在获得有关部门或单位帮助指导前，进行证据收集固定等方法做出了指引。四、附录，给出了一些常见文件的参考样例，便于经营者和相关主体借鉴使用。①

律师评析

该《指引》是陕西省市场监督管理局为响应国家加强企业知识产权保护、加大企业商业秘密保护力度的号召，为推动企业创新发展，改善陕西省营商环境、增强外资吸引力所作出的重要举措。从《指引》的内容来看，该

---

① 《关于发布〈陕西省经营者加强商业秘密保护指引〉的公告》，载兴平市人民政府官网，http：//www. snxingping. gov. cn/zwgk/fdzdgknr/zzjg/szfzcbm_ 16644/scjgj_ 16806/ghjh_ 16811/202210/t20221018_ 1502363. html，最后访问时间：2023 年 2 月 15 日。

《指引》具有以下特点：

体系健全，框架完整。《指引》综合阐述了适用对象、商业秘密定义、商业秘密的权利人与义务人、商业秘密的保护范围、侵犯商业秘密的违法行为以及合法取得商业秘密的方式，并对经营者的保密组织架构构建、涉密人员管理、涉密信息、涉密区域、涉密活动等的管理以及检查与改进措施进行了指引性规定。在商业秘密的协同保护方面，就民事、行政或刑事保护等救济途径做出了指引，并就商业秘密保护实务中常见的一些文书样例进行了说明。

可实施性较强。《指引》第八条至第十条详细规定了经营者应当如何建立保密组织架构，如何管理涉密人员、涉密信息、涉密区域及涉密活动，如何对商业秘密的保护状况进行检查与改进，并详细介绍了如何做好员工，特别是涉密岗位的员工的入职管理、培训管理、履职管理和离职管理等全流程管理工作。同时根据实践需求，对域外商业秘密陷阱规避、相关方及员工侵权预警及应急管理给出了建议。如果经营者能够严格执行该《指引》，健全企业内部的商业秘密管理制度和管理措施，在一定程度上能很好地保护自己的商业秘密。

近年来，为了提高商业秘密保护水平，很多地区因地制宜，结合区域经济和本地实际，积极探索商业秘密保护的有效方式和创新举措，针对性地出台了一些商业秘密保护方面的指导性文件，为提升当地商业秘密的保护能力，维护经营者合法权益，引导各类经营者加强商业秘密保护，增强公平竞争意识，促进市场环境公平有序发展、推动社会经济高质量发展提供了有力保障。

十、江苏南通开发的商业秘密保护“一站式”服务平台正式上线

事件回放

为了深化商业秘密保护服务工作，构建政府统领、部门协同、行业自律、企业自主、社会共治“五位一体”的商业秘密保护工作格局，2022 年 6 月 15 日，江苏省南通市通州区市场监督管理局开发的商业秘密保护“一站式”服务平台正式上线，免费为中小微企业提供专业的商业秘密保护相关优质资源和帮助。该平台为南通市首个商业秘密保护公益性服务平台。①

律师评析

根据通州区市场监督管理局披露的信息，所述的商业秘密保护“一站式”服务平台包括多个模块，平台公开的内容翔实、丰富，能满足经营者对于商业秘密保护相关信息的需求及查询服务。具体而言，服务平台包括如下技术模块：

政策指南发布模块，用于及时发布国家出台的有关商业秘密保护的法律法规、政策解读等；

市监发布模块，用于让企业了解市场监管部门对商业秘密保护工作的推进力度以及相关的市场监管动态；

问答知识库及培训视频模块，用于帮助企业了解什么是商业秘密、怎样保护自身的商业秘密等基础知识，以及用于指导客户如何建立企业的商业秘密保护体系；

数据查询窗口，用于方便企业联系专业的商业秘密鉴定机构，就相关商业信息是否属于商业秘密提供权威司法鉴定机构的鉴定意见；

商业秘密保护指导站，为企业提供商业秘密保护要点及规范文书下载等

---

① 《南通首个商业秘密保护服务平台上线啦!》，载微信公众号“通州区市场监督管理局”，2022 年 6 月 21 日。

服务，并提供了常见的与商业秘密有关的示范文本等；

侵犯商业秘密的各类典型案例发布模块，用于帮助企业了解商业秘密维权的重要性和基本方向，以及领域内的重大涉及商业秘密的案件审判动态。

随着互联网技术的快速发展，如何运用信息化手段提升行政机关的服务水平是值得探索的课题。通州区市场监督管理局依托“一站式”服务平台，从线上线下两个维度承担企业需求反馈、意见信息归集、政策法规宣贯等职责和工作，为企业提供了高效、便捷、专业、优质的商业秘密保护领域的服务，探索出了一条可复制、可推广的商业秘密在线保护的全新路径，值得其他地区借鉴和学习。[①]

---

① “重点关注”作者：张汉国律师、张占红律师，北京市海问律师事务所。

CHAPTER 5

第 5 章

反不正当竞争

综 述

在反不正当竞争领域，既存在对不正当竞争行为规制的独特内容，如商业贿赂、虚假宣传、有奖销售以及垄断等，又存在混淆、商业秘密和互联网技术侵权方面的问题，与其他知识产权有着千丝万缕难以分割的联系，从而使《反不正当竞争法》《反垄断法》一方面规制的行为覆盖面很广，另一方面还成为回应商业发展所带来的新问题的兜底性存在。基于反不正当竞争的上述特征，在立法、司法、执法等领域，都能看到各个主体在理论与实践层面的不断创新和突破，也能看到创新突破之下其对社会发展新问题予以解决和进行利益平衡的种种努力。本章从新法观察、典型案例和重点关注出发，深入解读反不正当竞争领域的发展亮点并借此向广大市场主体和律师提出建议。

新法观察板块，2022 年，反不正当竞争领域的两大法——《反垄断法》和《反不正当竞争法》都有不小的动作。2022 年 8 月 1 日起新修订的《反垄断法》正式实施，对平台经济，亦称为数字经济的垄断问题进行了回应。《反不正当竞争法》于 2022 年底就修订草案公开征求意见，在征求意见稿中，对数字经济反不正当竞争规则的完善亦成为其核心修改内容。最高人民法院在 2022 年 3 月出台的《关于适用〈中华人民共和国反不正当竞争法〉若干问题的解释》中厘清了一般条款与具体行为条款、知识产权专门规定之间的适用关系，也明确了一般条款对反不正当竞争法及商标法等其他知识产权专门法的兜底适用地位。

典型案例板块，司法对市场主体、消费者反映强烈的重点行业和领域都有涉及，以保障公平竞争（案例二、案例五、案例九）；对网络环境下不正当竞争行为的规制，在虚假宣传（案例一）、网络黑灰产业（案例四、案例八）、数据爬取（案例三）、新型商业模式（案例七）等方面都有指导性解读和权威的阐释；对商标权、著作权等知识产权专门法难以完全覆盖的侵权行为以反不正当竞争法给予权利人充分保护（案例六、案例十）。我们看到，知识产权领域的司法判例以对事实的充分查明和对法律的深入剖析为基础，以判决的形式对各种商业模式和竞争行为给出了令人信服的或者引发思考的评判，有利于规范竞争秩序，引领创新方向。如何在法律适用、权益保护和科技创新之间找到平衡点，越来越成为司法审判的最大挑战。

重点关注板块，主要分为三大类，一是地方性立法的跟进、二是典型案例的发布、三是对热点事件的回应。2022 年，国家层面在加快修法的同时，多地展开地方条例的修订热潮，以跟进法律变动，同时作出适应本地发展的调整，从而彰显地方政府在优化竞争环境和维护市场公平竞争秩序方面的努力。最高人民法院，江苏、杭州地区法院等专门发布反不正当竞争方面的典型案例，市场监管局总局和多地地方市场监管部门亦发布执法典型案例，这些案例广泛覆盖不同行业，及时回应了市场主体的关切并满足消费者的需求，同时也发挥了规则引领作用。此外，就知网涉嫌滥用市场支配地位、互联网巨头未申报经营者集中、核酸检测使用“冰墩墩”被指侵权、卡塔尔世界杯直播被盗链等热点事件，监管部门或司法机关都有所作为。

简而言之，2022 年反不正当竞争领域面对新业态新问题的挑战，不断地从各个方面进行应对和尝试。宏观上与国家政策保持一致，如相比往年，更关注数字经济；微观上对原有的规定作出新的补充规定，如司法解释对混淆行为下若干概念的细化解释。律师在从事代理活动之时，需要有更多的思考、更深的专业积累，才能同步适应社会变化、法律更新带来的挑战。

新法观察

一、《反垄断法》

2022 年 8 月 1 日起，新修正的《反垄断法》施行。[①] 修正后的反垄断法明确提出要强化竞争政策基础地位，制定和实施与社会主义市场经济相适应的竞争规则，规定由国务院反垄断执法机构负责反垄断统一执法工作，以及健全统一、开放、竞争、有序的市场体系。同时，此次反垄断法修正回应了平台经济领域的反垄断问题，并分别在总则和滥用市场支配地位两章中专门规定了强化平台经济反垄断的条款。新的反垄断法将会更好地维护市场竞争秩序，优化资源配置，提高生产效率，更好地保护消费者的合法权益，也会为加快建设全国统一大市场提供强有力的法律保障，必将有力推进我国经济的高质量发展和全社会的共同富裕。

二、《最高人民法院关于适用〈中华人民共和国反不正当竞争法〉若干问题的解释》

2022 年 3 月 16 日《最高人民法院关于适用〈中华人民共和国反不正当竞争法〉若干问题的解释》（以下简称《解释》）发布，自 2022 年 3 月 20 日起施行。[②] 该《解释》共二十九条，重点对反不正当竞争法第二条、仿冒混淆、虚假宣传、网络不正当竞争行为等问题作出了细化规定。

《反不正当竞争法》实施以来，一般条款（第二条）已经成为法院认定

---

① 《反垄断法完成修改》，载国家市场监督管理总局网，https：//www. samr. gov. cn/xw/mtjj/202206/t20220624_ 348117. html，最后访问时间：2022 年 6 月 24 日。

② 《最高人民法院关于适用〈中华人民共和国反不正当竞争法〉若干问题的解释》，载最高人民法院网，https：//www. court. gov. cn/fabu-xiangqing-351291. html，最后访问时间：2022 年 3 月 17 日。

新类型不正当竞争行为的主要法律依据之一，对维护公平竞争的市场秩序发挥了重要作用。但是，裁判标准不统一的现象时有发生，现在根据《解释》第一条规定，“经营者扰乱市场竞争秩序，损害其他经营者或者消费者合法权益，且属于违反反不正当竞争法第二章及专利法、商标法、著作权法等规定之外情形的，人民法院可以适用反不正当竞争法第二条予以认定”。这样既厘清了一般条款与具体行为条款、知识产权专门法规定之间的适用关系，也明确了一般条款对反不正当竞争法及商标法等其他知识产权专门法的兜底适用地位。

三、《反不正当竞争法（修订草案征求意见稿）》

2022年11月22日，市场监管总局发布关于公开征求《中华人民共和国反不正当竞争法（修订草案征求意见稿）》意见的公告。[①] 此次反不正当竞争法修改是自2019年修改以来又一次重大修改，现行《反不正当竞争法》共三十三条，修订草案增加到四十八条，修订的主要内容有：

1. 完善数字经济反不正当竞争规则，规范治理新经济、新业态、新模式发展中出现的扰乱竞争秩序的行为。修订草案结合数字经济领域竞争行为的特点，针对数据获取和使用中的不正当竞争行为、利用算法实施的不正当竞争行为，以及阻碍开放共享等网络新型不正当竞争行为作出详细规定。同时，考虑到数字经济领域不正当竞争行为认定的复杂性，规定了判断是否构成不正当竞争行为的考量因素，增强制度的可预期性和执法的规范性。此外，还规定了平台经营者加强竞争合规管理的责任，推动反不正当竞争的社会共治。

2. 针对监管执法实践中存在的突出问题，对现有不正当竞争行为的表现形式进行补充完善。

---

① 《市场监管总局关于公开征求〈中华人民共和国反不正当竞争法（修订草案征求意见稿）〉意见的公告》，载国家市场监督管理总局网，https：//www.samr.gov.cn/hd/zjdc/202211/t20221121_351812.html，最后访问时间：2022年11月22日。

3. 填补法律空白，新增不正当竞争行为的类型。一是新增损害公平交易行为，强化对中小市场主体合法权益的保护。二是新增恶意交易行为，针对故意实施恶意交易，触发其他经营者受到相关规则惩戒，从而妨碍、破坏其他经营者正常经营的行为进行归纳列举，予以禁止。

4. 按照强化反不正当竞争的要求，完善法律责任。①

典型案例

一、南京德尔森电气有限公司诉美弗勒智能设备有限公司侵害商标权及不正当竞争纠纷再审案②③

案情聚焦

南京德尔森电气有限公司（以下简称德尔森公司）向法院诉称美弗勒智能设备有限公司（以下简称美弗勒公司）在智能化变电站恒温恒湿汇控柜领域没有任何成功案例的情况下，将德尔森公司的8个工程案例作为其成功案例印制在产品宣传册上宣传，其虚假宣传行为足以使消费者误认为此8个工程案例系由美弗勒公司所承建，欺骗、误导了消费者，构成虚假宣传的不正当竞争行为，故而请求法院判令美弗勒公司：（1）立即停止不正当竞争行为，即停止虚假宣传、停止引人误认为与德尔森公司存在特定联系的不正当竞争行为；（2）立即停止实施侵犯德尔森公司商标权的行为；（3）发布向德尔森公司赔礼道歉的更正声明，以消除影响；（4）赔偿损失70万元及合理支出费用；（5）承担本案诉讼费用。

一审法院审理后认为德尔森公司的诉求不成立，故驳回其诉讼请求。原告德尔森公司不服，提起上诉。

---

① 谢湘辉律师，国浩律师（深圳）事务所。

② 一审案号：（2020）宁01民初103号；二审案号：（2020）宁民终515号；再审案号：（2022）最高法民再1号。

③ 陈东生律师、黎佩琪律师，北京市天元（广州）律师事务所。

二审法院经审理后认定：虽然美弗勒公司宣传册中的文字和图形内容雷同于德尔森公司，产品图片是对德尔森公司原图替换商标后使用，但从“成功案例”部分展示的 8 张产品图片内容看，展示的是单个产品安装效果，图片亦未标注内容来源和位置，并不能体现具体施工项目。且图片上的原商标“DERSON”已替换为“Powerfiller”，图片丧失显著标识，不能使人误认为与德尔森公司存在特定联系，不构成混淆行为。加之，案涉产品为电气类产品，具有特定用途，需要通过招标、投标等合法方式确定该类产品的销售，宣传行为本身并不会增加美弗勒公司的竞争优势，也不会使德尔森公司丧失正当交易机会。德尔森公司无充分证据证明美弗勒公司宣传册完全虚假，即使宣传册中存在有夸大或不实成分，在其未举证证明宣传内容足以造成相关公众误解并对其造成直接损害后果的情况下，该公司关于美弗勒公司进行的宣传系虚假宣传并构成不正当竞争的主张不能成立，驳回上诉，维持原判。

最高人民法院提审后审理认为：美弗勒公司在其制作的产品宣传册上，将德尔森公司的 8 个工程案例图片作为自己成功案例图片经变造后使用，以及在宣传册中声称“目前已申请多个专利对产品进行保护”，构成《反不正当竞争法》第八条第一款规定的虚假宣传的不正当竞争行为，应立即停止侵权。遂最高人民法院判决撤销一审、二审民事判决并判决美弗勒公司承担相应的民事赔偿责任。

律师评析

本案是一例典型的在广告宣传中使用他人项目照片虚假宣传进行不正当竞争的案例。

虚假宣传是不正当竞争行为的一种表现形式，判断被诉行为是否构成虚假宣传，既要看虚假宣传行为是否足以达到欺骗、误导消费者的程度，又要看是否不当地增加了自身的交易机会和竞争优势，损害了竞争者的利益，扰乱了市场竞争秩序。2019 年修正的《反不正当竞争法》对虚假宣传进行了较大幅度的修改，在整合旧法相关法条的基础上明确界定了虚假宣传行为的具体方面及法律责任等。其中，《反不正当竞争法》第八条规定：“经营者不得对其商品的性能、功能、质量、销售状况、用户评价、曾获荣誉等作虚假或者引人误解的商业宣传，欺骗、误导消费者。经营者不得通过组织虚假交易等方式，帮助其他经营者进行虚假或者引人误解的商业宣传。”从条文本身来看，虚假宣传行为的认定比较清晰，一旦经营者实施了满足条文规定的行为，则会被认定构成虚假宣传。宣传行为是商业活动中的重要环节，对正当宣传行为和虚假宣传进行正确区分能够促进市场自由竞争，也是反不正当竞争法规制虚假宣传行为的重要目标。

另外，作为同业竞争的经营者，双方在生产经营活动中，应当遵循自愿、平等、公平、诚信的原则，遵守法律和商业道德。诚实信用原则亦是从事商业和民事行为的最重要原则，经营主体在广告宣传的过程中不应对其商品或者服务提供不真实的信息，并以此欺骗、误导相关公众，否则可能构成反不正当竞争法中的虚假宣传行为。

本案充分体现了人民法院坚决制止虚假宣传、诋毁商誉等不正当竞争行为，维护自愿、平等、公平、诚信市场竞争秩序，净化市场环境，引导经营者进行良性竞争的司法导向。①

二、惠州市机动车检测行业协会诉广东省市场监督管理局反垄断行政处罚纠纷案②③

案情聚焦

2017年9月18日，惠州市机动车检测行业协会（以下简称惠州检测协会）经惠州市民政局登记成立。在检测协会筹备成立时及成立后，会员一直谋求由协会对检测费进行统一定价。

2017年9月30日，广东省发展和改革委员会（以下简称省发改委）发

① 参见《最高法发布人民法院反垄断和反不正当竞争典型案例》，载微信公众号“最高人民法院”，2022年11月17日。

② 陈东生律师、黎佩琪律师，北京市天元（广州）律师事务所。

③ 一审案号：（2020）粤73行初12号。

布通知，决定对“机动车安全技术检验收费”取消定价，放开市场调节。该通知自2018年5月1日起正式执行，在此之前惠州市当地机动车检测单位普遍按照行政指导价标准收取检测费。

2017年11月15日，惠州检测协会制订《关于预防和打击机动车检测行业恶性竞争工作方案》（以下简称《工作方案》），罗列了几种变相减价的“恶性竞争”行为，要求各会员单位不得随意降价或减免检测费，下架已推出的各类优惠措施，严禁通过各种渠道对外宣传和推广任何优惠措施等，并要求各会员单位签订《公平竞争承诺保证书》，交纳自律保证金，承诺如违规自愿接受处罚。随后，惠州检测协会制定了《惠州市机动车检测行业协会会员公约》（以下简称《公约》），要求会员单位建立自律机制，严格执行《工作方案》的相关规定。惠州检测协会35家会员单位缴纳了保证金。

2018年4月12日，惠州检测协会召开理事会，议定按车辆类别和类型统一收费标准，要求各会员单位在规定时间将价格表公示并拍照发到协会群，协会将组织随机抽查，各站点派员参与交叉监督，如发现其他站点违规的有奖励。

2018年5月18日，惠州市发展和改革局发布通知，自2018年5月1日起，惠州市机动车安全技术检验收费的管理方式由政府定价管理调整为市场调节价管理，具体收费标准由机动车安全技术检验单位自主制定。

2018年6月4日，惠州检测协会31家会员单位统一执行新的收费标准，调整后的收费标准与之前几乎完全相同。2018年6月，广东省市场监督管理局（以下简称省市场监管局）收到惠州检测协会协同、串通涨价的线索。8月23日，省市场监管局对惠州检测协会开展反垄断调查。8月29日，惠州检测协会宣布废止《工作方案》和《公约》并陆续退回会员单位保证金。

省市场监管局立案后经过调查，认为惠州检测协会多次召集会员单位开会对涨价事宜进行交流讨论，同时在微信工作群内亦多次讨论涨价标准，通过工作方案及公约排除、限制竞争，制定机动车检验费的统一收费标准及涨价实施时间，组织会员单位达成并实施统一调整价格的垄断协议，严重破坏了市场竞争秩序，损害消费者利益，违反了《反垄断法》的规定，于2020

年5月6日作出处罚决定①，对惠州检测协会处以罚款40万元。

惠州检测协会不服决定，提起本案诉讼。认为：首先，涉案《工作方案》及《公约》的出台及实施是为了执行惠州市发改局文件的规定，维护正常的市场秩序以及政府定价的尊严，未违反《反垄断法》的规定。其次，在2018年5月1日后，由于收费价格已转为市场调节价，惠州检测协会不再参与或组织会员间任何有关调整收费的活动，由各个检测站按自己的实际经营状况来定价，即涉案《工作方案》和《公约》涉及价格固定的内容事实上已不再执行。最后，惠州检测协会并未“严禁宣传和推广任何优惠措施”。《工作方案》所限制的“采取隐蔽做法给中介代办优惠”系非法优惠行为，而非禁止任何合法优惠活动，实际上消费者也可根据不同检测站的优惠价格及服务进行选择。《工作方案》和《公约》的出台及实施并未排除、限制竞争，亦未违反《反垄断法》的强行性规定。部分会员单位的涨价行为并非属于与其他会员单位在意思联络基础上的协同涨价行为，惠州检测协会也并未组织会员单位实施价格垄断行为。省市场监管局认定事实错误，请求法院撤销该行政处罚决定。

广州知识产权法院经审理认为：一方面，绝大部分车主倾向于选择本地相熟的检测单位提供长期服务。另一方面，一个地区的车辆保有量不是无限的。换言之，较长一段时期内，区域市场内消费群体数量相对固定，可以认为，机动车检测服务市场具有本土性特征，区域封闭性较强。

《反垄断法》第十三条规定：“禁止具有竞争关系的经营者达成下列垄断协议：（一）固定或者变更商品价格；……本法所称垄断协议，是指排除、限制竞争的协议、决定或者其他协同行为。”第十六条规定：“行业协会不得组织本行业的经营者从事本章禁止的垄断行为。”该第十三条对应2022年新修正的《反垄断法》第十七条，第十六条对应2022年新修正的《反垄断法》第二十一条。本案中，惠州检测协会以协会集体之名为会员制定诸多约束条款，组织交叉监督保障落实，足以说明惠州检测协会有集结、号令会

① 粤市监反垄断行处〔2020〕1号行政处罚决定。

员，引领本地绝大多数同行的实力。惠州检测协会的任何决定表面上只限制、约束会员，但从地位和影响力而言，无异于对整个区域市场行业的引领。惠州检测协会在《工作方案》及《公约》中罗列的“降价或减免检测费……推出的各类优惠活动……推出优惠措施与各种机构签订相关的合作协议……通过各种渠道对外宣传和推广任何优惠措施（含活动）……通过各种渠道公开或隐蔽方式给客户返利或赠送礼品……”等所谓“恶性竞争”行为，恰恰是法律允许，消费者关切，经营者最惯用以提升竞争力的正当有效手段。惠州检测协会要求会员单位摒弃该种行为，组织集体抵制减价，效果必然波及整个区域市场，相当于要求区域市场内的同业经营者继续遵从长期以来“一个价”的收费模式，共同放弃使用价格手段进行竞争。具体表现在：1. 倡导以协会为首，集体有控制地同步涨价；2. 议定共同执行的最低收费标准；3. 议定共同涨价的最迟实施时间；4. 议定监督措施并组织落实，足以说明其具有组织、实施垄断协议的行为。表面上看，惠州检测协会通过和组织实施《工作方案》及《公约》前后，当地检测费和市场情况没有发生变化，消费者权益无损。但此前区域市场内的同业竞争者是无组织地统一执行行政指导价，心照不宣地都不采用价格竞争手段；之后，是集体意志通谋后主动或被动地不进行价格竞争，两者有本质区别。后者系经营者有组织地联合，为我国《反垄断法》所禁止。因此，法院认为省市场监管局认定惠州检测协会构成组织会员单位达成并实施垄断协议的行为并根据《反垄断法》第四十六条[1]规定对惠州检测协会处以罚款40万元符合《反垄断法》的规定，认定事实清楚，适用法律正确，处罚幅度得当，程序并无不当，遂驳回原告惠州检测协会的全部诉讼请求。判决作出后，双方均未上诉。

律师评析

竞争是市场经济的灵魂，是推动经济发展的根本动力。但是竞争和垄断是相伴而生的，竞争发展到一定程度，也会产生集中，从而形成垄断，排

① 对应2022年新修正的《反垄断法》第五十六条。

除、限制竞争，不但会损害消费者权益，阻碍技术进步，降低经济效率，甚至会滋生腐败，导致经济停滞。

当前我国经济生活中市场垄断行为突出表现为串通定价、限制产量、划分市场和滥用市场支配地位等。行业协会既有促进行业发展和市场竞争，维护消费者合法权益的功能，又有促成和便利相关企业实施垄断行为的可能性和风险。[①] 新修订并于 2022 年 8 月 1 日实施的《反垄断法》第十四条规定，行业协会应当加强行业自律，引导本行业的经营者依法竞争，合规经营，维护市场竞争秩序。本案聚焦与民生热点相关的机动车检测行业的经营行为，首先分析了机动车检测服务市场具有区域封闭性较强的本土性特征，继而通过对比分析惠州市机动车检测单位 2018 年 5 月前后检测费定价机制的变化及惠州检测协会在其中所起到的作用，指出了惠州检测协会通过集体决策实施垄断行为的本质。最终法院驳回了惠州检测协会的诉求，维护了反垄断执法部门依法制止排除、限制竞争行为，恢复、促进市场竞争活力所做出的工作成果。

本案坚持反垄断所遵循的坚持发展和规范并重的原则，在依法裁判制止反垄断行为的同时，并不以处罚为目的，充分发挥司法指引性作用，对引导行业协会加强自律，合规经营，防范垄断风险具有积极意义，彰显了反垄断司法在促进全国统一大市场建设、服务保障民生方面的重要作用。

---

① 参见《最高法发布人民法院反垄断和反不正当竞争典型案例》，载微信公众号“最高人民法院”，2022 年 11 月 17 日。

三、北京链家房地产经纪有限公司、天津小屋信息科技有限公司与北京神鹰城讯科技股份有限公司、成都神鹰城讯科技有限公司不正当竞争纠纷案[①][②]

案情聚焦

北京链家房地产经纪有限公司、天津小屋信息科技有限公司（以下简称二原告）在经营房产经纪业务的过程中投入巨大人力、物力、财力，收集、制作、积累了海量真实房源数据，建立了“楼盘字典”真房源数据库（以下简称楼盘字典），其中包含上亿套房源的基本信息、交易信息、特色信息、实勘图、VR图（即全景图）、户型图，形成了房源大数据集合。原告还通过贝壳网吸引大量房产经纪人在贝壳网中发布房源信息，不断扩大“楼盘字典”的数据规模。北京神鹰城讯科技股份有限公司、成都神鹰城讯科技有限公司（以下简称二被告）是推推99网、推推微店App、“推推99经纪人端”微信公众号、蜂鸟全景App（上述各平台以下简称推推99产品）的运营者。二被告通过其运营的推推99产品，利用技术手段抓取、存储涉案数据，并将上述抓取、存储的涉案数据通过信息网络向其用户或公众传播。两原告认为两被告上述行为损害了二原告凭借涉案数据所享有的竞争性权益，同时还严重违背了房产经纪行业的法律法规和商业道德，必然造成大量“虚假房源”滋生，严重威胁并侵害消费者合法权益，扰乱房产经纪行业秩序，依据《反不正当竞争法》第二条，构成不正当竞争行为，二被告依法应当承担相应侵权责任。故诉至法院。

一审法院认为：二原告通过涉案数据获得的竞争优势和交易机会受到保护，不应当被剥夺；二被告通过不当手段抓取了大量数据，并掩盖了数据来源，客观上造成了“虚假房源”的大量产生和传播，违背了房产经纪行业的

---

① 史跃律师，国浩律师（深圳）事务所。

② 一审案号：（2021）京0108民初9148号，判决已生效。

诚信原则和商业道德。故二被告行为构成侵权，判决二被告连带赔偿二原告经济损失500万元及合理开支50万元。

律师评析

本案是利用软件抓取、存储和传播互联网平台公开数据的典型案例，所涉房源数据形式新颖、商业价值极高，被诉行为抓取技术清晰、使用方式多样。本案明确，涉案数据虽是二原告向公众无差别地予以提供和展示的公开数据，但这并不意味着其他经营者可以不受任何限制地获取和使用；认定获取和使用公开数据的行为是否构成不正当竞争，应结合获取、使用数据的具体手段和方式，综合考虑该行为是否违反了相关行业的商业道德，对其他经营者的合法权益、消费者利益以及市场竞争秩序所产生的影响等方面进行分析判断。

本案积极适用2022年新出台的《最高人民法院关于适用〈中华人民共和国反不正当竞争法〉若干问题的解释》关于商业道德、竞争关系等规定，认定软件经营者实施的抓取、存储和传播涉案数据的行为构成不正当竞争，且在诉讼中妥善采取行为保全措施及时维护权利人的合法权益，有力遏制了房产经纪行业中的房源“搬运”行为以及由此产生的“虚假房源”问题，引导市场经营者以诚信经营开展研发、积累房产数据资源，维护了房产经纪行业中消费者权益等社会公共利益，促进了平台经济规范健康发展。同时，本案也体现了对完善数据知识产权保护规则的积极探索，亦是对政策、立法、司法等各层面，要求以数据要素为核心推动数字经济深化发展、为数字经济法治保障贡献司法力量的坚决落实和积极回应。

综上，在当下这个数据为王的时代，数据上升到生产要素的时代，数据极具商业价值。很多公司为了发展，认为公开的数据可以随意使用，实则不然，如不注意将会触犯法律的底线。律师建议，行为的正当性与否并非仅仅依赖于数据的来源是否合法，数据获取方式、使用目的和方式及行业规范均会成为合法合规的重要判断标准。

四、北京百度网讯科技有限公司诉苏州闪速推网络科技有限公司不正当竞争纠纷案①②

案情聚焦

“万词霸屏”是指口碑营销公司通过对搜索引擎检索结果的不当操纵，使广告网页霸占关键词检索结果首页的行为。苏州闪速推网络科技有限公司（以下简称闪速推公司）为谋取非法利益，利用百度搜索引擎的收录和排序规则漏洞，通过技术手段生成大量广告页面，并将广告网页挂接在其租赁的第三方高权重网站二级目录中，使其客户的推广广告能占据相关关键词检索结果的首页，从而达到“万词霸屏”的效果。北京百度网讯科技有限公司（以下简称百度公司）认为上述行为构成不正当竞争，遂向法院提起诉讼，要求闪速推公司赔偿损失。

一审法院认为：百度搜索引擎为全球知名的中文搜索引擎，闪速推公司的“万词霸屏”业务依附于百度搜索引擎，闪速推公司与百度公司之间存在竞争关系。闪速推公司违背诚实信用原则和公认的商业道德，故意利用技术手段破坏百度搜索引擎根据关键词搜索的正常收录和排名秩序，致使其算法失准以及机器性能、服务器资源浪费，也增加了用户信息获取成本，影响体验效果，降低用户对百度搜索的信任。闪速推公司的行为扰乱市场竞争秩序和互联网信息服务管理秩序，获取不法利益，构成不正当竞争。法院综合考虑该公司涉案业务及整体利润等因素，判决被告立即停止涉案不正当竞争行为，登报消除影响并赔偿百度公司损失及合理开支共275.3万元。

律师评析

本案不仅仅在知识产权领域有重大影响，在数据合规领域也被称为算法干扰第一案。

---

① 史跃律师、卢萍律师，国浩律师（深圳）事务所。

② 一审案号：(2021) 苏05民初1480号，判决已生效。

随着信息科技的发展，各类原本难以获取的信息正在互联网中呈指数级别地爆发增长，给每个人的生活都带来了便利。搜索引擎则成为普通网民获取信息的最关键工具，在信息时代扮演着无可取代的角色。而围绕着搜索引擎这一关键工具，技术上的博弈与竞争也从未停止。各个厂家为达到更好服务消费者的目标，就其引擎规格、网站权重投注了大量物力，形成了大量算法文件，同时也塑造了独特的互联网竞争规则秩序。

被告公司租赁“高权重网站”二级目录创设网页进行“万词霸屏”排名的行为，利用的是百度算法的漏洞，而非创设新的有利于消费者的算法或技术。原告为了克服上述行为带来的负面效应，就要被迫投入大量资源进行抵制，且防范效用微乎其微，实质上造成了技术资源浪费。这也是比较典型的网络黑灰产业，对于类似“万词霸屏”这类网络黑灰产业利用新技术手段进入新领域，及时地司法表态定性能够有效遏制这类不正当竞争行为。

网络经营者利用搜索引擎从事经营活动，应当遵守诚实信用原则和公认的商业道德，坚持社会主义核心价值观，不得损害国家利益、公共利益以及公民、法人和其他组织的合法权益。尤其是当网络经营者的经营活动必须依附搜索引擎而存在时，更应该遵循搜索引擎行业已有的商业惯例，不干扰互联网信息搜索服务提供者提供正常的搜索服务。

五、北京厚大轩成教育科技股份公司与北京瑞达成泰教育科技有限公司不正当竞争纠纷二审案①②

案情聚焦

北京厚大轩成教育科技股份公司（以下简称厚大公司）起诉称其经过多年深耕法考培训领域，推出的“钟某某讲民法”等图书名称、“学习包”“考前聚焦 2 小时”等课程名称、“北京校区”等校区名称、“通关私塾班”

① 史跃律师、卢萍律师，国浩律师（深圳）事务所。

② 一审案号：（2018）京 0108 民初 22018 号；二审案号：（2021）京 73 民终 2969 号。

等学习班名称、“汉中广场”等培训地点名称等在考生中具有一定影响力和显著识别性，构成《反不正当竞争法》第六条规定的“有一定影响”的商业标识，北京瑞达成泰教育科技有限公司（以下简称瑞达公司）在其提供的法考培训服务中擅自使用上述名称的行为构成不正当竞争；瑞达公司聘任原为厚大公司的知名授课讲师十名，并在其官方微博发布宣传上述讲师的行为违反了诚实信用原则和公认的商业道德，构成不正当竞争。

北京知识产权法院认为：厚大公司主张的图书名称、课程名称、地点名称等证据中未能显示相关图书的销售时间、区域、数额和对象，亦不能显示厚大公司对相关图书宣传的持续时间、程度和地域范围，标识受保护的情况等，更不能证明相关图书的命名方式属于厚大公司专有并与其建立唯一对应关系。同样，厚大公司为证明“学习包”“考前聚焦 2 小时”等属于厚大公司的专有的商品名称且具有较高知名度，提交了相关证据，但证据显示厚大公司使用“学习包”等称谓持续时间较短，涉及的课程成交量较小，亦不足以证明“学习包”“考前聚焦 2 小时”等命名方式属于厚大公司专有并具有较高市场知名度。因此，厚大公司关于图书名称、课程名称不满足“有一定影响”的要件而不构成不正当竞争。

针对聘任讲师的行为，瑞达公司聘任已经结束独家授课关系的讲师的行为不违反诚实信用原则或公认的商业道德，不构成不正当竞争。对于尚处于独家授课关系之内的某讲师，因该讲师与瑞达公司签约前，向厚大公司进行了告知且两者之间也不存在劳争纠纷，故不能当然推定出瑞达公司知晓厚大公司与该讲师之间授课协议尚在履行过程中，认定构成不正当竞争行为没有事实基础。本案实质上是厚大公司及其讲师在相关授课协议的履行中发生的争议，如果任何一方存在违约行为，应当由劳动合同法或者雇佣合同约束，并非反不正当竞争法规制的范畴。针对瑞达公司对某讲师的聘任行为，由于司法考试（或法律职业资格考试）培训行业基本采取商业化运作模式，故通过提供更好的发展空间或福利待遇等方式吸引人才是经营者通常会采取的竞争手段，符合市场竞争的客观规律。因此，在尚没有证据证明瑞达公司聘任某讲师的行为不符合行业实际情况，并违反诚实信用原则和公认的商业道德的情况下，瑞达公司聘任某讲师的行为不具有不正当性或可责性。

律师评析

厚大公司成立于2013年，主要从事司法考试图书销售、培训和管理咨询等多种教育培训服务。2016年，原属于厚大法考的刘某某、钟某某、徐某某等多位名师出走，自立门户，成立瑞达公司，亦从事司法考试培训教育、电子出版物制作、音像制品制作等经营。厚大公司和瑞达公司两大法考机构就课程和名师挖角之间的竞争和诉讼缠斗，成为法律行业里备受关注的案件。

经过五年的诉讼，2022年北京知识产权法院一锤定音，为两大法考机构的诉讼画上了句号。就本案而言，有两大争议焦点，一是如何判定《反不正当竞争法》第六条规定中的“有一定影响”，二是如何适用《反不正当竞争法》第二条这一原则性条件。

就“有一定影响”而言，《最高人民法院关于适用〈中华人民共和国反不正当竞争法〉若干问题的解释》第四条规定，“具有一定的市场知名度并具有区别商品来源的显著特征的标识，人民法院可以认定为反不正当竞争法第六条规定的‘有一定影响的’标识。人民法院认定反不正当竞争法第六条规定的标识是否具有一定的市场知名度，应当综合考虑中国境内相关公众的知悉程度，商品销售的时间、区域、数额和对象，宣传的持续时间、程度和地域范围，标识受保护的情况等因素”。本案厚大公司提交的证据因取证时间晚、取证网页显示信息少等原因，不足以证明其主张的图书名称和课程名称具有足够的影响力，也无法证明与厚大公司形成对应关系。

就《反不正当竞争法》第二条原则性条款的适用，本案明确应严格限制，需满足如下三个要件：一是法律对该种竞争行为未作出特别规定；二是其他经营者的合法权益确因该竞争行为而受到了实际损害；三是该种竞争行为因确属违反诚实信用原则和公认的商业道德而具有不正当性或者可责性。针对瑞达公司聘任原为厚大公司的知名讲师的行为，由于没有具体规定而适用原则性条款。为避免不适当干预而阻碍市场自由竞争，在尚没有证据证明瑞达公司聘任的行为不符合行业实际情况并违反诚实信用原则和公认的商业道德的情况下，应当认定该行为属于正常的竞争行为。

六、圣罗拉（青岛）酒业有限公司诉陈某圆商业诋毁二审案[①②]

案情聚焦

陈某圆为深圳微醺文化有限公司（以下简称微醺公司）法定代表人。抖音号“老宋的微醺 23 点”2020 年 1 月至 2021 年 9 月绑定的手机号经陈某圆实名认证。2021 年 1 月和 2 月，微醺公司、陈某圆分别对该抖音号进行企业蓝 V 认证和实名认证。涉案视频发布于 2020 年 12 月。视频中有“山寨野格”“乱七八糟的东西”“国产小作坊的山寨货”“添加剂中的战斗机”“酒精味的化学原料”“不法奸商”“赤裸裸地欺骗消费者”“不要脸”“罔顾事实颠倒是非”“劣酒”等评价言论，也有抛摔“粉野格”酒的动作；同时视频中也表示“粉野格”与德国野格系李鬼与李逵的关系，且德国野格即马斯特公司官方声明此“粉野格”与其无关。上述视频被抖音其他品酒主播转发、引用。

2020 年 12 月 22 日，马斯特公司向国家知识产权局申请第 31027236 号“野格哈古雷斯”商标无效，后该局于 2021 年 8 月 27 日裁定商标无效。该裁定在本案庭审时尚未发生法律效力。

2021 年 1 月 27 日，马斯特公司出具声明，确认其从未生产或授权第三方生产、销售、推广“粉色野格”或“粉红野格”的酒类产品。同年，马斯特公司以侵害商标权及不正当竞争为由，将圣罗拉（青岛）酒业有限公司（以下简称圣罗拉公司）及案外人诉至法院。该案在本案庭审时尚未审理终结。

本案原告圣罗拉公司诉称，其为“野格哈古雷斯”商标的被许可使用

---

① 谢湘辉律师，国浩律师（深圳）事务所。

② 一审案号：（2021）粤 0304 民初 27082 号；二审案号：（2022）粤 03 民终 21883 号。

人，所生产的利口酒深受年轻一族喜爱。抖音号“老宋的微醺 23 点”未查清产品真相，便在网上诋毁原告“小作坊”“山寨产品”“山寨公司”以及原告产品，侵犯了原告的商业信誉、商品声誉，构成商业诋毁，请求判令被告停止侵权、赔礼道歉，并赔偿经济损失 300 万元、合理费用 5 万元。

被告陈某圆①辩称，一、涉案抖音号由微醺公司运作管理，其并非本案适格主体。二、涉案视频认为野格哈古雷斯酒品质差，属于劣酒，没有超出社会对“劣酒”的一般认知，也没有脱离法律对“劣品”的定义。野格哈古雷斯酒虚假宣传，存在抄袭、仿冒野格牌利口酒的不正当竞争行为，让消费者误认为购买的是野格牌产品或与其存在一定联系，已经有充分的事实证据予以证实，确实属于“山寨”产品。三、原告不具备可保护的商誉，没有成立商业诋毁的前提。四、原告主张的损失和支出没有事实基础和法律依据。

深圳市福田区人民法院一审认为：

陈某圆为涉案抖音号的运营者之一。涉案视频中的言论属于经营者对竞争对手商品的评论。该抖音号在没有相应的客观证据支持，即“侵权”这一事实尚无司法判决或行政裁决支撑时即断定野格哈古雷斯酒为侵权“山寨品”；以及仅以野格哈古雷斯酒添加了较多品种的食品添加剂为由即评价其为“添加剂中的战斗机”“酒精味的化学原料”“劣酒”等，均没有事实依据。且虽然司法曾经认定圣罗拉公司侵害他人注册商标专用权，但视频中仅以该宗案件即评价圣罗拉公司“不法奸商”“前科累累”，明显过当，遑论视频中还使用了“赤裸裸地欺骗消费者”“不要脸”“罔顾事实颠倒是非”等极端言辞。因此，在 2020 年 12 月“野格哈古雷斯”商标授权状态稳定、尚无生效判决认定该酒构成商标侵权的情况下，编造、传播野格哈古雷斯酒是“山寨品”、仿冒品，并使用否定的带有贬损性及煽动性的语言，容易使人误认为圣罗拉公司以侵权为业且产品低劣，超出了正当商业评价、评论的

① 本案原告还起诉了被告本人造（深圳）传媒科技有限公司，因本案最终认定该公司并非适格主体，为行文方便，本文略去。

范畴，损害了圣罗拉公司正常经营累积的商业信誉，构成商业诋毁。

据此，广东省深圳市福田区人民法院于2022年3月15日作出一审民事判决：一、被告陈某圆应于判决生效之日起十日内连续七天在抖音账号“老宋的微醺23点”首页刊登声明，以消除影响；二、被告陈某圆应于判决生效之日起十日内赔偿原告圣罗拉公司经济损失5万元、合理开支3000元；三、驳回原告圣罗拉公司的其他诉讼请求。

一审判决作出后，被告陈某圆向广东省深圳市中级人民法院提起上诉，深圳市中级人民法院于2022年10月24日作出二审民事判决，驳回上诉，维持原判。

律师评析

根据《反不正当竞争法》第十一条规定，商业诋毁是一种经营者编造、传播虚假信息或者误导性信息，损害竞争对手的商业信誉、商品声誉的不正当竞争行为。《禁止网络不正当竞争行为规定（公开征求意见稿）》则进一步阐明，“损害竞争对手的商业信誉、商品声誉”是指使其他经营者的网络流量、商业广告收益、融资能力等显著减少或者下降，以及交易机会、可预期商业收益、议价能力、品牌价值等潜在竞争力受到损害。

在判定被控侵权行为是否构成商业诋毁时，法院一般需要考虑以下因素：（1）主体要件：行为主体是否为具有竞争关系的经营者；（2）行为要件：该经营者是否实施了编造、传播行为；（3）客体要件：所编造、传播的信息是否为虚假信息或误导性信息；（4）结果要件：对竞争对手的商业信誉、商品声誉是否造成损害。综合上述情况，一、二审法院最终均认定被告构成商业诋毁的不正当竞争行为。

本案对于广大市场参与主体具有较强的警示意义：

首先，以各种夸张噱头吸睛的“打假”视频并非天然具备真实性、客观性和正义性，此类“打假”行为仍应受到《反不正当竞争法》的规制。一方面，“打假”行为有助于消费者去伪存真，将劣质商品及其经营者从市场中驱逐出去；另一方面，未经过严谨、科学调查过的打假视频将误伤无辜的商家，甚至于成为恶性竞争的手段和利器。而“打假”视频通常能够凭借各类噱头吸引到较高的流量，同时借助短视频平台进行“病毒式”的迅速传播。因此，若不对“打假”行为，尤其是存在竞争关系的“打假”行为进行规制与约束，放任其发展将会严重扰乱正常的市场经营秩序，最终损害社会公众利益。

其次，同行之间存在竞争关系，故而经营者对竞争对手商品或服务所作的评论更应当把握好尺度，尽到比一般消费者更高的谨慎和注意义务，秉持诚信客观、真实合理的准则。商业诋毁行为的客体构成要件中所指的误导性信息，既包括对真实情况的恶意歪曲，也包括不公正、不正确、不全面地陈述客观事实的行为。换言之，如果经营者对于未定论的事实，出于恶性竞争等非法目的，故意将未定论的事实作为已经定论的事实进行宣传散布，致使公众产生误解，从而造成竞争对手商誉贬损，亦属于编造、传播误导性信息的行为。另外，对于竞争关系的认定，本案也具有一定的新颖性。尽管原、被告之间不存在直接竞争关系，但由于被告的服务对象与原告系同业竞争者，故而从被告与原告存在商业利益冲突的角度出发，法院仍旧认定当事人之间具备竞争关系。这一裁判观点扩展了竞争主体的范围，对参与市场经营活动中的广大第三方具有借鉴意义。

最后，在民事责任的承担上，法院指出针对商业诋毁的救济，应从商誉修复与损害赔偿两个角度进行，故商业诋毁承担民事责任的方式主要有停止侵权、消除影响、赔偿损失等，同时赔偿数额还应当包括经营者为制止侵权行为所支付的合理开支。

本案判决论理充分翔实，值得学习，但尚有以下两点可供探讨：

第一，同大部分判决类似，本案并未支持原告关于赔礼道歉的诉讼请求，而仅要求原告发布澄清声明即可。虽然江苏高院在其发布的《江苏省高级人民法院侵害商标权民事纠纷案件审理指南》（2020 年修订）中就曾指出，“赔礼道歉的民事责任仅适用于侵犯人身权的场合，而商标权是一种财产性质的权利，被控侵权行为严重损害商标权人商誉的，可以根据个案情况判决其在一定范围内消除影响”。但是，商誉并非纯粹的财产权，其作为一种社会评价和商业口碑与企业本身高度绑定在一起，具有极强的依附性，一旦遭遇否定评价或破坏，企业需要花费数倍的精力将其恢复。在信用时代，名誉权和商誉于企业而言更具有重大战略意义，应当给予保护，比起通常难以执行的判赔金额，被告的公开道歉或许对企业更具有实际意义。

第二，作为一种无形资产，商誉贬损给企业造成的潜在损失难以量化，这就导致被侵权人在主张损害赔偿时往往处于十分尴尬不利的境地。以本案为例，原告起诉要求对方赔偿经济损失300万元及合理维权费用5万元。然而，法院经审理认为原告并无证据证明其实际经济损失，亦未能举证证明被告的侵权获利状况，因而最终仅支持判赔其经济损失5万元、合理开支3000元。显然，这一判决结果与原告的期望值相差巨大。考虑到此类案件举证难度较大的客观事实，法院应当考虑适度减轻原告的举证负担，减少其承担举证不足的不利后果的可能性。

七、深圳市某黍科技有限公司诉深圳市某影传媒有限公司、吴某网络不正当竞争纠纷二审案①②

案情聚焦

原告深圳市某黍科技有限公司（以下简称某黍科技公司）诉称，原告是一家主营业务为在互联网平台上做“电影图解”内容提供的科技公司，成立于2014年并推出了全球首款“图解电影”手机App，在当时就已成为国内最大的专业图解电影作品发布及观看平台，积累了数百万用户，拥有了过千名优秀的图解作者，共发布了万余件图解电影作品，累计观看数超过5亿次。被告深圳市某影传媒有限公司（以下简称某影传媒公司）在经营“某影”手机App、“某影”微信公众号、“某影库”微信公众号网上平台过程中，实施了以下不正当竞争行为：（1）被告吴某获取原告图解电影作品数据

---

① 谢湘辉律师，国浩律师（深圳）事务所。

② 一审案号：（2020）粤0305民初14795号；二审案号：（2021）粤03民终20219号。

并向被告某影传媒公司提供上述数据，用于被告某影传媒公司的商业经营的行为。（2）仿冒混淆行为，具体表现为被告某影传媒公司在其官网、App下载介绍及原告App插入的广告中使用原告有一定影响的互联网产品名称“图解电影”及简称“图解”来宣传介绍其“某影”App产品。（3）两被告利用技术手段在原告App中插入广告及跳转链接，实施了妨碍、破坏原告合法提供的网络产品及服务正常运行的行为。（4）虚假宣传，具体表现包括在被告某影传媒公司的官网上以及App下载介绍中使用“图解创始团队全新出品”“万部正版原创影视图解内容”；在原告App中插入的“更新公告”中使用“下载全新图解与我们重新出发”；在原告App首页中插入的广告中使用“2019全新图解就是某影”；在原告App中插入的界面广告中使用“全新图解就是某影”；在原告App中自动弹出的“发现新版本”的提示中使用“全新图解就是某影”“图解创始团队全新出品”。

法院经审理查明：（1）被告吴某存在未经原告许可将其从原告处获取的图解电影作品用于被告某影传媒公司商业经营的行为。（2）被告某影传媒公司存在未经原告许可在原告公司的图解电影App中插入广告及跳转链接的行为。经法庭询问，原告陈述其于2019年8月9日公证前几天发现其图解电影App中被插入广告及跳转链接，经与被告通话后，原告称广告等已被撤下，但之后时不时仍会出现。被告吴某陈述某影传媒公司通过“广点通SDK系统”在原告App中插入广告及跳转链接的时间仅为几天，在与原告通话后便已撤下，不再投放。（3）被告某影传媒公司在其官方网站首页、App下载页面均记载“图解创始团队全新出品!”，在该网站首页及产品中心页面均记载“万部正版原创影视图解内容”。

深圳市南山区人民法院一审认为：

1. 被告吴某未经原告许可将其从原告处获取的图解电影作品用于被告某影传媒公司商业经营的行为，表明两被告主观上存在利用原告所积累的大量的图解电影作品的相关信息的故意，客观上也有利于被告某影传媒公司节约成本在短期内积累相当量的图解电影作品的相关信息，该行为违反经营活动应遵循的诚实信用原则，有悖于公认的商业道德，不但损害了原告的合法权益，而且扰乱了市场竞争秩序，属于不正当竞争行为，应依法承担相应的民事责任。

2. 被告某影传媒公司作为从事互联网服务的经营者，未经原告许可在其经营的互联网产品的运行页面插入广告及跳转链接，妨碍了原告向其用户提供的网络服务正常运行，并将原告的用户引至被告某影传媒公司的 App 下载页面为自己牟利，损害了原告的合法权益，也违背诚实信用原则和公认的商业道德，构成不正当竞争。

3. 被告某影传媒公司使用广告语表达了某影 App 是图解电影 App 全新版本或升级版本的意思，该情况显然与实际情况不符，其目的在于将原告 App 的用户引流下载被告的某影 App，客观上也足以造成相关公众的误解，上述广告宣传行为违反经营活动应遵循的诚实信用原则，有悖于公认的商业道德，不但损害了原告的合法权益，而且扰乱了市场竞争秩序，构成虚假宣传的不正当竞争行为。

据此，广东省深圳市南山区人民法院于 2021 年 4 月 22 日作出一审判决：一、被告某影传媒公司应于本判决生效之日起十日内在“某影” App（含安卓版及 IOS 版）连续七日发布其与原告某黍科技公司“图解电影” App 无任何关联的澄清声明；二、被告某影传媒公司、被告吴某应于本判决生效之日起十日内连带赔偿原告某黍科技公司经济损失及合理开支人民币 25 万元；三、驳回原告深圳市某黍科技有限公司的其他诉讼请求。一审宣判后，被告某影传媒公司、吴某向广东省深圳市中级人民法院提起上诉。

深圳市中级人民法院二审认为：

1. 关于某影传媒公司在被上诉人合法提供的 App 中插入链接，由用户主动触发目标跳转是否构成网络不正当竞争的问题。二审法院指出，上诉人利用技术手段，在他人 App 非法插入跳转链接，并使用暗示、误导性提示文字，误导用户自行触发进行目标跳转，非法进行流量引导，干扰、替代原 App 正常提供服务，影响用户的知情权和选择权，亦抢夺了被上诉人的网络用户，获取了本不属于其自身的用户流量，从而获取不正当利益，构成网络不正当竞争行为。

2. 关于被上诉人后台服务器上全部“图解电影”作品的原始数据能否受反不正当竞争法保护的问题。法院认为，被上诉人并未证明其对平台上所积累的图解电影作品的相关数据进行了编辑或者加工，故其作为平台方并不当然享有对平台用户上传的数据资料的垄断性权益，对数据积累的整体也不当然享有垄断性权益。本案并不符合《反不正当竞争法》第二条的适用条件，一审认定事实和适用法律不当，二审法院对此予以纠正。

2022 年 4 月 28 日，深圳市中级人民法院作出二审民事判决，判令某影传媒公司在“某影”App（含安卓版及 IOS 版）连续七日发布其与某黍科技公司“图解电影”App 无任何关联的澄清声明，并且改判某影传媒公司、吴某连带赔偿某黍科技公司经济损失及合理开支人民币 15 万元。

律师评析

立足于大数据时代的背景下，企业数据被赋予了重大的经济意义，数据资产成为现代商业最核心的竞争力。对于互联网公司而言，企业数据更是其重要的经济投入和商业模式的基石，由此，法律应当给予高度关注与保护。尽管我国目前在个人信息保护立法上已取得一定成果，但对于企业数据仍欠缺明晰的法律规制，如何更好地保护企业数据亟待解决。而这种现象的产生主要是基于以下几点[①]：（1）企业数据法律属性和边界不明。法律属性是企业数据权益保护的理论基础和逻辑起点。然而当前我国法律体系并未明确界定企业数据的内涵和法律属性，学术观点也各不相同，这就导致司法机关在处理案件时缺乏明确的理论指导。（2）企业数据权益的保护规则不统一。鉴于企业数据巨大的商业价值，现行法律制度也尝试从诸多方面对其进行保护，然而司法保护路径的不同，在一定程度上亦影响了法律的适用统一和权威性。（3）企业数据保护与个人信息保护天然存在对立性。《个人信息保护法》的出台在很大程度上是为了限制和规范企业对用户数据的处理，因为企

① 李飞翔：《数字经济时代下企业数据权益保护问题研究》，载微信公众号“上海普陀法院”，2022 年 11 月 9 日。

业对个人数据的使用程度越高，对用户权益的侵害就越严重。此外，互联网平台的数据具备公共性和开放性，对此类数据的保护应当特别注意边界，否则将违背互联网精神，引发数据垄断，最终不利于行业和市场的繁荣发展。

本案就是在企业数据保护相关立法空缺的背景下，从反不正当竞争角度对企业数据权益保护进行的一次积极探索，对广大企业和司法工作者均具有重要的借鉴意义，具体如下：

首先，在认定被控侵权行为是否构成网络不正当竞争时，二审法院主要从以下三个方面认定被告构成侵权。第一，被诉行为是否不当影响了用户选择，是否为妨碍、破坏原告合法提供的网络产品或者服务正常运行的行为。第二，被告是否基于上述行为侵害了原告的合法权益或者非法获取不正当利益。第三，行为人是否存在恶意攫取非法利益的主观恶意。在综合考虑上述因素的前提下，依法对被诉行为作出侵权判定具备合理性。

其次，在侵权赔偿责任的承担上，二审指出，《反不正当竞争法》的根本目的是促进社会主义市场经济健康发展，鼓励和保护公平竞争，制止不正当竞争行为，保护经营者和消费者的合法权益。经营者之间的规模大小、各自的经营状况或者盈利能力大小，都不能成为侵权者实施网络不正当竞争行为的合法免责理由，亦不能免除侵权者的赔偿责任。另外，二审还认为，即使被告在收到警告后停止侵权行为，也不影响原告对被告之前的侵权行为提起诉讼的权利，但其侵权持续的时间长短可作为判赔金额的考量情节之一。

最后，在认定某黍科技公司对其“图解电影”App 中存储的企业数据是否享有合法权益的问题上，一、二审法院存在不同观点。一审认为，图解电影作品属于原影视作品的改编作品，尽管原告平台上的图解电影作品由用户制作上传，但原告出于便利用户的目的发布了制作器及管理系统软件。原告通过运营网站、App 等线上平台积累了大量的图解电影作品，也付出了相应的时间、资金、人力成本。不仅如此，原告平台上所积累的大量图解电影作品的相关信息是其开展商业运营的基础，也是其核心竞争资源，因此原告对其所积累的大量相关数据这一整体享有竞争性财产权益。二审则认为，原告并未举证证明其涉案作品的来源或者其对上述作品获得了相应的著作权授权。在原被告上诉人与被上诉人之间的另案纠纷中，法院认定在案证据不足以证明原告系涉案图解电影作品的著作权人，或其已获得涉案作品的独占性作品信息网络传播权，据此驳回起诉。另外，原告亦未证明其对平台上所积累的相关数据进行了编辑或者加工，其作为平台方并不当然享有对平台用户上传的数据资料的垄断性权益，对数据积累的整体也不当然享有垄断性权益，基于此，二审法院对一审法院的相关认定进行了纠正。

由于现行立法的缺位，企业数据权益仍未成为一项明文规定的法定权利，因此在判定是否对相关数据利益予以保护时，法院应当从合法性、商业道德、行业惯例、社会公共利益等多方面进行考虑。其中，合法性应当是互联网企业予以重点关注的问题，因为这些企业的数据往往来自开放的公共平台，而这些数据本身的收集、存储、使用、加工、传输、提供、公开、删除等环节均容易产生侵权行为。如果企业对上述数据各项环节的把控不够到位，那么就很难主张其对企业数据具有合法权益，自然而然也就难以获得法律保护。本案主要从反不正当竞争的路径对企业数据的保护进行了有益探索，对今后类似案件的裁判具有参考价值和指导意义。

八、深圳市腾讯计算机系统有限公司等诉杭州百豪科技有限公司等不正当竞争纠纷案①②

案情聚焦

2020年，深圳市腾讯计算机系统有限公司、腾讯科技（深圳）有限公司（以下统称两原告）发现，杭州百豪科技有限公司（以下简称百豪公司）通过其运营的被诉侵权软件“红包猎手”和“多多抢红包”，可以调用安卓手机无障碍功能监听QQ软件，模拟用户点击和自动发送消息，一旦有用户

① 张佳佳律师、闵睿律师，贵州贵达律师事务所。

② 一审案号：（2020）浙8601民初1644号；二审案号：（2021）浙01民终10310号。

发送红包，软件可自动领取并发送答谢消息。杭州古馨文化艺术有限公司（以下简称古馨公司）系其中“多多抢红包”软件在部分应用市场的服务提供者。基于此，两原告向一审法院起诉请求判令两被告停止不正当竞争行为，登报消除影响并赔偿损失495万元。

一审法院经审理认为，本案争议焦点有三：第一，被诉行为是否构成不正当竞争行为；第二，如何认定被诉行为的实施主体及是否属于共同侵权行为；第三，如何确定本案民事责任。

关于争议焦点一，一审法院认为，被诉行为构成不正当竞争行为。首先，就QQ应用软件以及“QQ抢红包”来看，与百豪公司、古馨公司的网络服务范围和用户群体存在较大程度的交叉和重合，故腾讯计算机公司、腾讯科技公司与百豪公司、古馨公司存在现实的竞争关系。其次，基于QQ软件的正常运行以及其合法提供产品和服务的过程中所形成的用户对于QQ软件和产品的使用时间和黏性，以及由此聚集用户所获取的流量和流量变现的获益等，系两原告就此取得的竞争优势的重要组成部分，在互联网经济发展趋势下无疑应受法律保护。在特定行为危害正当的竞争秩序或者竞争机制而为竞争秩序所不容时，能够据此认定构成不正当竞争行为。本案两被告不正当地利用他人已经取得的市场成果为自己谋取商业机会、获取竞争优势的行为，具有不正当性。最后，被诉侵权软件系主要针对QQ手机软件抢红包功能开发，其批量化、自动化的操作方式也会额外增加QQ软件运行的数据量和数据流，超过了两原告对自身QQ产品进行技术甄别、干预甚至屏蔽被诉侵权软件的可控范畴，极易导致QQ软件原本设置的手动抢红包功能和公平的红包算法机制被弱化甚至被边缘化，尤其削弱了用户对于QQ软件的关注度，直接冲击QQ以真实社交为依托的运营基础，显然违背两原告正常提供QQ产品服务的意愿，导致其合法提供的QQ产品及服务无法正常运行使用，严重破坏了广大用户对QQ交互信息的信任，也破坏了QQ原本真实、诚信的互动生态系统。同时，被诉侵权软件不合理地降低了用户需要手动点击红包并激发真实社交的产品体验感，亦有可能导致未使用被诉侵权软件的QQ用户丧失公平参与抢红包的机会，并会遭受财产权益的不合理损失。综上，被诉侵权软件的开发、运营系通过提供损害两原告、消费者以及社会公共利益的服务而获利，扰乱了市场竞争秩序，应属不正当竞争行为。

关于争议焦点二，一审法院认为，百豪公司、古馨公司构成共同侵权。本案中，从“多多抢红包”软件的运行情况来看，百豪公司和古馨公司于同一时期分别在不同平台发布该软件，结合百豪公司对该软件开发运营的实际控制力以及对收益的直接获取情况，还有古馨公司在此过程中所发挥的作用，百豪公司、古馨公司所实施的涉案行为系提供被诉侵权软件服务必不可少的环节，也系损害后果发生所不可或缺的原因。

关于争议焦点三，一审法院认为，百豪公司、古馨公司应当承担停止侵害、消除影响、赔偿损失的民事责任。其中，对于赔偿数额，一审法院综合考量 QQ 的商业价值、被诉侵权软件与 QQ 软件的竞争领域营利模式、被诉侵权软件依附 QQ 得到传播推广的程度、被诉侵权软件下载量等因素，酌情判定两原告经济损失为 60 万元，古馨公司在 10 万元限度内承担连带赔偿责任。

被告百豪公司不服一审判决，向浙江省杭州市中级人民法院提起上诉。二审法院审理认为一审法院认定事实清楚，适用法律正确，维持原判。

律师评析

本案适用《反不正当竞争法》第十二条“其他妨碍、破坏其他经营者合法提供的网络产品或者服务正常运行的行为”这一互联网专条的兜底条款，认定构成互联网不正当竞争行为应当同时具备以下条件：行为人是否通过技术手段实施被诉侵权行为；被诉侵权行为是否具有不正当性，是否违反商业道德和诚实信用原则；被诉侵权行为是否违背其他经营者提供网络产品或服务的意愿，导致其他经营者提供的网络产品或服务无法正常运行或降低其用户真实活跃度和黏性，从而损害其他经营者利益、扰乱竞争秩序；被诉侵权行为是否损害了消费者合法权益，在互联网不正当竞争中，可体现为是否不合理地降低了用户的产品体验感、是否使用户丧失了公平参与某些活动的机会从而遭受财产权益的不合理损失。

注意力经济是互联网经济的一大属性，该属性带来的用户流量和用户黏性亦成为互联网企业的竞争优势和竞争对象。当经营者不正当地利用他人已经取得的用户流量和用户黏性的成果为自己获取竞争优势时，其行为即具有不正当性。本案涉及的“自动抢红包软件”改变了权利人运营软件中拼手速抢红包的正常操作流程，破坏了该类活动的公平性和娱乐性，易让没有使用涉案软件的用户对权利人的服务产生不满，损害权利人的商誉。此类软件的开发、运营初衷，是利用其他经营者所享有的竞争优势，引导用户使用不诚信的手段获得利益，其破坏了相关竞争领域的正常竞争秩序，人民法院通过判决对此种不诚信行为施以相应处罚，回应了社会公平公正的需要。①

九、稳健医疗用品股份有限公司诉苏州稳健医疗用品有限公司、苏州航伟包装有限公司、滑某侵害商标权及不正当竞争纠纷案②③

案情聚焦

稳健医疗用品股份有限公司（以下简称稳健股份公司）成立于 2000 年，业务覆盖医用敷料、手术耗材、医用卫生材料及家庭卫生护理用品等领域，在口罩等多个商品上注册有“winner”“w 稳健”“稳健医疗”等诸多商标。“稳健”医疗在业内具有极高知名度及影响力，为我国抗疫工作作出了突出贡献，受到了中央和国务院疫情防控相关部门表扬和充分肯定。苏州稳健医疗用品有限公司（以下简称苏州稳健公司）成立于 2020 年，在生产销售的口罩产品图片、参数、详情、包装箱、合格证、价签、包装袋以及经营环

① 《普法课堂 丨“自动抢红包”软件到底合不合法？法院二审宣判!》，https：//www. sohu. com/a/550293731_ 121106875。

② 张佳佳律师、闵睿律师，贵州贵达律师事务所。

③ 一审案号：（2021）苏 05 民初 1725 号；二审案号：（2022）苏民终 842 号。参见《江苏法院反不正当竞争十大典型案（2019—2022）》，载微信公众号“最高人民法院知识产权法庭”，2022 年 11 月 29 日。

境、公众号、网站等处使用“SW 苏问医疗”“WJ 苏稳医疗”以及“品牌：苏稳、品牌：稳健、品牌：Winner/稳健、生产企业：苏州稳健医疗用品有限公司”“稳健医疗、SW 苏稳、WJ 稳健医疗、苏州稳健医疗”“苏州稳健公司”“苏州稳健医疗用品有限公司”等字样对其产品、公司及经营进行宣传介绍。

滑某分别持有苏州稳健公司、苏州航伟包装有限公司（以下简称航伟公司）99%、91.6667%股份。苏州稳健公司办公地址位于航伟包装工业园内，销售的口罩包装袋上标注航伟公司官网地址，出具的销售收据加盖航伟公司公章。航伟公司官网中大篇幅介绍苏州稳健公司产品及企业信息，网店销售苏州稳健公司口罩，并自称“自有工厂”“源头厂家”。滑某将航伟公司网店口罩收入纳入个人账户。

稳健股份公司认为上述行为侵害其商标权，并构成不正当竞争，航伟公司、滑某实施共同侵权，故要求停止侵权并赔偿损失，航伟公司、滑某承担连带责任。

一审法院经审理认为，涉案注册商标及企业字号知名度极高。苏州稳健公司在口罩产品及其网站、网店、公众号使用与涉案注册商标相同或近似的标识，擅自注册、使用“稳健”字号及企业名称，开展相同经营活动，具有明显攀附稳健股份公司商誉的目的，造成混淆误认，构成商标侵权及不正当竞争。苏州稳健公司、航伟公司高度关联。滑某为两公司绝对控股股东，个人与公司财产混同。在滑某策划与控制下，两公司分工合作，共同实施侵权行为，三者应当承担连带责任。

此外，苏州稳健公司、航伟公司、滑某侵权情节严重，主观故意明显，一审法院对于可以查明的侵权获利部分，适用惩罚性赔偿；对于无法查明具体销量的部分，综合考虑严重侵权情节，适用法定赔偿确定赔偿额。据此，一审法院判决：苏州稳健公司、航伟公司、滑某立即停止涉案侵害商标专用权及不正当竞争行为，苏州稳健公司立即停止使用现有企业名称；三者共同赔偿稳健股份公司损失及维权合理费用 1021655 元。被告不服判决，提起上诉。

江苏省高级人民法院二审维持原判。

律师评析

本案是《知识产权强国建设纲要（2021—2035 年）》提出的“建设支撑国际一流营商环境的知识产权保护体系”的良好体现。作为知识产权保护体系的关键一环，司法保护发挥着不可或缺的重要作用。本案中，侵权人在侵权口罩、企业官网、网店、公众号使用与权利人相同或近似的商标以及注册使用与权利人商标相同的企业名称和字号，从而达到攀附权利人商誉、扩大自身竞争优势的不正当目的。人民法院判决通过适用惩罚性赔偿、加大赔偿力度、认定共同侵权、责令停止使用字号等方式对侵权人的商标侵权及不正当竞争行为予以严厉惩治，诠释了人民法院最严格知识产权司法保护、维护公平竞争秩序的基本理念，有力保护了权利人的知识产权，维护了公众生命健康安全，是人民法院依法保护企业字号和商标权益，服务保障疫情防控和经济社会发展的典型案例。①

十、北京小壕科技有限公司与北京古北水镇旅游有限公司不正当竞争纠纷案②③

案情聚焦

北京古北水镇旅游有限公司（以下简称古北水镇公司）为北京市密云区注册成立的公司，2010 年北京市政府批准密云县（现密云区）政府开发古北水镇国际休闲度假区项目，2014 年北京司马台长城脚下“古北水镇”旅游度假项目开始营业。2014 年 2 月 12 日北京小壕科技有限公司（以下简称小壕公司）注册成立，经营范围包括技术推广、专利转让、商标转让与代理

---

① 参见《苏州中院 3 起案例入选江苏法院反不正当竞争十大典型案例》，载微信公众号“苏州市中级人民法院”，2022 年 11 月 30 日。

② 朱彦臻律师，北京高文（西安）律师事务所。

③ 一审案号：（2020）京 0101 民初 6263 号；二审案号：（2021）京 73 民终 4553 号。

服务等。同年 2 月 16 日，小壕公司申请注册第 14073131 号、第 14073132 号“古北水镇”商标，并于 2015 年 4 月 28 日获得核准注册，上述商标核定使用的商品分别为第 33 类白酒及第 25 类服装、鞋帽等，有效期至 2025 年 4 月 27 日。2016 年 4 月 14 日，小壕公司向工商行政部门投诉古北水镇公司在其生产销售的司马小烧酒上侵犯其“古北水镇”注册商标权。

古北水镇公司起诉并请求：（1）判令被告小壕公司就涉案不正当竞争行为赔偿原告经济损失 46.5 万元及合理支出 3.5 万元，以上共计 50 万元；（2）判令被告在《中国知识产权报》上刊登声明，消除涉案不正当竞争行为给原告造成的影响；（3）判令本案诉讼费由被告承担。

一审法院认为，经营者之间的竞争已经不限于同行业之间。经营者之间的竞争关系通常是抽象存在的。如果经营者之间因具体法律行为和法律关系的存在而建立起特定化的联系，应认定其具有直接的利害关系。倘若经营者以不正当的方式与竞争对手或其他经营者争夺交易机会，损害其合法权益，扰乱社会经济秩序，受损害的经营者即有权通过反不正当竞争法寻求救济。本案中，原告与被告不仅在经营范围上存在交集，双方关于被告注册的涉案商标还存在争议，被告曾以涉案商标作为权利基础向原告发送侵权警告函并提起工商投诉，原告申请注册商标亦受到过涉案商标阻却，一方的不当行为可能会妨碍另一方的正当经营活动并损害其合法权益，故原告与被告并非一般意义上的市场竞争关系，原告与本案具有直接的利害关系，其有权提起本案诉讼。被告系在知晓其申请注册涉案商标的行为具有不正当性的情况下取得该商标的注册，恶意取得注册商标专用权，被告在发送侵权警告函、提起工商投诉时亦知晓其实际上并不具有主张的权利基础，从而扰乱正常的市场竞争秩序，原告的合法权益将因此遭受损害，其正常经营活动会受到干扰和影响，该行为已违反诚实信用原则，构成不正当竞争行为，被告应承担相应的民事责任。当商标权人所持权利证书，系通过欺骗、故意隐瞒、利用不正当手段抢先注册、侵害他人在先权利等方式取得时，则该证书并非其行使商标权的合法权利基础。

综上所述，一审判决如下：一、被告于本判决生效之日起十日内就涉案不正当竞争行为赔偿原告经济损失 28 万元及合理支出 3.5 万元；二、被告于本判决生效之日起三十日内就涉案不正当竞争行为在《中国知识产权报》上刊登声明，消除影响；三、驳回原告其他诉讼请求。被告小壕公司不服判决，提起上诉。

二审法院认为，一审认定事实及适用法律正确，判决驳回上诉，维持原判。并进一步明确，行为人以损害国家利益、社会公共利益、他人合法权益为主要目的行使民事权利的，人民法院应当认定构成滥用民事权利。法律追求“矫正正义”和“分配正义”的目标，它要求一切民事权利的行使不得超过其正当界限，否则构成权利滥用，不仅不能产生权利人追求的法律效果，还可能承担相应的法律责任。

律师评析

本案把不正当竞争关系拓展到非同业竞争者之间，而不限于同业竞争者之间。判决认为，按照通常理解，不正当竞争行为必须限于行为人和受害人之间为同业竞争者，即相同或类似商品服务的经营者。但是，在许多情况下理解不宜如此狭义，只要实质上是以损人利己、搭便车模仿等不正当手段进行竞争，从而获取竞争优势或破坏他人竞争优势，就可以认定构成不正当竞争行为。竞争关系的广义化，是反不正当竞争法由起初仅仅保护竞争者利益，发展到其立法目标不断向保护消费者权益和维护公共利益方面拓宽，由单纯的私权保护不断向实现市场管制目标发展的自然结果。

二审判决对权利滥用的概念和法律后果进行了明确。认为行为人以损害国家利益、社会公共利益、他人合法权益为主要目的行使民事权利的，应当认定构成滥用民事权利。并认为，法律禁止权利滥用本质上是对私权行使的一种限制，体现了法律追求“矫正正义”和“分配正义”的目标。这就给民事权利的行使进行了划界，滥用权利，不仅不能产生权利人追求的法律效果，还可能承担相应的法律责任。

本案的判决必然对商标代理行业抢注商标行为产生极大的遏制作用，因为其结果不单是不能获得商标权，还可能面临较高的赔偿责任。

重点关注

一、市场监管总局依法对知网滥用市场支配地位行为作出行政处罚并责令其全面整改①②

事件回放

2022 年 5 月，市场监管总局依据《反垄断法》对知网涉嫌实施垄断行为立案调查。

经查，知网在中国境内中文学术文献网络数据库服务市场具有支配地位。2014 年以来，知网滥用该支配地位实施垄断行为。一是通过连续大幅提高服务价格、拆分数据库变相涨价等方式，实施了以不公平的高价销售其数据库服务的行为；二是通过签订独家合作协议等方式，限定学术期刊出版单位、高校不得向任何第三方授权使用学术期刊、博硕士学位论文等学术文献数据，并采取多种奖惩措施保障独家合作实施。调查表明，知网实施不公平高价、限定交易行为排除、限制了中文学术文献网络数据库服务市场竞争，侵害了用户合法权益，影响了相关市场创新发展和学术交流传播，构成《反垄断法》第二十二条第一款第一项、第四项禁止的“以不公平的高价销售商品”和“没有正当理由，限定交易相对人只能与其进行交易”的滥用市场支配地位行为。

根据《反垄断法》第五十七条、第五十九条规定，综合考虑知网违法行为的性质、程度、持续时间和消除违法行为后果的情况等因素，2022 年 12 月 26 日，市场监管总局依法作出行政处罚决定，责令知网停止违法行为，并处以其 2021 年中国境内销售额 17.52 亿元 5%的罚款，共计 8760 万元。同时，坚持依法规范和促进发展并重，监督知网全面落实整改措施、消除违

---

① 陈东生律师、黎佩琪律师，北京市天元（广州）律师事务所。

② 《市场监管总局依法对知网滥用市场支配地位行为作出行政处罚并责令其全面整改》，https：//www.samr.gov.cn/xw/mtjj/202212/t20221228_352483.html。

法行为后果，要求知网围绕解除独家合作、减轻用户负担、加强内部合规管理等方面进行全面整改，促进行业规范健康创新发展。

律师评析

中国知网平台虽然在创新发展、学术交流与知识传播方面作出了贡献，但其行为系超出了《反垄断法》所确立的边界。国家市场监督管理总局认为知网滥用中文学术文献网络数据库服务市场的支配地位，排除、限制了相关市场竞争，损害了用户合法利益，阻碍了中文学术文献网络数据库服务市场技术进步和创新发展，影响了学术交流传播，破坏了科研学术环境，因此作出处罚决定。市场经济是法治经济，反垄断执法机构所作出的这一举措具有重大意义。

该举措及时纠正了中国知网平台限制知识获取渠道、提高知识获取成本的违法行为，是促进我国学术文献网络数据库服务质量和水平的提升，增进社会整体福利的必要之举。作为头部互联网平台，更是要依法依规经营，积极履行自身的社会责任。知网在中文学术文献信息服务和知识服务市场不断开拓，成为我国最具市场影响力的学术文献数字化服务平台。倘若店大欺客，利用自身地位在法律边缘试探，甚至逾越底线，最终只会失去信任、失去市场。

国家市场监督管理总局针对中国知网的不正当竞争行为做出的行政处罚决定，无疑是在提醒互联网平台的其他企业经营者，必须加强自身合规性建设，确保自身的经营活动在法治的轨道上运行。

二、2022 年反垄断大锤打向互联网巨头，腾讯再领九张罚单[①]

事件回放

1 月 5 日，国家市场监督管理总局公布了 13 起互联网领域未依法申报违

---

① 陈东生律师、黎佩琪律师，北京市天元（广州）律师事务所。

法实施经营者集中案的处罚决定，涉及腾讯、哔哩哔哩、阿里巴巴等多家互联网企业。此次被处罚的企业均为知名互联网企业，在13起案件中，涉及腾讯九件、阿里巴巴两件、哔哩哔哩一件。据悉，上述案件违法事实及理由均为违反了《反垄断法》第二十一条，构成未依法申报违法实施经营者集中，评估认为不具有排除、限制竞争效果。国家市场监督管理总局依据《反垄断法》第四十八条、第四十九条①，对未依法申报违法实施经营者集中的企业处以50万元的罚款。

律师评析

本次集中通报的13起案件均涉及互联网企业，说明互联网企业和平台企业仍是反垄断执法机构重点关注的对象。

2020年以来，国家市场监管部门对于经营者集中方面的监管开始逐步加强，并呈现常态化趋势，上述案件也正是反垄断执行机关常态化执法的体现。互联网企业在反垄断风暴下将面临更复杂和更严峻的合规挑战。我国加大反垄断力度，对一些具有垄断性的互联网公司连续开出大额罚单进行处罚并要求进行整改，目的在于打破行业壁垒和技术垄断，开放市场发展空间，鼓励市场公平竞争，给更多公司创造参与竞争、公平竞争的机会，让市场在竞争中不断创新和发展。

互联网平台经济必须依法依规进行创新发展，如果超越法律法规限制，放任市场垄断、无序扩张、野蛮生长，终将使整个行业无法实现健康可持续发展。此次国家市场监管部门依法依规对涉嫌垄断行为的互联网企业实施行政处罚决定，正是为了更好规范和发展互联网经济，让互联网企业在法治轨道上更好前行。

---

① 对应2022年新修正的《反垄断法》第五十八条、第五十九条。

三、全国多省市修订地方反不正当竞争条例[①]

事件回放

1.《浙江省反不正当竞争条例》修订

《浙江省反不正当竞争条例》已于 2022 年 7 月 29 日经浙江省第十三届人民代表大会常务委员会第三十七次会议修订通过，自 2022 年 10 月 1 日起施行。

新修订的条例共 5 章 32 条，明确电子商务平台经营者应当在平台服务协议和交易规则中明确平台内公平竞争规则，建立不正当竞争行为举报投诉、纠纷协调等机制，并依据平台服务协议和交易规则协调平台内经营者之间的不正当竞争纠纷，引导平台内经营者依法竞争。

2.《重庆市反不正当竞争条例》修订

2022 年 7 月 20 日，在重庆市五届人大常委会第三十五次会议上，《重庆市反不正当竞争条例（修订草案）》提请审议。2022 年 9 月 28 日，《重庆市反不正当竞争条例》经重庆市第五届人民代表大会常务委员会第三十七次会议修订通过并公布，自 2023 年 1 月 1 日起施行。

条例共 6 章 43 条，包括不正当竞争行为、监督检查、公平竞争环境建设、法律责任等内容，主要对不正当竞争行为的有关规定进行了修订和精简。

3.《安徽省反不正当竞争条例》修订

2022 年 4 月起，安徽省市场监督管理局就《安徽省反不正当竞争条例》修订项目选择安徽大学作为服务单位，成立《安徽省反不正当竞争条例》修订项目课题组，赴各地就《安徽省反不正当竞争条例》修订工作开展实地调研和座谈交流。

律师评析

《反不正当竞争法》于 2019 年修订，最高人民法院也在 2022 年初发布

---

① 史跃律师，国浩律师（深圳）事务所。

了《关于适用〈中华人民共和国反不正当竞争法〉若干问题的解释》，以回应社会发展带来的新问题，尤其是增加互联网专条、原则使用细化、明确仿冒混淆、虚假宣传等行为。

在此背景下，各地也逐渐开展了一轮地方反不正当竞争条例的修订热潮，以跟进法律的变动，同时作出适应本地发展的调整。如浙江省在地方立法权限内对反不正当竞争法规定的七种不正当竞争行为作出了细化完善，主要涵盖电商平台责任、混淆行为、商业贿赂、虚假宣传、侵犯商业秘密、商业诋毁行为等，尤其明确了电子商务平台经营者应当在平台服务协议和交易规则中明确平台内公平竞争规则，建立不正当竞争行为举报投诉、纠纷协调等机制。

地方条例的修订是地方政府在优化营商环境、维护公平市场竞争秩序提供法制保障方面作出的积极努力。

四、多地发布反不正当竞争典型案例①

事件回放

1. 2022 年 11 月 17 日，最高人民法院发布十件人民法院反不正当竞争典型案例。

2. 2022 年 11 月 17 日，市场监管总局公布 2022 年反不正当竞争专项执法行动典型案例一和案例二。

3. 2022 年 11 月 18 日，市场监管总局公布 5 起商业贿赂不正当竞争典型案例。

4. 2022 年 7 月 9 日，福建省市场监管局公布反不正当竞争十大典型案例。

5. 2022 年 8 月 23 日，杭州互联网法院发布网络不正当竞争十大典型案例。

6. 2022 年 11 月 29 日，江苏法院发布《江苏法院反不正当竞争十大典型

① 史跃律师，国浩律师（深圳）事务所。

案例（2019—2022）》。

7. 2023 年 1 月 9 日，广东省市场监督管理局发布 2022 年反不正当竞争执法账单及十大典型案例。

8. 2023 年 1 月 10 日，浙江省市场监管局发布了 15 件 2022 年度反不正当竞争典型案例。

律师评析

在反不正当竞争领域，市场监督管理局作为行政执法机关，法院作为司法机关，针对社会上频繁出现的热点问题也在加大行政执法力度，并且在近两年频频分批次、分行业，甚至分行为类型发布典型案例。

通览各法院、各市场监督管理局发布的典型案例，除广泛覆盖不同行业和领域外，热点集中在互联网行业、医美行业，具有前沿性，能及时回应市场主体的关切和满足消费者的需求，也在通过特定案例以案释法的方式，有效发挥典型案例的规则引领作用，指导全国各地反不正当竞争行政执法和司法工作的开展，保证市场竞争的公平有序和经济的高质量发展。

五、核酸检测贴纸使用“冰墩墩”被指侵权[①②]

事件回放

2022 年 2 月 28 日，深圳南山粤海街道群众某某实名举报粤海街道违规使用东奥会吉祥物“冰墩墩”形象的核酸检测贴纸，向北京冬奥组委会官方邮箱发出举报邮件。3 月 1 日，北京冬奥组委会法律事务部向该名群众回信：“未经权利人北京冬奥组委会许可，任何人不得擅自使用冰墩墩形象……我们已经联系侵权人并告知其停止侵权。”核酸检测贴纸使用“冰墩墩”被指侵权事件引起社会广大公众的关注，也引发了法律界针对奥林匹克标志如何

---

① 谢湘辉律师，国浩律师（深圳）律师事务所。

② 周澎：《热点速评丨核酸检测点派发“冰墩墩”贴纸侵权吗?》，载微信公众号“知产力”，2022 年 3 月 7 日。

进行知识产权保护的激烈讨论。

律师评析

《奥林匹克标志保护条例》第四条第一款规定：“奥林匹克标志权利人依照本条例对奥林匹克标志享有专有权。”第六条规定：“除本条例第五条规定外，利用与奥林匹克运动有关的元素开展活动，足以引人误认为与奥林匹克标志权利人之间有赞助或者其他支持关系，构成不正当竞争行为的，依照《中华人民共和国反不正当竞争法》处理。”第十六条规定：“奥林匹克标志除依照本条例受到保护外，还可以依照《中华人民共和国著作权法》、《中华人民共和国商标法》、《中华人民共和国专利法》、《特殊标志管理条例》等法律、行政法规的规定获得保护。”从上述规定可以看出，我国对奥林匹克标志的保护有较为完善的知识产权保护体系，总体上可以分为三个层次的保护模式，首先是奥林匹克标志专有权保护，其次是知识产权专门权利保护（包括著作权、商标权和专利权），最后是反不正当竞争法保护。

通过这一事件及其引发的社会关注和讨论，不仅有利于进一步宣传冬奥会吉祥物“冰墩墩”这一宝贵的文化形象，更有利于增强全社会的知识产权保护意识，有利于我国的文化创新。

六、最高人民法院发布2022年十件反不正当竞争典型案例①

事件回放

2022年11月17日，最高人民法院召开人民法院加强反垄断和反不正当竞争司法新闻发布会，并发布人民法院加强反垄断和反不正当竞争司法有关情况和典型案例。其中，发布的十件反不正当竞争典型案例，明确了直播不正当竞争行为、商业诋毁行为、网络不正当竞争行为、违法有奖销售行为、刷单炒信行为、仿冒混淆行为、虚假宣传行为、被许可人保护义务的认定以

① 张佳佳律师、闵睿律师，贵州贵达律师事务所。

及作品名称权益的保护和侵害技术秘密案件中行为保全措施的适用。

律师评析

最高人民法院此次发布的人民法院反不正当竞争典型案例，在明确传统不正当竞争行为认定的基础上，同时明确了关于直播、刷单等部分新型互联网不正当竞争行为的认定。例如，在公布的"陪伴式"直播不正当竞争纠纷案中，人民法院认为未经原告许可，两被告即将"正在视频直播奥运会"作为百度推广的关键词，吸引用户访问其网站并下载"直播 TV 浏览器"，引导用户进入专门直播间后，以"嵌套"的方式呈现原告转播奥运会节目的内容，向用户提供主播陪伴式奥运赛事"直播"，并借此牟利，两被告的行为构成不正当竞争，因此判决两被告赔偿经济损失 500 万元，为直播行业等网络新业态、新模式的发展提供了行为指引①；在"微信抽奖"有奖销售行政处罚案中，人民法院认定被告举办微信抽奖活动的目的在于扩大公司知名度，宣传商品或服务，发掘潜在客户、获取更大利润，此种以截取流量、获取竞争优势为目的的微信抽奖活动属于有奖销售，从而依法支持行政机关关于将奖品信息不明确、实际奖品与发布的图片不一致、欺诈消费者的有奖销售行为认定为不正当竞争行为并进行行政处罚的决定。② 此举对建立诚实信用、公平有序的互联网服务市场秩序，保护消费者利益具有积极意义。

---

① 参见北京市东城区人民法院（2016）京 0101 民初 22016 号。

② 参见江苏省苏州市吴法区人民法院（2021）苏 0509 行初 44 号。

七、市场监管总局公布2022年反不正当竞争专项执法行动典型案例①②

事件回放

2022年4月，市场监管总局印发通知，部署开展2022年反不正当竞争专项执法行动，本次行动聚焦重点领域、重点行业、重点人群、重点地区、重点商品，严厉打击仿冒混淆、“口碑”营销、商业贿赂、“二选一”等不正当竞争行为，以此规范竞争、推进建设全国统一大市场。

为充分发挥典型案例警示作用，提醒消费者科学理性消费，督促市场主体自觉守法，市场监管总局又于2022年11月公布了两批本年度专项执法行动的典型案例，主要涉及医美领域和商业贿赂，共计10起。

此次公布的医美领域5起典型案例涉及刷单炒信、仿冒混淆、不正当有奖销售、虚假宣传等四大类型的不正当竞争行为。一些医美机构为了营利通过“刷单炒信”、编造用户评价、直播带货等方式虚构交易、虚假评价，形成消费误导，增加消费者的选择难度；一些经营者为招揽客户，在营销宣传过程中，擅自使用知名企业的商业标识，或者名人、明星肖像图片等，导致消费者误认混淆；一些医美机构利用互联网开展不正当有奖销售，有的在直播抽奖时，不公布奖项内容、不公布中奖条件，甚至操纵中奖名单；一些经营者通过虚假宣传医疗机构资质、医生资历、产品功效疗效等方式，欺骗、误导消费者，给消费者以服务品质保证的假象。

此次公布的商业贿赂领域典型案例包括医疗卫生、餐饮、旅游、保险4个行业的5起典型商业贿赂案。医疗卫生行业，随着行政执法机关查处力度的加大，一些医药企业以赞助科研经费的名义输送不法利益，通过虚抬药品

---

① 张佳佳律师、闵睿律师，贵州贵达律师事务所。

② 参见《2022年反不正当竞争专项执法行动典型案例一》，载国家市场监督管理总局网，https：//www.samr.gov.cn/xw/zj/202211/t20221117_351729.html，最后访问时间：2022年11月18日。《2022年反不正当竞争专项执法行动典型案例二》，载国家市场监督管理总局网，https：//www.samr.gov.cn/xw/zj/202211/t20221117_351728.html，最后访问时间：2022年11月18日。

价格、虚假交易等方式套取资金进行贿赂；餐饮行业，面对激烈的市场竞争，一些食品经营者通过贿赂酒店工作人员获得指定供应商资格；旅游行业，经营者时常利用游客的信任以及旅游信息的不对称性，组织游客前往指定门店购物并收取一定比例的回扣；保险行业，不法保险公司通过业务返点行为贿赂汽车企业，使车企在销售汽车时将两者进行挂钩，不买某公司的保险就不能享受政策优惠，严重侵犯了消费者的自主选择权，甚至涉嫌强制消费。

律师评析

随着医美行业市场规模不断扩大，非法机构、无证医师、虚构疗效、编造评价等不正当竞争乱象频发。当前医美市场鱼龙混杂，产品质量良莠不齐，已经严重损害消费者权益及同业经营者合法利益。2021 年，市场监管总局部署开展医美行业的反不正当竞争执法专项整治，取得良好社会效果。2022 年，市场监管总局继续加大工作力度，重点监察医美等重点领域或行业的不正当竞争乱象，连续部署开展反不正当竞争专项执法行动，对保护消费者身体健康和生命安全具有重要意义。

此外，商业贿赂违背市场经济公平竞争的原则，扰乱正常交易秩序，妨碍市场资源合理配置，影响风清气正营商环境①。市场监管总局通过专项整治行动加大对商业贿赂的监管执法力度，是维护市场交易秩序、健全完善市场经济体制的必然要求，对推动经营者增强守法经营意识、保护其他经营者和消费者的合法权益同样具有重要意义。

---

① 《2022 年反不正当竞争专项执法行动典型案例一》，载国家市场监督管理总局官网，https://www.samr.gov.cn/xw/zj/202211/t20221117_351729.html，最后访问时间：2022 年 11 月 18 日。

八、天津河西法院作出“盗链”直播卡塔尔世界杯不正当竞争诉前禁令[①]

事件回放

卡塔尔世界杯赛事在全世界范围内受到广泛关注。根据天津法院网2022年12月15日报道[②]，2022年12月，天津市河西区人民法院收到“抖音”平台提出的行为保全申请并在24小时内作出诉前行为保全裁定。

国家版权局将2022年卡塔尔世界杯相关赛事节目列入《2022年度第九批重点作品版权保护预警名单》，获得信息网络传播权的网络服务商包括中央广播电视总台、“咪咕”和“抖音”。“抖音”平台卡塔尔世界杯赛事共同运营及维护方抖音公司主张，三被申请人共同运营的直播网站及App，自2022年11月21日起通过盗取抖音公司卡塔尔世界杯直播流和国外世界杯直播流的方式，同步直播世界杯多场赛事，此行为与抖音公司构成不正当竞争且仍在持续。

天津市河西区法院进行详细审查后，考虑到世界杯赛事的特点和该案的紧迫性，在24小时内作出诉前行为保全裁定，认为三被申请人违反赛事转播应当获得授权的商业惯例，在其共同运营的直播网站及App中，使用或放任通过“盗链”的方式实时转播赛事画面，甚至直接盗用抖音直播流，不正当攫取商业利益，违反商业道德，构成不正当竞争。裁定三被申请人立即停止“盗链”的不正当竞争行为。

律师评析

国家版权局将2022年卡塔尔世界杯相关赛事节目列入《2022年度第九批重点作品版权保护预警名单》，显示出世界杯相关赛事版权的重要性，被

---

① 朱彦臻律师，北京高文（西安）律师事务所。

② 陈炳含：《禁止“盗链”直播世界杯！河西法院作出诉前禁令》，载天津法院网，https：//tjfy. tjcourt. gov. cn/article/detail/2022/12/id/7066475. shtml，最后访问时间：2022年11月18日。

侵权的可能性大。天津市河西区法院对之及时采取保全措施，高效地落实了司法对版权严格保护的要求。

难能可贵的是，该案是天津市高院调整第一审知识产权民事案件管辖后，河西区法院作出的第一例诉前禁令，充分展现出人民法院为维护市场经济健康发展、保护国内企业核心竞争力、制止不正当竞争行为的能力和决心。

CHAPTER 6

第 6 章 技术交易与知识产权商用化

论科技成果商业化中的职务发明问题[①]

高校等科研院所（以下简称科研机构）的科研人员在职或离职创办企业或参与外部科研项目合作正变得越来越常见。人力资源社会保障部曾在2017年、2019年分别发布《关于支持和鼓励事业单位专业技术人员创新创业的指导意见》（以下简称《指导意见》）和《关于进一步支持和鼓励事业单位科研人员创新创业的指导意见》，旨在大力支持和鼓励科研机构的科研人员参与机构外部的创新创业，发挥高校等科研院所在科技创新和大众创业万众创新中的示范引导作用。

诚然，科研人员利用自身技术背景和技术优势投身社会技术创新，在一定程度上促进了技术人才在科研机构和企业间的合理流动，有利于促进科技成果的研发和转化。但提到“科技成果”，就绕不开科技成果的“权属”问题。前述2017年《指导意见》要求“事业单位选派专业技术人员到企业挂职或者参与项目合作……事业单位、专业技术人员、企业应当……依据专业技术人员服务形成的新技术、新材料、新品种以及成果转让、开发收益等进行权益分配”“事业单位专业技术人员兼职或者在职创办企业……创业项目涉及事业单位知识产权、科研成果的，事业单位、专业技术人员、相关企业可以订立协议，明确权益分配等内容”。即《指导意见》要求科研机构、科研人员和外部企业订立协议对技术成果的转让、收益等进行明确约定。但事实上，科研机构、科研人员和外部企业之间缺乏明确协议的情况十分常见。

科研人员作为科研机构的职工，掌握所任职科研机构的技术资料（尤其是所参与科研项目的技术成果），同时还可利用科研机构的实验设备、研究人员（如在读学生）、项目经费等。因此科研人员创业或在外部项目合作中

① 傅广锐律师、周琪律师，北京市金杜律师事务所上海分所。

取得的技术成果，也常常与所任职的科研机构存在密切联系。近年来，笔者在业务中常常遇到这样的情形：高校科研人员创办的企业在融资、上市进程中，监管部门、投资人、尽职调查人员常常会对其技术成果的权属表示担忧。因为一旦科研人员做出的技术成果构成所任职科研机构的“职务发明”，科研机构即可对该等技术成果主张权利。

根据《专利法》和《专利法实施细则》的规定，“职务发明”是指员工执行所在单位的任务或者主要是利用所在单位的物质技术条件完成的发明创造。职务发明完成后，将该职务发明申请专利并获得授权的权利属于该发明人所在的单位。因此，判断科研人员做出的技术成果是否属于科研机构的职务发明，对于科研人员所创办企业的发展以及技术成果转化具有重要的影响。基于此，本文从相关规定和司法实践的角度出发，分不同场景对此问题进行分析，以供相关企业和高校等科研院所参考。

一、使用科研机构物质技术条件是不是构成职务发明的前提

根据《专利法》的规定，主要是利用本单位的物质技术条件所完成的发明创造属于职务发明创造。在实践中，科研机构的科研人员即使参加企业的研发活动，其做出的发明创造常常会利用到科研机构的设备、技术资料等，这是否必然导致做出的发明创造构成科研机构的职务发明？

根据《最高人民法院关于审理技术合同纠纷案件适用法律若干问题的解释（2020）》（以下简称《技术合同司法解释》）第四条的规定，“主要是利用法人或者非法人组织的物质技术条件”包括两种情形：（1）职工在技术成果的研究开发过程中，全部或者大部分利用了法人或者非法人组织的资金、设备、器材或者原材料等物质条件，并且这些物质条件对形成该技术成果具有实质性的影响；（2）该技术成果实质性内容是在法人或者非法人组织尚未公开的技术成果、阶段性技术成果基础上完成的。最高人民法院在郑州

某公司与宋某专利权权属纠纷案①中对“主要利用”也作了进一步解释：

第一，物质条件：员工的研发过程全部或大部分利用了单位的物质条件，该物质条件一般包括资金、设备、零部件、原材料等，其用途应为直接或间接用于开展研发活动并在分析、验证、测试之后得到发明技术方案，包括在研发过程中对特定技术手段所产生的技术功能和效果或专利技术方案实用性等技术内容的分析、验证、测试，而且对于形成发明具有实质性的影响；

第二，技术条件：员工的技术成果是基于单位技术条件完成的，该技术条件指未公开的技术信息和资料，包括尚未公开的技术成果、阶段性技术成果等，而且对于形成发明的实质性特点具有技术启示。

结合上述规定和案例，我们认为，在判断科研人员对所任职科研机构的物质技术条件的使用是否属于“主要利用”时，应考虑科研机构的物质技术条件是不是发明创造作出过程中不可缺少的必要条件——在没有该物质技术条件参与的情况下，该发明创造的成就无法实现并且相对于发明人使用的其他来源的物质、技术条件而言，科研机构的物质技术条件在重要性上居于主要地位，足以胜过其他来源的物质技术条件。

需要注意的是，若科研人员利用科研机构提供的物质技术条件从事企业的技术开发，但同时企业和高校间已约定交纳使用费的，或者科研人员仅是在发明创造完成后利用科研机构的仪器、设备对技术方案进行验证、测试的，均不属于前述的“主要利用”的情形。在此情形下，若该发明创造也并非因执行科研机构的任务而产生，则科研人员所任职的科研机构无权对此主张职务发明。

二、科研人员在外部企业中做出的发明创造能否被认定为企业的职务发明

仍在科研机构任职的科研人员在企业中参与研发项目，在部分情况下科

① 最高人民法院（2020）最高法知民终1848号民事判决书。

研人员与企业之间存在密切的、多重的工作关系——科研人员既享受企业的福利待遇（甚至超过普通员工标准），也利用了企业已有的物质技术条件和技术经验，在平时工作中也被当作企业员工看待，那么该科研人员执行企业工作任务或者主要利用企业的物质技术条件所作的发明创造是否可以被认定为企业的职务发明呢？这里涉及的问题是：以何标准认定企业和科研人员之间已经建立劳动或劳务关系。

在江苏多维科技有限公司（以下简称多维公司）诉无锡乐尔科技有限公司、白某专利权权属纠纷案①中，发明人白某就职于兰州大学，其以个人名义与多维公司签订有《咨询服务合同》，白某需要不定期为多维公司员工培训与磁性材料有关的专业知识；协助多维公司与高校及研究院所建立产学研合作，在企业内部建立博士、硕士实习基地；协助多维公司申请国家及地方的科技局、发改委等项目；而多维公司需要为白某提供开展上述工作所需的相关条件，向白某支付月薪及约定的公司期权，并且承担白某由于履行合同产生的差旅费、交通费、食宿费等。2012年8月，白某作为申请人和发明人提交了一项专利申请，2014年8月该专利申请获得授权。多维公司主张白某自2011年5月至2012年6月期间在其公司担任新产品开发总监，该专利应当是多维公司的职务发明。白某则否认曾经在多维公司任职，而主张其曾与多维公司签订了一份《咨询服务合同》，为多维公司提供培训、同高校及研究院所建立产学研合作、协助申请项目等相应服务，该合同期限为一年。

最高人民法院在二审中认为，判断发明人与单位之间是否存在职务发明所要求的劳动关系或者临时工作关系的关键，在于单位对发明人的创造性劳动是否已取得支配权。如果单位与发明人之间的关系，仅仅是一般的合作关系，发明人并未让渡对自己的劳动支配权，则没有理由将该不属于单位支配的劳动所创造出的技术成果，归属于该单位。

在该案中，白某的工作内容和性质仅是向多维公司提供技术培训服务、技术合作和项目申请的中介服务，并没有证据证明白某具有将其与多维公司

---

① 最高人民法院（2020）最高法知民终1258号民事判决书。

之间由《咨询服务合同》所确定的工作关系的性质，变更为职务发明意义上的劳动关系或者临时工作关系的意思表示。多维公司为白某缴纳社保，将其列为新产品开发总监、产品经理，为其提供公司住房补助津贴以及白某与多维公司之间存在周报往来等，都系多维公司单方行为或者与白某系兰州大学方的联系人的工作身份有关。因此，不足以认定白某与多维公司之间存在职务发明意义上的劳动关系或者临时工作关系。

根据最高人民法院的论述，企业是否取得对科研机构科研人员创造性劳动的支配权是判断是否存在职务发明所要求的劳动关系或者临时工作关系的关键。关于"支配权"的具体含义，最高人民法院在该案中并未进一步明确。此处"支配权"本质上还是体现了劳动关系本身的特质，即"劳动者与用人单位之间具有人格从属性，存在行政隶属关系，劳动者以用人单位内部成员的身份进行劳动，接受用人单位全面的管理①"。因此，企业若想主张与科研人员之间已经构成事实上的劳动或劳务关系，需要着重证明该科研人员在主观意愿上接受作为企业内部员工、对内对外以员工身份自居（比如对外使用企业的名片等），以及在客观上接受企业的各项管理。

需要说明的是，科研人员在外创设企业并担任企业的股东（名义上不属于企业的员工），若科研人员实际参与公司经营管理且与公司之间已经建立事实上的劳务/劳动关系，该科研人员做出的发明创造也会被认定为企业的职务发明。

在北京京海鹰矿山工程设备公司（以下简称京海鹰公司）诉王某、徐某等专利权权属纠纷②案中，北京高院二审认为，王某、徐某是以股东身份参与京海鹰公司的经营管理……王某、徐某除股东身份外，与京海鹰公司还存在事实上的劳务关系，是京海鹰公司的职员……专利技术是王某、徐某二人在京海鹰公司工作期间研制完成的……该专利是在本职工作中完成的发明创造，应当属于职务发明。因此当科研人员创办公司并担任公司股东，如果其

① 最高人民法院（2016）最高法民再148号民事判决书。

② 北京市高级人民法院（2003）高民终字第61号民事判决书。

与公司之间存在事实上的劳务/劳动关系，就可能被认定为公司的员工。同样地，根据相关案例，该标准也应适用于董事等与公司未签订劳动合同的高管人员。

三、同时任职于科研机构和企业时职务发明权属划分

若科研人员在保留与科研机构的人事或劳动关系时，又与企业建立了临时工作关系（如兼职等）或事实上的劳动或劳务关系，这种情况下双方对职务发明的主张可能会存在冲突，比如：科研人员做出的发明创造既执行了科研机构的科研任务，又主要利用了企业的物质技术条件，此时该发明创造应属于哪一方的职务发明呢？

《技术合同司法解释》第五条规定，个人完成的技术成果，属于执行原所在法人或者非法人组织的工作任务，又主要利用了现所在法人或者非法人组织的物质技术条件的，应当按照该自然人原所在和现所在法人或者非法人组织达成的协议确认权益。不能达成协议的，根据对完成该项技术成果的贡献大小由双方合理分享。此条规定的是离职员工做出的发明创造同时符合两个单位的职务发明的情况下，该如何确定发明创造的权属。

我们理解该规定对于解决前述问题具有一定的指导意义——当一项发明创造同时构成两单位的职务发明时，意味着两单位均对该发明创造作出了贡献，对任意一方权利的否定都可能导致对该方合理利益的损害。这种情况下，由双方协商确认权益或根据贡献大小进行分配（若无法确认贡献大小，法院通常会采用平均分配的方式）才是较为公平的做法。

类似地，当一件发明创造是由科研机构与企业双方的员工共同研发所得，且员工所完成的部分均属于所在单位的职务发明，此时该发明创造将会被认定为科研机构与企业共有的职务发明。比如，在上海其胜生物制剂有限公司（以下简称其胜公司）与上海其胜生物材料技术研究所有限公司、顾某

专利申请权权属纠纷上诉案①中，上海高院认为，“魏某、侯某对涉案发明创造实质性特点所作创造性贡献的权益归第二军医大学享有，顾某对涉案发明创造实质性特点所作创造性贡献的权益归其胜公司享有，且涉案发明创造的完成利用了第二军医大学与其胜公司的物质技术条件，故涉案专利申请权应归第二军医大学与其胜公司共有”。

四、离职科研人员做出的发明创造的归属

根据《专利法实施细则》第十二条第一款第三项和《专利法》第六条规定，员工退休、调离原单位后或者劳动、人事关系终止后一年内作出的，与其在原单位承担的本职工作或者原单位分配的任务有关的发明创造，属于原单位的职务发明。在判断科研人员离职一年内作出的发明创造是否属于科研机构的职务发明时，分析该发明创造与离职科研人员的本职工作或者科研机构分配的任务之间的“相关性”尤为重要。

在深圳市卫邦科技有限公司与李某、深圳市远程智能设备有限公司专利权权属纠纷案②中，最高人民法院对判断发明创造是否属于《专利法实施细则》第十二条第一款第三项规定的“有关的发明创造”进行了总结，并提出应注重维护原单位、离职员工以及离职员工新任职单位之间的利益平衡。

结合最高人民法院在该案中的论述，我们对判断“相关性”的考虑因素分析如下：

1. 离职员工在原单位承担的本职工作或原单位分配的任务的具体内容，包括工作职责、权限，能够接触、控制、获取的与涉案专利有关的技术信息等。在本文讨论的场景下，则需要结合科研人员在科研机构任职时的聘用合同、科研机构内部的管理文件、参与单位课题或研究项目的具体内容来判断是否与相关发明创造有关联。

---

① 上海市高级人民法院（2013）沪高民三（知）终字第47号。

② 最高人民法院（2019）最高法民申6342号民事裁定书。

2. 涉案专利的具体情况，包括其技术领域，解决的技术问题，发明目的和技术效果，权利要求限定的保护范围，涉案专利相对于现有技术的“实质性特点”等，以及涉案专利与本职工作或原单位分配任务的相互关系：对于科研人员做出的发明创造，需要具体分析其相对于现有技术的改进之处并进一步判断与在科研机构的本职工作和任务的关系，比如某发明要点是否在原科研机构任职期间已经或基本完成或存在密切的关联性。

3. 原单位是否开展了与涉案专利有关的技术研发活动，或者是否对有关技术具有合法的来源。如果原任职的科研机构已经就发明创造或相关技术方案开展了相关课题或研发项目，并已经取得了一定的技术成果，则科研机构对相关发明创造主张职务发明则更具有合理性和说服力。

4. 权利人、发明人能否对于涉案专利的研发过程或者技术来源作出合理解释，相关因素包括涉案专利技术方案的复杂程度，需要的研发投入，以及权利人、发明人是否具有相应的知识、经验、技能或物质技术条件，是否有证据证明其开展了有关研发活动等。与前述第 3 项类似，如果科研人员现任职的科研机构已经具备相应的研发实力并就该发明创造或相关技术方案开展了研发活动，则科研人员出于执行企业的任务而完成某发明创造将具有技术上的合理性。比如，在华东理工大学诉上海申川环保科技有限公司（以下简称申川公司）、肖某专利申请权纠纷案①中，法院认为，根据被告申川公司成立日期与两项发明创造的专利申请日相隔的时间较短且两被告缺乏实际履行合同和进行物质技术投入的实际情况，判断系争发明创造是在履行申川公司研发项目过程中所形成的可能性较小，进而认为系争发明创造不构成申川公司的职务发明。

五、境外任职的科研人员完成的发明创造的职务发明归属

在境外知名高校任职的科研人员回国创业正在成为新的趋势。境外科研

① 上海市第一中级人民法院（2006）沪一中民五（知）初第 208 号民事判决书。

人员将其在境外高校取得的科研成果和经验带回国内，凭借领先的技术优势可以迅速在国内特定市场站稳脚跟。但随之产生的问题就是，对于境外任职的科研人员在国内完成的发明创造，境外科研机构能否根据中国《专利法》对该等发明创造主张权利？

我国《专利法》和《专利法实施细则》并未明确规定职务发明制度的适用范围。上海高级人民法院在《职务发明创造发明人或设计人奖励、报酬纠纷审理指引（2013）》第一条指出“专利法及专利法实施细则关于职务发明创造奖励与报酬制度的规定适用于在中国大陆完成的发明创造……应根据发明创造完成地来确定申请专利权利的归属。这种权利归属的确定原则符合企业与职工（雇主与雇员）双方对发明创造权利归属的预期，因为通常来说，企业与职工（雇主与雇员）总是从当地法律的规定出发来预见法律后果的”。上海高院在其后续审理的案件中秉持此观点，如张某诉 3M 中国公司和 3M 创新公司职务发明创造发明人、设计人奖励、报酬纠纷案①。

此外，在吴某诉希美克（广州）实业有限公司、BETTELILIMITED 公司职务发明创造发明人、设计人奖励、报酬纠纷案②中，广东高院在判决中认为，“中国境内不仅是吴某的工作地，也是涉案职务发明创造的产生地与完成地，这种在中国境内完成的发明创造活动，依法受到中国专利法的调整”。上述法院的观点也与原国务院法制办公室《职务发明条例草案（2015 年送审稿）》第四条的规定相一致：本条例所称发明，是指在中华人民共和国境内完成的，属于专利权、植物新品种权或者集成电路布图设计专有权保护客体的智力创造成果。

鉴于此处讨论的情形较为特殊，笔者通过案例检索暂未发现与该情形完全一致的案例。结合前述案例和规定，笔者倾向于认为在中国大陆境内完成的发明创造属于《专利法》的调整范围，即境外高校对于其职工在中国完成的发明创造，仍然有权利主张职务发明权属（如果符合职务发明界定的其他条件）。

---

① 上海市高级人民法院（2014）沪高民三（知）终字第 120 号民事判决书。

② 广东省高级人民法院（2018）粤民终 1824 号民事判决书。

CHAPTER 7

第7章
植物新品种

综　述

党中央和习近平总书记高度重视粮食问题，多次强调：“中国人的饭碗任何时候都要牢牢端在自己手中。我们的饭碗应该主要装中国粮。”① 2020年12月，中央经济工作会议强调，要加强种质资源保护和利用，开展种源“卡脖子”技术攻关，立志要打好种业翻身仗。2021年7月，中央全面深化改革委员会第二十次会议审议通过了《种业振兴行动方案》，习近平总书记强调：“农业现代化，种子是基础，必须把民族种业搞上去，把种源安全提升到关系国家安全的战略高度，集中力量破难题、补短板、强优势、控风险，实现种业科技自立自强、种源自主可控。”② 2022年10月16日，习近平总书记在党的二十大报告中强调要深入实施种业振兴行动。这一系列重大决策部署无不体现着党中央对粮食安全问题的高度重视，体现着种子、种源、种业在国民经济发展中的重要地位，为做好新时代种业法治工作指明了方向。

种子是农业的“芯片”，法治是促进种业科技创新，保护农业“芯片”的基石，保护知识产权就是保护创新。2021年1月1日起施行的《民法典》第一百二十三条将“植物新品种”明确为知识产权保护的客体之一。从此，我国对植物新品种的知识产权保护进入法典时代。在种业知识产权立法、行政、司法、社会大保护的格局下，律师在植物新品种保护过程中可以发挥主

---

① 习近平：《正确认识和把握我国发展重大理论和实践问题》，载《求是》2022年第10期。

② 《统筹指导构建新发展格局 推进种业振兴 推动青藏高原生态环境保护和可持续发展》，载《人民日报》2021年7月10日01版。

力军作用。

本章编写了 2022 年度种业领域新法观察、2022 年度植物新品种保护典型案例以及种业事件回放三个部分。在植物新品种保护典型案例部分，涉及玉米杂交种亲本可以作为技术秘密受保护、无性繁殖材料植物新品种权保护、自繁自用、种植大户合理注意义务等法律问题和焦点问题，均是引起行业极大关注和广发影响的案例，具有良好的导向作用。从律师角度对典型案例逐一进行分析，旨在提高律师对植物新品种的认识，增强律师在植物新品种保护领域的作用，更好地服务于种业知识产权，为保障国家粮食安全，助力种业振兴贡献律师力量。

新法观察

一、《种子法》[①]

2021 年 12 月 24 日，中华人民共和国第十三届全国人民代表大会常务委员会第三十二次会议通过《全国人民代表大会常务委员会关于修改〈中华人民共和国种子法〉的决定》。新修正的《种子法》于 2022 年 3 月 1 日正式施行。

此次《种子法》修改的条款数目不是很多，但在内容上做到了立足实际、翔实科学，具有可操作性和现实意义。具体亮点可体现为六个度：有制度、有宽度、有额度、有力度、有高度、有温度。

在制度方面，第二十八条建立了实质性派生品种制度。实质性派生品种制度的要义是：实质性派生品种可以申请植物新品种权并可以获得授权，但对其进行商业化利用时，应当征得原始品种的植物新品种权所有人的同意。实质性派生品种保护制度的建立，将在一定程度上缓解派生品种泛滥导致的品种同质化现象，有利于激励我国原始育种技术创新，进而促进育种行业良

① 王海阳律师，国浩律师（北京）事务所。

性发展。

在保护宽度方面，第二十八条第三款扩大了植物新品种保护范围，将保护范围由授权品种的繁殖材料延伸到收获材料。第二款将植物新品种权的保护环节，从原来的生产、繁殖、销售行为扩展到生产、繁殖和为繁殖而进行处理、许诺销售、销售、进口、出口、存储等整个生产经营链条。

在赔偿额度方面，第七十二条提高了侵害植物新品种权赔偿的额度。将惩罚性赔偿倍数的上限由三倍提高到五倍，法定赔偿的上限由 300 万元提高到 500 万元。

在处罚力度方面，第七十四条和第七十五条加大了打击伪劣种子的处罚力度。一是提高了对生产经营假种子的罚款，将违法生产经营的最低货值金额由 1 万元提高到 2 万元，罚款由 1 万元到 10 万元提高到 2 万元到 20 万元。二是提高了对生产经营伪劣种子的罚款，将违法生产经营的最低货值金额由 1 万元提高到 2 万元，罚款由 5000 元到 5 万元提高到 1 万元到 10 万元。

在战略高度方面，新修改的《种子法》强化了战略高度，如强化种质资源保护和育种创新高度。一是明确种质资源出境必须获农业农村部和林业草原局的批准，进一步强化对种质资源的保护。二是明确支持生物育种。三是明确开展主要粮食作物、重要经济作物育种攻关。

在惠益温度方面，第二十八条增加了品种权许可惠益分享机制，规定许可使用费收取方式可采用固定价款、收益提成，这是对技术合同及技术创新价值的高度认可，同时与《民法典》对技术合同利益分成保护规定相吻合，是种业领域技术创新的价值体现。

二、《植物新品种保护条例》[①]

《植物新品种保护条例》（以下简称《条例》）是一部专门用来保护植物新品种的法律，自 1997 年颁布以来，经过两次修订，有效保护了植物育

---

① 王海阳律师，国浩律师（北京）事务所。

种者权益，促进了品种创新发展，是我国植物新品种保护法律体系之基础。但是随着国内外种业的快速发展，特别是种业振兴行动深入实施，《条例》部分条款已经不能完全适应中国全面开放新形势和现代种业发展新要求，伴随着新修改的《种子法》的颁布及施行，行业内对《条例》进行再次修订的呼声也越来越高。

为落实中央种业振兴决策部署，顺应种业自主创新的形势要求，农业农村部牵头对原《条例》进行修订，形成《植物新品种保护条例（修订征求意见稿）》（以下简称《意见稿》），该《意见稿》于 2022 年 11 月面向社会公开征求意见。

从《意见稿》来看，《条例》的修订内容主要包括以下七个方面：一是对实质性派生品种制度实施步骤和办法作出规定；二是扩大保护范围及保护环节；三是延长保护期限；四是完善侵权假冒案件处理措施；五是明确权利恢复的情形；六是增加对不诚信行为处罚的规定；七是建立植物新品种保护专业队伍。

此次修订，是《条例》自 1997 年颁布至今迎来的首次全面修订，除了在宗旨上着力响应《关于强化知识产权保护的意见》《知识产权强国建设纲要（2021—2035 年）》等政策性文件、在内容上全面衔接新修改的《种子法》之外，《意见稿》还增加了侵权人合法来源抗辩条款，此条款是对最高人民法院颁布的《关于审理侵害植物新品种权纠纷案件具体应用法律问题的若干规定（二）》第十三条的呼应，也是司法实践上升为立法条款的一次有益探索，对切实保护种子市场正常交易有着重要意义。

三、《农业转基因生物安全评价管理办法》《主要农作物品种审定办法》《农作物种子生产经营许可管理办法》《农业植物品种命名规定》[①]

转基因育种技术是未来育种的前沿领域，也被认为是最有潜力的育种技术之一。近年来，我国经过不断研发，通过转基因技术培育了一批具有自主知识产权和应用前景的转基因新品种。随着转基因育种技术在我国的不断发展，对转基因品种的安全评价、转基因品种审定均提出了新的需求。以此为背景，农业农村部对《农业转基因生物安全评价管理办法》《主要农作物品种审定办法》《农作物种子生产经营许可管理办法》《农业植物品种命名规定》四部规章中与转基因相关的部分条款进行了修改。进一步优化了转基因品种的安全评价方式、规范了转基因品种审定和生产经营等，畅通了转基因品种商业化通道。是我国在立法领域，加快生物育种产业化应用配套制度建设的重要举措，其将进一步促进种业科技创新发展，为打好种业翻身仗提供重要制度支撑。

四、《北京市种子条例》[②]

《北京市种子条例》立法工作自 2020 年启动，2022 年 1 月 10 日由北京市第十五届人民代表大会第五次会议表决通过，自 2022 年 4 月 1 日起正式施行。

作为北京市种业新规，《北京市种子条例》定位高远、目标明确、内容丰富，分为总则、种质资源保护与利用、育种创新、品种管理、生产经营、扶持与保障、法律责任、附则八章，共计五十六条。相较于已废止的《北京市实施〈中华人民共和国种子法〉办法》，《北京市种子条例》既有效衔接

---

① 江本伟律师，北京高文律师事务所。

② 王海阳律师，国浩律师（北京）事务所。

了《种子法》，又紧密贴合了北京实际，突出了地方特色和制度创新。

在目标导向上，《北京市种子条例》明确在条文中提出要推进“种业之都”建设，为北京市打造种业之都提供了明确的制度支撑和法治保障。在具体内容上，《北京市种子条例》分别为种质资源保护与利用、育种创新设置专章，体现出对种质资源保护与品种技术创新的重视。此外，《北京市种子条例》还结合北京市种业发展实际，对品种管理和生产经营制度、扶持与保障制度等作出细化和补充。

北京是首善之区，种业资源丰富、创新优势突出，《北京市种子条例》的施行对于北京优化种业发展环境、提升科研创新力有着极大的促进作用。展望未来，北京可以积极宣传和贯彻落实种子条例，搭建和开展种业科技成果交流展示平台，提高种业知识产权保护，更好地在种业振兴中做出首都担当、首都表率和首都贡献。

五、《最高人民法院关于进一步加强涉种子刑事审判工作的指导意见》[①]

近年来，党中央高度重视种业发展，种源安全现已提升至关系国家安全的战略高度。然而，种子市场中频繁出现的制假售假和套牌侵权等违法犯罪行为，已经严重扰乱了种业市场秩序，甚至可能危害国家种源安全。在 2021 年发布的《种业振兴行动方案》中，有关部门就曾提出“各地要扎实推进种业知识产权保护专项整治……对套牌侵权、制假售假等违法行为重拳出击，加强转基因非法种植监管，让侵权违法者付出沉重代价”。

为深入贯彻落实中央关于种业振兴决策部署，依法惩治涉种子犯罪，最高人民法院于 2022 年 3 月 2 日发布《关于进一步加强涉种子刑事审判工作的指导意见》（以下简称《意见》）。《意见》全文共八条，分别从加强涉种子刑事审判工作总体要求、涉种子相关犯罪行为的法律适用、健全完善工作

① 王海阳律师，国浩律师（北京）事务所。

机制三个方面作出具体规定。《意见》的出台，是最高人民法院进一步贯彻落实中央关于种业振兴决策部署的重要举措，对全面净化种业市场、推动种业健康发展、加快种业振兴有着重要的现实意义。

典型案例

一、河北华穗种业有限公司诉武威市搏盛种业有限责任公司侵害其玉米植物新品种“万糯2000”的亲本自交系“W68”技术秘密纠纷案①②

案情聚焦

“万糯2000”系河北华穗种业有限公司（以下简称华穗种业公司）以“W67”为母本、“W68”为父本培育而成的玉米杂交种。2015年11月1日，“万糯2000”玉米品种被原农业部授予植物新品种权，品种权号为CNA20120515.0。华穗种业公司未对外公开“W67”“W68”玉米自交系品种，亦未允许任何第三方使用。武威市搏盛种业有限责任公司（以下简称搏盛种业公司）通过不正当手段获取华穗种业公司“W68”玉米自交系品种。后华穗种业公司发现搏盛种业公司通过不正当手段获取华穗种业公司的“W68”玉米自交系品种。华穗种业公司于2020年10月16日向甘肃省兰州市中级人民法院提起侵害技术秘密之诉，要求搏盛种业公司赔偿150万元经济损失及维权合理开支。经检测，搏盛种业公司繁育的玉米样品与“万糯2000”的父本“W68”标准样品的比较位点数40，差异位点数0，检验结论为极近似或相同。搏盛种业公司辩称：搏盛种业公司没有生产“W68”玉米自交系种子，华穗种业公司申请凉州区人民法院保全的是搏盛种业公司试种、研制的“盛甜糯9号”玉米种子。技术秘密是不为公众所知悉，具有商

① 王海阳律师，国浩律师（北京）事务所。

② 一审案号：（2020）甘01知民初61号；二审案号：（2022）最高法知民终147号。

业价值并经权利人采取保密措施的技术信息。华穗种业公司主张其享有植物新品种权的是“万糯 2000”玉米品种，但搏盛种业公司并未生产“万糯 2000”。“W68”仅是一个虚拟代号，华穗种业公司无证据证明“W68”是国家授权予以保护的植物新品种。华穗种业公司没有证据证明搏盛种业公司侵害了华穗种业公司的技术信息，请求法院驳回华穗种业公司的诉讼请求。

一审法院判决：一、搏盛种业公司立即停止使用玉米植物新品种“万糯 2000”的父本“W68”技术秘密的行为，将库存的“W68”玉米种子交还华穗种业公司；二、搏盛种业公司于判决生效之日起十日内赔偿华穗种业公司经济损失及维权合理开支 150.5 万元；三、驳回华穗种业公司的其他诉讼请求。

二审法院判决：驳回上诉，维持原判。

律师评析

本案是最高人民法院审理的第一起涉及育种材料商业秘密的案件，判决明确了玉米自交系亲本可以作为商业秘密保护的对象，并着重笔墨分析了育种材料作为商业秘密保护的法律适用难点，对于构建多元化、综合性的植物新品种法律保护体系具有启示和指导意义。

1. 杂交种的亲本是否属于商业秘密保护的对象

搏盛种业公司在二审开庭审理中提出，只有与亲本相关的育种技术信息才属于《反不正当竞争法》保护的商业秘密，亲本本身不属于商业秘密的保护对象。对此，二审法院认为，作物育种过程中形成的育种中间材料、自交系亲本等，具备技术信息和载体实物兼而有之的特点，通过育种创新活动获得的具有商业价值的育种材料，可以作为商业秘密依法获得法律保护。这一判决结果明确了植物新品种繁殖材料作为商业秘密保护的可行性。其实，对于繁殖材料是否属于商业秘密保护对象这一问题，最高人民法院在 2020 年颁布的《关于审理侵犯商业秘密民事案件适用法律若干问题的规定》第一条就已经给出了答案，本案判决结果无疑是对“技术秘密也包括植物新品种繁殖材料”之观点的再一次明确。

2. 育种材料作为商业秘密保护的条件

根据2019年修正的《反不正当竞争法》第九条第四款的规定，商业秘密是指不为公众所知悉、具有商业价值并经权利人采取相应保密措施的技术信息、经营信息等商业信息。据此，育种材料作为商业秘密保护需要满足三个条件：秘密性，即不为公众所知悉；价值性，即具有商业价值；保密性，即经权利人采取相应保密措施。本案中，“万糯2000”的亲本自交系“W68”具有价值不存在争议，因此二审法院着重就“W68”在被诉侵权行为发生时是否不为公众所知悉（秘密性）以及“W68”是否经权利人采取了相应的保密措施（保密性）作出论述。在秘密性这一点上，搏盛种业公司以华穗种业公司公开销售“W68”以及“万糯2000”的审定公告对“W68”的来源予以披露为由，主张“W68”不具备秘密性，但二审法院分别以委托制种的行为并非销售亲本的行为和审定公告的记载不能证明“W68”本身属于容易获得的育种材料认定“W68”属于不为公众所知悉的育种材料为由，认定“W68”具有秘密性。在保密性这一点上，二审法院认为，对育种材料技术信息的保密措施要求不宜过于严苛，而是应当考虑育种材料自身的特点，应以在正常情况下能够达到防止被泄露的防范程度为宜。

3. 本案对构建多元化的植物新品种法律保护体系具有很好的启示和指导意义

在植物新品种侵权案件中，权利人往往习惯从《种子法》《植物新品种保护条例》等传统植物品种法律法规中寻求救济，从而忽略其他法律救济方式。本案判决启示我们，在法律未予限制的前提下，育种材料的保护方式可以是多元的，在符合条件的情况下，反不正当竞争法、专利法、行政法甚至刑法均可以成为植物新品种权利人的救济途径。本案所明确的育种材料商业秘密保护条件和保护路径，对于构建多元化、综合性、立体式的育种成果法律保护体系具有指导和启示意义。

二、安徽荃银高科瓜菜种子有限公司诉安徽省安生种子有限责任公司亲本侵权纠纷案①②

案情聚焦

安徽荃银高科瓜菜种子有限公司（以下简称荃银公司）为植物新品种“荃 R701”的品种权人（品种授权时间为 2017 年 7 月 1 日）。品种“欣优美”系荃银公司生产销售的西瓜品种。根据行政机关颁发的“欣优美”品种认定登记证书该品种的亲本来源是 R719×荃 12701。但荃银公司自述，“欣优美”品种的亲本来源登记错误，并向登记关请求将“欣优美”的亲本来源变更为“12719×荃 R701”。

西瓜品种“安生 818”系安徽省安生种子有限责任公司（以下简称安生公司）生产销售的西瓜品种，农作物登记证书记载，“安生 818”品种来源为：KK389×KS-76。

荃银公司认为安生公司生产销售的“安生 818”西瓜种子，系使用了其授权品种“荃 R701”作为亲本生产的。属于未经权利人允许，将其授权品种的繁殖材料重复用于生产另一品种的繁殖材料，构成品种侵权。

为证明自己的主张，荃银公司单方委托监测机构，并自己提供样本，对“安生 818”和“欣优美”进行同一性比对，比对结果为：二者为近似品种。单方委托监测机构依据自研方法（SNP 分子标记）对三个样品“荃 R701”“R719”“安生 818”进行检测。检测结果为：安生 818 为样品“荃 R701”“R719”两者的杂合基因型。单方委托监测机构依据自研方法（SNP 分子标记）对三个样品“欣优美”“12719”“荃 R701”进行检测。检测结果为：样品“欣优美”为样品“12719”和“荃 R701”的杂合基因型。

2020 年 7 月 1 日，安全公司对荃银公司申请品种保护的品种“欣优美”提起异议。安生公司在异议文书中表示：“异议人（安生公司）早在 2012 年

---

① 江本伟律师，北京高文律师事务所。

② 一审案号：（2021）皖 01 民初 1219 号；二审案号：（2022）最高法知民终 790 号。

就生产经营的‘安生 818’西瓜种子也与该品种（‘欣优美’）是同一品种。”

庭审中，荃银公司请求人民法院委托鉴定机构对申请人公证购买的“安生 818”种子和申请人享有品种权的“荃 R701”种子做遗传相关性鉴定，但因本案双方当事人协商确定的鉴定机构不具备鉴定资质，且双方当事人无法再提供符合本鉴定项目要求且具备资质的机构，故将此案退回。随后，荃银公司再次向法院提出司法鉴定申请，请求法院要求安生公司提供其“安生 818”种子的父本“KS-76”和母本“KK389”种子各 1000 粒，使用其父本“KS-76”种子和申请人享有品种权的“荃 R701”种子进行品种真实性鉴定（需单粒测纯后再进行单样和混合样检测）；若鉴定结论显示其父本“KS-76”与“荃 R701”为不同品种，则再使用其提供的父本“KS-76”、母本“KK389”委托第三方进行 F1 代种子配制，使用 F1 代种子与申请人公证购买的“安生 818”种子进行品种真实性鉴定（需单粒测纯后再进行单样和混合样检测）等。因为安生公司不愿意配合提供“安生 818”种子的母本“KK389”和父本“KS-76”种子，该请求最终未被法院支持。

法院认为，本案为侵害植物新品种权纠纷，因被诉侵权行为发生在 2016 年 1 月 1 日后、2022 年 3 月 1 日前，故本案应适用 2015 年修订的《种子法》。

荃银公司在本案中提供了其单方委托农业农村部蔬菜种子质量监督检验测试中心出具的两份测试结果单和一份检验报告。由于测试结果和检验报告均是荃银公司单方委托鉴定单位鉴定出具的结论性材料，因为针对鉴定所需的比对样本和标准样本均是荃银公司单方面处理，没有任何第三方或中介机构介入，在安生公司不认可的情形下，缺乏真实性和合法性，其不能作为认定案件事实的证据加以采纳；另外，检测机构将专利方法作为种子遗传相关性检测方法依据，不符合行业惯例，该证据本院不予采纳。

安生公司就“欣优美”西瓜种子向行政机关提出异议申请时自述“欣优美”与“安生 818”属于同一品种等事实。属于安生公司在民事诉讼程序之外的陈述，不属于民事诉讼法程序中的自认事实，不能因此免除荃银公司的举证责任。并且，荃银公司出具的品种认定证书和非主要农作物登记证书均记载“欣优美”的品种来源为“R719×荃 12701”，该两份登记证书登记的信息具有公示和公信力。因此，根据登记公示信息“欣优美”的亲本来源与“荃 R701”无关。

因此，荃银公司未能证明“欣优美”与被诉侵权“安生 818”西瓜种子为同一品种。其次，荃银公司未提交有效证据证明“荃 R701”为被诉侵权“安生 818”西瓜种子的父本。

一审法院判决驳回荃银公司的诉讼请求。二审法院判决驳回上诉，维持原判。

律师评析

法谚云“举证之所在，败诉之所在”，本案可谓是对该句法谚的最好诠释。本案与一般的品种侵权不同，被诉侵权品种指向的并非“安生 818”本身，而是指向其所使用的亲本。因此，在本案中荃银公司应当向法庭证明安生公司在生产繁殖“安生 818”时，存在重复使用荃银公司的授权品种“荃 R701”的行为。为便于表述，我们暂且将此类被诉侵权行为指向杂交种亲本的侵权行为称为“亲本侵权”，将被诉侵权行为指向杂交种（F1）本身的侵权称为一般品种侵权。

“亲本侵权”与一般品种侵权相比，其侵权行为更加隐蔽，权利人取证更加困难。首先，杂交种的亲本的使用具有隐蔽性，亲本仅在配制杂交种时会被临时使用，配种完成后一般会被毁弃。其次，侵权人利用授权亲本配置的杂交种在申请品种保护或品种审定时，一般不会如实写明其亲本名称。最后，利用授权亲本配置的杂交种上市销售后，权利人在进行亲子鉴定取证时，可能会面临没有亲子鉴定标准可用情形。本案中，就是因为国家目前没有出台关于西瓜品种亲子鉴定的国家标准，所以荃银公司在一审中申请对相关品种进行亲子鉴定无法进行，被法院退回。

本案中，荃银公司为证明“安生 818”重复使用了其授权品种，多次自行委托检测机构进行检测，但均由于检材由其自己提供，而被认为检材真实性无法得到保证，相关鉴定意见未被法院采纳。这也从另一个侧面提醒权利人在维权取证过程中，应当严格按照证据三性要求来收集固定证据，应确保检材的真实性、关联性、合法性。否则，即便最终获得了有利的检测结论，也可能因为无法确保检材的真实性而导致检测结论不被法院采纳。

另外，本案中荃银公司自述其在申请“欣优美”品种登记时，为了保护商业秘密故意错误申报“欣优美”的父母本名称的行为。如果该自述属实，则荃银公司故意错误申报“欣优美”父母本名称的行为，给自己在本案中人为制造了很大的障碍，这也是导致荃银公司败诉的原因之一。通过本案也可以看到，申请人在申请品种登记时存在故意错误登记品种来源信息的情形，对此有待行政机关加强品种来源信息申报的登记审查与保存工作，对申请虚假申报品种来源的行为作出处罚。行业内长期存在侵权人为了逃避责任，故意错误申报品种来源，错误登记亲本名称的行为。如能确保亲本信息真实性可查，则可以大大减少“亲本侵权”的发生，也可以方便权利人进行品种权维权。

三、丹东登海良玉种业有限公司、宋某某、宋某与山东登海先锋种业有限公司、杜邦先锋公司、朗润超市侵害植物新品种权纠纷管辖权异议案①②

案情聚焦

丹东登海良玉种业有限公司（以下简称登海良玉公司）、宋某某、宋某系“M54”玉米植物新品种权的共有人，其以山东登海先锋种业有限公司（以下简称登海先锋公司）、杜邦先锋公司、朗润超市作为共同被告向朗润超市住所地法院即辽宁省沈阳市中级人民法院提起诉讼，称由登海先锋公司繁育和销售的“登海 939”玉米种子中的亲本之一为“M54”，朗润超市销售

① 王海阳律师，国浩律师（北京）事务所。

② 一审案号：(2021) 辽 01 民初 3617 号；二审案号：(2022) 最高法知民辖终 267 号。

了“登海 939”繁殖材料，作为登海先锋公司股东之一的杜邦先锋公司未能履行出资义务。登海良玉公司、宋某某、宋某提出诉讼请求：（1）判令朗润超市立即停止销售侵害登海良玉公司、宋某某、宋某植物新品种权的玉米种子行为；（2）登海先锋公司立即停止繁育、销售侵害登海良玉公司、宋某某、宋某植物新品种权的玉米种子行为；（3）登海先锋公司赔偿登海良玉公司、宋某某、宋某经济损失 3000 万元；（4）杜邦先锋公司针对登海先锋公司对登海良玉公司、宋某某、宋某的赔偿责任，在其针对登海先锋公司未足额出资范围内承担补充赔偿责任；（5）登海先锋公司、杜邦先锋公司、朗润超市负担本案的诉讼费、保全费、保全担保费等诉讼费用。

登海先锋公司在答辩期内对案件提出管辖权异议，认为被诉侵权产品的主要生产销售地为登海先锋公司的所在地，即山东省莱州市，故本案应由侵权行为地或者登海先锋公司住所地有管辖权的法院审理，故请求将本案移送至山东省青岛市中级人民法院审理。

一审法院裁定：本案移送至山东省青岛市中级人民法院审理。二审法院裁定：驳回上诉，维持原裁定。

律师评析

1. 销售“重复使用授权品种的繁殖材料得到的另一品种的繁殖材料”行为，并非法律明确禁止的侵权行为

本案系侵害植物新品种权纠纷管辖权异议上诉案件，二审的主要争议焦点在于原审法院对本案是否具有管辖权。

本案中，三原告登海良玉公司、宋某某、宋某之所以将朗润超市作为侵权行为发生地，是因为其认为朗润超市销售“登海 939”繁殖材料的行为构成侵权，但三原告作为涉案品种权“M54”的共有人，其请求保护的授权品种为“M54”，而朗润超市销售的“登海 939”玉米种子系通过重复使用授权品种“M54”的繁殖材料所得到的另一品种的繁殖材料。

2015 年修订的《种子法》第二十八条规定：“完成育种的单位或者个人对其授权品种，享有排他的独占权。任何单位或者个人未经植物新品种权所

有人许可，不得生产、繁殖或者销售该授权品种的繁殖材料，不得为商业目的将该授权品种的繁殖材料重复使用于生产另一品种的繁殖材料。”① 据此，仅实施销售“重复使用授权品种的繁殖材料得到的另一品种的繁殖材料”行为，并非法律所明确禁止的侵权行为。

综上，本案三原告主张朗润超市构成侵权并以之作为共同被告确定案件管辖，显然欠缺法律依据。

2. 关于植物新品种侵权纠纷中管辖地的确定规则

侵害植物新品种权纠纷应当按照《民事诉讼法》关于侵权纠纷的管辖规定和有关植物新品种司法解释的规定确定管辖。《民事诉讼法》第二十九条规定：“因侵权行为提起的诉讼，由侵权行为地或者被告住所地人民法院管辖。”《最高人民法院关于审理植物新品种纠纷案件若干问题的解释》第四条规定：“以侵权行为地确定人民法院管辖的侵害植物新品种权的民事案件，其所称的侵权行为地，是指未经品种权所有人许可，生产、繁殖或者销售该授权植物新品种的繁殖材料的所在地，或者为商业目的将该授权品种的繁殖材料重复使用于生产另一品种的繁殖材料的所在地。”

就本案而言，首先，如前所述，一审法院不能基于朗润超市的被诉侵权行为而具有本案管辖权，本案依法应当移送有管辖权的人民法院管辖；其次，原告起诉时并未明确其他共同被告的被诉侵权行为地，在此情况下，人民法院可以直接依据其他共同被告的住所地确定案件管辖并移送案件；最后，登海先锋公司作为本案适格被告之一和涉案被诉侵权行为的主要实施者，以其住所地确定本案管辖相对较为妥适。因此，本案可以移送登海先锋公司住所地有管辖权的人民法院管辖。登海先锋公司的住所地位于山东省烟台市莱州市，根据《最高人民法院关于同意杭州市、宁波市、合肥市、福州市、济南市、青岛市中级人民法院内设专门审判机构并跨区域管辖部分知识产权案件的批复》第七条第一款，山东省青岛市中级人民法院跨区域管辖发

① 本案被诉侵权行为发生于2016年1月1日以后、2022年3月1日以前，故适用2015年修订的《种子法》。

生在青岛市、东营市、烟台市、潍坊市、威海市、日照市辖区内有关植物新品种纠纷第一审知识产权民事案件。据此，山东省青岛市中级人民法院对本案具有管辖权。一审裁定与二审裁定均无不当之处。

四、重庆奔象果业有限公司诉重庆环霖农业开发有限公司无性繁殖品种侵权纠纷案[①][②]

案情聚焦

西南大学柑桔研究所（以下简称中柑所）为“中柑所5号”（2017年3月1日授权）的品种权人。重庆奔象果业有限公司（以下简称奔象公司）通过合同约定获得“中柑所5号”苗木和接穗的繁育和销售权利及以自己名义对2029年12月31日前全国范围内侵害“中柑所5号”知识产权的行为维权的权利。奔象公司按照约定向中柑所支付了相关费用。

“中柑所5号”品种为无性繁殖，审批机关未保留该品种的标准样本，也没有保存该品种的基因指纹图谱。奔象公司发现重庆环霖农业开发有限公司（以下简称环霖公司）未经其允许擅自销售“中柑所5号”苗木后依法向法院提起诉讼。为此，奔象公司通过公证的方式从位于重庆的柑桔研究所培育研究基地获取了“中柑所5号”的样本。在公证监督下通过网上主动联系并从环霖公司处购买了被诉侵权品种样本。经用21个点位的DNA指纹图谱带数据进行比对，发现被诉侵权品种与涉案品种差异位点数为0，判定为极近似或相同品种。

环霖公司对样本采集过程及其真实性提出质疑，并提出合法来源抗辩。二审中，奔象公司向法院提交了从农业农村部植物新品种保护办公室调取的涉案授权品种申请、审查阶段形成的《测试报告》和《农业植物品种DUS测试现场考察报告》，证明《农业植物品种DUS测试现场考察报告》记载测

① 江本伟律师，北京高文律师事务所。

② 一审案号：（2021）渝05民初3309号；二审案号：（2022）最高法知民终782号。

试地点与中柑所公证的取样地点一致。

法院认为，由于审批机关并未保留“中柑所 5 号”的标准样本，也没有保留其基因指纹图谱，导致法院实际无法通过调取审批机关保存的标准样品和基因指纹图谱来确定授权品种的性状特征和基因指纹图谱比对。此种特殊情形下应当从“中柑所 5 号”的品种权申请以及审查的相关事实对本案现有证据进行分析。法院认为，在品种权审查中现场考察指向的母树和通过母树的繁殖材料扩繁的其他个体，可以作为确定授权品种保护范围的繁殖材料。

虽然品种之间是通过特征、特性加以区分，品种是否具有同一性要以特征、特性是否相同作为标准，但是对于已经存在分子标记法的行业标准，可以先进行 DNA 指纹鉴定，如果 DNA 指纹鉴定意见为两者相同或极近似，被诉侵权人无法提出相反证据证明两者特征、特性不同，可以认定被诉侵权品种与授权品种具有同一性。

一审法院判决：一、环霖公司立即停止销售侵害“中柑所 5 号”品种权的桔苗；二、环霖公司在判决生效之日起十日内赔偿奔象公司经济损失 4 万元；三、环霖公司在判决生效之日起十日内支付奔象公司为制止侵权所支付的合理费用 1 万元；四、驳回奔象公司的其他诉讼请求。

二审法院判决：驳回上诉，维持原判。

律师评析

近年来，最高人民法院针对品种权人维权难发布了一系列司法解释，这些司法解释是对以往涉品种权案件审判工作经验的总结和优化。在很大程度上降低了权利人举证难度，缩短了此类案件的审判时间。

本案中所引用的《最高人民法院关于审理侵害植物新品种权纠纷案件具体应用法律问题的若干规定》就是此类解释之一。该规定明确了基因指纹图谱检测在判断品种同一性的证明效力。实务中，相对于田间观察检测，基因指纹图谱检测具有效率高、成本低的优点，可最大限度地降低权利人的诉讼成本，方便权利人及时取证维护自身合法权益。

权利人在利用基因指纹图谱主张权利时，必须同时向法庭证明品种样本的真实性。这就要求权利人在收集品种样本时应当选择公信力强的样本来源，并对收集保存、运输过程进行证据固定。否则，可能因无法向法庭证明品种样本的真实性，而导致检测报告结果无法被采纳。

通常情况下，确定授权品种保护范围（性状特征）的繁殖材料是以品种权人向品种权审批机关提交并保存的标准样品为准，当事人可以申请法院向保存机关调取该标准样本。但本案中因品种自身特性和当事技术原因，审批机关并未保留“中柑所 5 号”的标准样品，也未保留其基因指纹图谱。这就导致权利人在维权过程中无法通过调取审批机关保存的标准样品来确定授权品种的性状特征。这种情形下，如果仍要求权利人提供标准样本，显然既不现实，也强人所难。

最终在无法调取涉案品种标准样本的情形下，法院改变证据认定方式，运用民事证据审查规则，对各方证据的证明效力和举证责任进行确定。最终法院认为“对照样品来源于授权品种在审查中现场考察的中柑所资源圃中母树这一事实具有高度可能性”。环霖公司在无任何有力证据的情形下，仅就对照样品提出了异议，法院对其异议不予支持。在没有标准样本的情况下，法院根据各方举证能力以及现有各方证据的盖然性，采纳证据和分配举证责任，最大限度地还原了案件事实，保护了权利人的合法权益。本案这一审判方式，对今后此类案件的审判具有指导性意义。

五、威海奥孚苗木繁育有限公司与河南省郑果红生态农业有限责任公司侵害“鲁丽”植物新品种权纠纷案[①][②]

案情聚焦

“鲁丽”是山东省果树研究所培育的苹果新品种，于 2017 年 9 月 18 日申请并于 2019 年 5 月 24 日取得植物新品种权证书。威海奥孚苗木繁育有限

① 王海阳律师，国浩律师（北京）事务所。
② 一审案号：（2021）豫 01 知民初 1818 号；二审案号：（2022）最高法知民终 435 号。

公司（以下简称奥孚苗木公司）受让取得“鲁丽”品种权，该品种于2020年7月14日变更至奥孚苗木公司名下。2020年11月5日，奥孚苗木公司与山东奥孚果业科技有限公司签订《苹果新品种权转让合同》，2020年12月24日，“鲁丽”品种权变更至山东奥孚果业科技有限公司。依据上述合同第一条及第三条，奥孚苗木公司有权以自身名义维权，具体包括民事起诉等权利，因维权获得的侵权赔偿数额全部归属奥孚苗木公司所有。奥孚苗木公司授权一知农业咨询（北京）有限公司针对侵害“鲁丽”品种权的行为进行维权，处理相关事宜。

2021年3月30日，经申请证据保全公证，公证人员来到河南省郑果红生态农业有限责任公司（以下简称郑果红公司）处，奥孚苗木公司代理人以购苗者的身份与郑果红公司工作人员聊天，同时从有“鲁丽”挂牌的苹果树上摘取树叶，将摘取的树叶交由公证人员保管，经分装、封存，上述样品被送往检测机构检测。上述样品经检测，判定为“鲁丽”品种的近似品种。奥孚苗木公司认为郑果红公司生产、繁殖、销售“鲁丽”品种繁殖材料的行为严重侵害了其合法权益，给其造成巨大损失。郑果红公司辩称：奥孚苗木公司没有“鲁丽”品种权，没有权利起诉；奥孚苗木公司没有证据证明郑果红公司有生产、繁殖行为，对奥孚苗木公司提交的视频证据不予认可。

一审法院判决：一、郑果红公司立即停止繁殖、销售侵犯奥孚苗木公司“鲁丽”植物新品种权的行为；二、郑果红公司于判决生效之日起十日内赔偿奥孚苗木公司经济损失及维权费用共计108500元；三、驳回奥孚苗木公司的其他诉讼请求。

二审法院判决：驳回上诉，维持原判。

律师评析

本案主要涉及无性繁殖品种种植行为的性质认定问题。

本案中的苹果品种“鲁丽”是无性繁殖品种，无性繁殖品种主要通过扦插、嫁接等方式进行扩繁，在司法实践中，如何认定无性繁殖品种种植行为的性质一直是此类品种侵权纠纷中的难点。《最高人民法院关于审理侵害植物新品种权纠纷案件具体应用法律问题的若干规定（二）》第五条规定："种植授权品种的繁殖材料的，人民法院可以根据案件具体情况，以生产、繁殖行为认定处理。"但司法解释并没有就认定方式或者说具体情形作出进一步规定。

本案二审判决认为，种植无性繁殖授权品种的行为是否属于繁殖授权品种繁殖材料的侵权行为，可以综合考虑被诉侵权人的主体性质、行为目的、规模、是否具有合法来源等因素作出判断。具体到本案，首先，郑果红公司是果树育种和育苗的经营主体，其种植"鲁丽"品种的动机是获取商业利益，明显不属于私人的非商业目的；其次，郑果红公司主张其种植的"鲁丽"苹果树系来源于山东省果树研究所，但并未提交任何证据予以证明，其持有的"鲁丽"苹果树没有合法来源，在案证据还显示郑果红公司存在收取"鲁丽"品种树苗预订款、在其网站宣传"鲁丽"品种及视频号、在视频中宣传开挖"鲁丽"树苗的行为；最后，即便郑果红公司种植"鲁丽"苹果树可能是为了获得该品种的果实，但果实来源于适龄的果树，需要对苗木进行管理，增枝扩冠，促使植物体由营养生长转为生殖生长，"鲁丽"品种是无性繁殖作物，在种植过程中可以通过自我复制和自我繁殖直接形成新个体，在郑果红公司无法提供其持有的"鲁丽"苗木存在合法来源的情况下，势必存在未经品种权人许可大量生产、繁殖"鲁丽"品种苗木，从而服务于获得"挂果"目的的行为。结合郑果红公司在网站上展示"鲁丽"品种，在视频中宣传"鲁丽"品种，存在销售授权品种繁殖材料的情节，应当认定其种植行为构成 2021 年修正的《种子法》第二十八条规定的繁殖授权品种繁殖材料的侵权行为。

二审判决明确了种植无性繁殖授权品种的侵权认定的具体情形，有利于依法降低无性繁殖植物新品种权利人的维权难度，加大对无性繁殖植物新品种的司法保护力度，对于类案裁判具有一定的指导意义。

六、北京北方某达种业有限责任公司诉泰安开发区某朋园艺场等侵害植物新品种权纠纷案①②

案情聚焦

江苏省农业科学院为“苏翠1号”的品种权人。

江苏省农业科学院许可北京北方某达种业有限责任公司（以下简称北方某达公司）独占性生产经营“苏翠1号”，并许可其进行市场维权，获得的赔偿款全部由北方某达公司享有，北方某达公司按照约定向江苏省农业科学院支付了相关费用。北方某达公司为证明泰安开发区某朋园艺场（以下简称某朋园艺场）、某亩田公司存在被诉侵权行为，向河南省桐柏县公证处申请保全证据，并进行了多次证据保全公证。公证内容包括通过网络购买被诉侵权品种的过程，取得网络购买的被诉侵权品种的过程，取得的被诉侵权品种缴费检测的过程。后经江汉大学系统生物学研究院检测，待测样品与对照样品“苏翠1号”属于极近似品种或相同品种。庭审中，某朋园艺场认可其销售的品种为“苏翠1号”。山东省泰安市岱岳区北集坡街道办事处西夏村村委会出具的证明显示，某朋园艺场（为个体工商户）的经营者安某洋仅有4分土地且全部种植柏树。2021年3月26日，某亩田公司对涉案侵权树苗进行了下架处理。

二审中，北方某达公司向法院提交了如下新证据：第一组：北方某达公司与睢县某丰种植专业合作社、枣阳市某鱼冲早熟梨种植专业合作社、南阳某奇苗木种植有限公司（三案外人以下统称三加盟方）加盟代理协议及费用支付凭证，用于证明北方某达公司与三加盟方就“苏翠1号”约定的品种权使用费为3年20万元及每年销售种苗1.5元/株的提成，且费用均已支付完毕。第二组：睢县某丰种植专业合作社出具的证明、（2021）鲁01知民初1133号民事判决书，用于共同证明第一组证据中涉及的协议真实有效，该合

---

① 江本伟律师，北京高文律师事务所。

② 一审案号：（2021）鲁01知民初1041号；二审案号：（2022）最高法知民终854号。

作社的经营者刘某在另案中出庭确认了这一事实。

法院认为，本案被诉侵权行为发生在2015年修订的《种子法》施行日（2016年1月1日）之后、2021年修正的《种子法》施行日（2022年3月1日）之前，故本案应当适用2015年修订的《种子法》。北方某达公司为涉案“苏翠1号”植物新品种权独占实施被许可人，其有权以自己的名义提起侵权诉讼。

由于北方某达公司缺乏因被侵权受损或某朋园艺场因侵权获利的直接证据，一审法院根据“苏翠1号”植物新品种权的商业价值、许可使用费的数额，某朋园艺场侵权行为的性质、持续时间、过错程度、经营规模，北方某达公司的维权费用及其维权多案诉讼的情况，综合酌定本案的赔偿数额为3万元。

二审法院认为，一审判决虽然没有全面查明北方某达公司与江苏省农业科学院之间关于许可使用费的约定和支付情况，但北方某达公司在一审中主张适用法定赔偿的方式确定赔偿数额，而且北方某达公司从江苏省农业科学院取得的是“苏翠1号”品种权有效期内的独占实施权，具体约定的许可使用费及其支付的事实对于确定本案的赔偿数额没有必然影响。北方某达公司与三加盟方签订的合同显示，北方某达公司在三年有效期内收取20万元，按照上市种苗数量收取1.5元/棵，但是《某达种业种苗（授权）销售协议》和《苏翠1号销售联盟盟约》并非仅针对单一品种的许可协议，许可使用费涉及的义务还包括北方某达公司提供技术指导，对“苏翠1号”进行市场宣传、为加盟方提供服务等，不应将提供技术服务等合同义务的对价包括在内，直接依据上述许可费的金额计算赔偿数额。

北方某达公司提供的现有证据不能证明某亩田公司生产、销售了被诉侵权种苗或与某朋园艺场存在共同侵权的意思联络，且某亩田公司在北方某达公司起诉前已经对本案涉及的侵权树苗进行了下架处理，已经尽到了合理的审查义务，故一审法院对北方某达公司要求某亩田公司赔偿经济损失的诉讼请求不予支持。

关于涉案侵权行为的情节。北方某达公司提出某朋园艺场没有取得《林木种子生产经营许可证》，其销售的苗木没有进行包装、使用标签等。关于《林木种子生产经营许可证》，某朋园艺场提交的《林木种子生产经营许可证》的有效时间在被诉侵权行为发生之后，可以认定某朋园艺场在销售被诉侵权苗木时没有取得林木种子生产经营资格。某朋园艺场在未取得《林木种子生产经营许可证》的情况下生产、销售梨树苗，违反了《种子法》的相关规定。关于包装、标签的问题，苗木等不宜包装的林木种子可以不经包装进行销售，某朋园艺场存在销售被诉侵权苗木时未能提供标签的情节。

一审法院判决：一、某朋园艺场立即停止生产、销售侵犯"苏翠 1 号"植物新品种权（品种权号为 CNA20121041.1）繁殖材料的行为，对侵权繁殖材料进行铲除销毁；二、某朋园艺场于判决生效之日起十日内赔偿北方某达公司经济损失及合理费用共计 3 万元；三、驳回北方某达公司的其他诉讼请求。

二审法院判决：一、维持山东省济南市中级人民法院（2021）鲁 01 知民初 1041 号民事判决第一项；二、撤销山东省济南市中级人民法院（2021）鲁 01 知民初 1041 号民事判决第二项、第三项；三、本判决生效之日起十日内，某朋园艺场赔偿北方某达公司经济损失及维权合理开支共计 50000 元；四、驳回北方某达公司的其他诉讼请求。

律师评析

本案在二审阶段的主要争议为：一审判决确定的赔偿数额是否适当。关于侵害植物新品种权的赔偿金额的确定问题，因为涉及法官的自由裁量，因此一直是实务操作中难以量化的部分，这也就导致各法院对赔偿金额的确认有所不同，本案二审法院通过分析论证对一审法院确定的赔偿金额最终进行了改判。

本案法院判决的依据是 2015 年修订的《种子法》，其第七十三条第三款、第四款实际提供了多个赔偿金额不同确定标准：一是按照权利人因被侵权所受到的实际损失确定。二是实际损失难以确定的，可以按照侵权人因侵权所获得的利益确定。三是权利人的损失或者侵权人获得的利益难以确定的，可以参照该植物新品种权许可使用费的倍数合理确定。赔偿数额应当包括权利人为制止侵权行为所支付的合理开支。侵犯植物新品种权，情节严重的，可以在按照上述方法确定数额的一倍以上三倍以下确定赔偿数额。四是权利人的损失、侵权人获得的利益和植物新品种权许可使用费均难以确定的，人民法院可以根据植物新品种权的类型、侵权行为的性质和情节等因素，确定给予三百万元以下的赔偿。2021 年修正后的《种子法》第七十二条第三款、第四款基本沿用了之前《种子法》关于赔偿金额的规定。但将原来的惩罚性赔偿倍数从原来的最高“三倍”提高到了“五倍”，将酌定赔偿金额由原来的最高 300 万元提高到了 500 万元。

本案中，北方某达公司没有提供证据证明其被侵权所受到的实际损失或侵权人因侵权所获得的利益，一审中主张适用法定赔偿的方式确定赔偿数额，一审判决根据案情并考虑北方某达公司的主张，适用法定赔偿，确定了本案的赔偿数额。虽然，二审中北方某达公司又向法院提交证据证明其为获得涉案品种的独占实施权所支付的费用，以及其对外许可实施包括涉案品种在内的一系列品种所收取的费用。但由于其在一审中已然选择按照法定赔偿来确定赔偿金额，且其提供的相关费用与办案不具有必然联系，因此其相关主张无法得到法院支持。

某朋园艺场在未取得《林木种子生产经营许可证》的情况下生产、销售梨树苗，违反了《种子法》的相关规定。关于包装、标签的问题，苗木等不宜包装的林木种子可以不经包装进行销售，某朋园艺场存在销售被诉侵权苗木时未能提供标签的情节。某朋园艺场的上述违法情节，可以作为确定其赔偿金额时所考虑的因素。二审院最终基于某朋园艺场的具体侵权情节，综合“苏翠 1 号”品种的市场价值，侵权的持续时间，北方某达公司的维权合理开支及存在的多个维权诉讼等，确定本案的赔偿数额含维权合理开支共计 5 万元，比一审判决确定的 3 万元，高出 2 万元。显然，二审法院对某朋园艺场的违法情节进行了更加充分的审查和考量。

因此，权利人在维权过程中应充分考量证据等相关因素，选择最优的赔偿金额的确定方式。对于被诉侵权人的违法情节应作为重点向法庭说明，在确定赔偿金额时，被诉侵权人在实施侵权时是否存在其他违法行为，将成为法院重点考量的因素。

七、河北华穗种业有限公司诉陈某、甘肃巨龙供销（集团）股份有限公司、张某某侵害“万糯2000”植物新品种权纠纷案[①][②]

案情聚焦

玉米新品种“万糯2000”于2015年11月1日取得植物新品种权，品种权申请日为2012年6月11日，品种权号为CNA20120515.0，品种权人为河北华穗种业有限公司（以下简称华穗种业公司）。2019年9月，华穗种业公司发现在甘肃省酒泉市肃州区下河清乡巨龙科技示范农场种植地上种植的玉米与“万糯2000”品种构成极近似或相同品种。在案证据显示，该地块为甘肃巨龙供销（集团）股份有限公司（以下简称甘肃巨龙公司）租赁给陈某种植，张某某为该科技示范农场负责人，负责涉案土地的租赁事宜。华穗种业公司向甘肃省兰州市中级人民法院（以下简称一审法院）提起诉讼，请求判令甘肃巨龙公司、张某某和陈某停止侵权，禁止生产繁殖、销售“万糯2000”玉米杂交种，并赔偿华穗种业公司经济损失及合理费用53.3万元。甘肃巨龙公司和张某某在原审中共同辩称：涉案土地虽为甘肃巨龙公司所有，但在2019年时出租给陈某耕种，双方明确约定不得种植侵权品种。张某某是公司的科技示范农场负责人，只负责涉案土地的租赁事宜，与涉案耕种品种无关。陈某在原审中辩称：陈某受案外人王某委托制种，不清楚种植的品种，应由王某承担责任，陈某不应承担责任，请求驳回华穗种业公司对陈某的诉讼请求。

一审法院审理认为：甘肃巨龙公司并未实施侵权行为，因此对华穗种业公司要求甘肃巨龙公司停止侵权并赔偿损失的诉讼请求不予支持；因华穗种

① 王海阳律师，国浩律师（北京）事务所。

② 一审案号：（2020）甘01知民初17号；二审案号：（2021）最高法知民终2110号。

业公司无证据证明张某某实施了侵权行为，因此对华穗种业公司要求张某某停止侵权并赔偿损失的诉讼请求亦不予支持；陈某虽称系案外人王某委托其制种，其本人不知道种植的品种，但陈某并未提交委托制种合同、亲本发放登记、种子收割数量计算等委托制种的证据，其提交的银行卡交易明细、聊天记录等亦不能证明其与王某之间存在委托制种关系，故对陈某的抗辩理由不予采信。

一审法院判决：一、陈某立即停止生产、销售“万糯 2000”玉米植物新品种的行为；二、陈某于判决生效之日起十日内赔偿华穗种业公司经济损失 236362.5 元、合理支出 1 万元，共计 246362.5 元；三、驳回华穗种业公司的其他诉讼请求。

二审法院判决：驳回上诉，维持原判。

律师评析

本案涉及代繁制种行为中受托人的责任认定问题。判决的显著之处在于点明了种植大户在受托代繁的过程中应当尽到合理的注意义务，否则可能构成重大过失进而承担赔偿责任。该判决对于规范违法代繁制种行为具有积极意义。

1. 农民自繁自用行为与植物新品种侵权行为的区分

《国际植物新品种保护公约》1991 年文本第十五条规定了农民留种权的条款，该条的标题即为“育种者权利的例外”。我国 2021 年修正的《种子法》第二十九条第二项规定，农民自繁自用授权品种的繁殖材料可以不经过品种权人的许可，也无需向品种权人支付费用。一般而言，农民自繁自用的范围应当仅限于农业经营主体用于耕种自己基于农村土地承包制度承包的土地，且在收获后不能进行商业性销售，因为农民进行留种的目的是粮食生产而不是商业营利，否则便超出自繁自用的范围。本案中，陈某虽为农民，但其未经品种权人许可生产繁殖授权品种繁殖材料的行为目的是通过制种获取收益，不是留种自用，其行为性质不同于农民留种进行自繁自用，而应当属于种子法规定的侵害植物新品种权行为。

2. 关于违法代繁制种中的受托人是否可以被免除侵权赔偿责任

考虑到若让农民承担赔偿责任可能导致一系列负面问题，且代繁制种的最大的受益者往往是委托人，故在一定条件下免除农民侵权责任中的赔偿责任是必要的。《最高人民法院关于审理侵害植物新品种权纠纷案件具体应用法律问题的若干规定》第八条规定，“以农业或者林业种植为业的个人、农村承包经营户接受他人委托代为繁殖侵害品种权的繁殖材料，不知道代繁物是侵害品种权的繁殖材料并说明委托人的，不承担赔偿责任”。对此条规定进行理解时，要严格把握以下几个要件——首先在主体上，此处的主体应当是以农业或者林业种植为业的个人、农村承包经营户，而不包括以营利为目的实施大规模生产、繁殖授权品种繁殖材料的行为主体；其次在主观要件上，应当满足“不知道且不应当知道代繁物是侵害品种权的繁殖材料”；最后在客观行为要件上，受托人应当承担信息披露义务，即必须具体、明确地指出委托人信息。违法代繁制种的受托人只有满足以上三个要件，才能被免除侵权赔偿责任。

3. 本案中的陈某未尽到合理的注意义务，存在重大过失，因此不能适用上述司法解释第八条的规定免除赔偿责任

本案证据显示，陈某属于具有一定种植规模的农业经营者。二审法院认为，作为有一定规模的农业经营者，在制种活动中应当履行合理的注意义务，遵守农业行政管理的相关规定，本案没有任何证据表明陈某对“万糯2000”品种的制种委托人主体、委托人对代繁品种是否拥有合法权利等履行了基本的注意义务，存在重大过失，不符合上述司法解释第八条中的主观要件，不能被免除赔偿责任。

4. 本案对于规范种植大户非法代繁制种行为具有积极意义

我国农业发展还不成熟，与发达国家相比还有很大差距，在这种背景下，通过允许农民自繁自用的方式保障农民利益，进而保障粮食安全、促进农业发展，是现阶段的必要之举。然而，在现实生活中，一些不良企业作为代繁制种的委托人，利用受托人的农民身份谋取不正当利益，严重破坏了我国种业市场秩序。而受托人往往会以“法律允许农民自繁自用”为由逃避侵权责任，这便造成了品种权人维权难的局面。本案判决的重要意义之一在于，认定种植大户在受托代繁的过程中具有合理注意义务，应遵守相关行业的行政管理规定，否则可能构成重大过失并承担赔偿责任，这对于规范种植大户依法经营、加强品种权保护具有积极意义。

八、荆州市恒彩农业科技有限公司诉甘肃金盛源农业科技有限公司、郑州市华为种业有限公司侵害“WH818”“T37”植物新品种权纠纷案[①][②]

案情聚焦

2019年1月31日，“T37”“WH818”玉米新品种获得植物新品种授权，品种权人为荆州市恒彩农业科技有限公司（以下简称恒彩公司）和中国种子集团有限公司。恒彩公司使用“T37”“WH818”选育的杂交玉米品种“彩甜糯6号”通过了国家玉米品种审定。2020年5月，恒彩公司在甘肃金盛源农业科技有限公司（以下简称金盛源公司）开设的店铺中经公证购买5袋“彩甜糯866”玉米种子，包装上显示的生产者是郑州市华为种业有限公司（以下简称华为种业公司）。经检测，被诉侵权玉米种子“彩甜糯866”与“彩甜糯6号”比较位点数为40个，差异位点数为0个，结论为：极近似或相同。恒彩公司认为，上述被诉侵权的“彩甜糯866”玉米种子是使用“T37”“WH818”作为亲本生产的，金盛源公司、华为种业公司侵害了“T37”“WH818”植物新品种权。恒彩公司向河南郑州中院起诉，请求判令金盛源公司、华为种业公司停止生产、销售被诉侵权玉米种子，并共同赔偿恒彩公司经济损失20万元及合理费用2万元。

一审法院判决驳回恒彩公司的诉讼请求。

二审法院判决：一、撤销河南省郑州市中级人民法院（2021）豫01知

---

① 王海阳律师，国浩律师（北京）事务所。

② 一审案号：（2021）豫01知民初638号；二审案号：（2022）最高法知民终13号。

民初638号民事判决；二、本判决生效之日起，华为种业公司立即停止使用“T37”“WH818”生产“彩甜糯866”玉米种子，立即停止销售重复使用“T37”“WH818”生产的“彩甜糯866”玉米种子；三、本判决生效之日起十日内，华为种业公司赔偿恒彩公司经济损失20万元、合理开支2万元，共计22万元；四、驳回恒彩公司其他诉讼请求。

律师评析

本案为最高人民法院知识产权法庭终审判决的一起侵害植物新品种权纠纷案。本案中，合议庭结合玉米育种规律适时转移举证责任，运用事实推定认定杂交玉米品种与亲本品种的亲子关系，据此，改判侵权事实成立并判决侵权人赔偿经济损失和合理开支共计22万元人民币。本案具有多个方面的典型意义，具体分析如下：

1. 在缺少行业标准指导下，二审判决首次结合玉米育种规律适时转移举证责任，运用事实推定认定杂交玉米品种与其亲本的亲子关系，为品种权人维权提供了保护路径

二审判决认为，在实际玉米育种生产中，使用不同的亲本通过杂交选育得到相同或者极近似品种的概率很小，因此，如果品种权人能够证明被诉侵权杂交种与使用授权品种作为父、母本杂交选育的杂交种构成基因型相同或者极近似品种时，可以初步推定被诉侵权杂交种使用了授权品种作为亲本的可能性较大，此时应转由被诉侵权人提供证据证明其实际并未使用品种权人所主张的授权品种作为亲本。本案一审中，恒彩公司既然已经提交证据证明被诉侵权的“彩甜糯866”与“彩甜糯6号”系极近似或相同，应当由被诉侵权人举证证明其还可以通过其他不同亲本组合得到与“彩甜糯6号”同一种基因型杂交种。若被诉侵权人并未提供证据或者提供的证据不足以推翻上述初步认定的，可以认定被诉侵权杂交种使用了授权品种作为亲本。

2. 对于为商业目的重复使用授权品种繁殖材料生产另一品种繁殖材料的行为，判令构成侵权的生产者同时停止对另一品种繁殖材料的销售行为，极大地保护了品种权人的合法权益

二审判决认为，对于销售重复使用授权品种繁殖材料生产的另一品种繁殖材料的行为，虽然种子法并未明确将其规定为侵权行为，但是，如果该另一品种是以同一品种权人的两个授权品种作为父母本直接杂交繁殖而来，则销售该另一品种繁殖材料的行为系重复使用授权品种生产行为的自然延续，势必导致侵权生产行为造成的损害结果进一步扩大。因此，实施生产行为的侵权行为人不得销售其生产的该另一品种的繁殖材料，是制止生产者侵权行为、防止损失扩大的应有之义。因此，二审法院判决华为种业公司承担停止销售行为的责任。

3. 判决中同时指出，涉案种子还存在未审先推，对该违法行为移送农业行政主管部门处理，充分体现了司法保护与行政执法有机衔接，形成合力的大保护格局

2021 年 5 月 26 日，最高人民法院和农业农村部签署种业知识产权保护合作备忘录，强调构建种业知识产权司法保护与种业监管执法有机衔接、优势互补的运行机制。本案二审法院在判决中特别指出，会依法将涉案种子未审先推的违法行为线索移送农业农村行政主管部门处理，体现出司法审判和行政执法相互配合，有利于保护品种权人的合法权益。

九、江苏省高科种业科技有限公司诉江苏金大丰农业科技有限公司、董某某、曹某某、杨某某侵害“南粳 9108”植物新品种权纠纷案[①②]

案情聚焦

“南粳 9108”水稻品种于 2015 年 5 月 1 日被授予植物新品种权，品种权

---

① 王海阳律师，国浩律师（北京）事务所。

② 一审案号：（2021）苏 01 民初 850 号。

号为 CNA20101060.9。品种权人江苏省农业科学院授权江苏省高科种业科技有限公司（以下简称高科公司）独占实施“南粳 9108”植物新品种权，生产和销售“南粳 9108”水稻种子，并有权追究侵害“南粳 9108”植物新品种权的单位和个人责任。

被告江苏金大丰农业科技有限公司（以下简称金大丰公司）在 2019 年水稻播种季使用标注“水稻种子”的彩色包装袋销售假冒的“南粳 9108”水稻种子至大丰、东台、兴化等地的种田大户进行粮食生产种植。因种子纯度差导致红米稻等野生稻超过正常值造成农业生产事故，被举报至农业行政机关。经行政机关立案调查，认定被告擅自生产、销售假冒“南粳 9108”水稻种子达十几万斤、三十多万元。其中，被告金大丰公司擅自生产、销售假冒“南粳 9108”水稻种子，并出具票据。被告董某某在担任被告金大丰公司法定代表人期间，向种田大户大量出售假冒的“南粳 9108”水稻种子；其还涉嫌通过经营的盐城经济技术开发区华稳家庭农场擅自生产、销售“南粳 9108”水稻种子。被告曹某某系董某某配偶，负责收取涉案种子款。被告杨某某以个人名义租用种子仓库，将收购的“南粳 9108”水稻商品粮用彩色包装袋包装后交由董某某作为种子进行销售。以上被告擅自生产、销售“南粳 9108”水稻种子的行为，侵害了原告享有的植物新品种独占实施权，且因涉嫌犯罪被移送至公安机关。

一审法院判决：一、被告金大丰公司、董某某、曹某某、杨某某于本判决生效之日起立即停止侵害原告高科公司“南粳 9108”（品种权号 CNA20101060.9）植物新品种权之独占实施权的行为；二、被告金大丰公司、董某某、曹某某、杨某某于本判决生效之日起十日内连带赔偿原告高科公司经济损失 300 万元。

律师评析

本案是司法与行政合力保护、严厉打击套牌侵权行为的典型案件。农业行政执法为民事诉讼固定了侵权证据，法院依当事人申请开具调查令，调取行政机关执法证据，并据此审查认定侵权事实。在认定侵权赔偿数额时，人民法院根据具体案情适用法定赔偿，并考虑适用惩罚性的因素，对权利人主张的 300 万元赔偿数额予以全额支持，取得了维护品种权及种业秩序的良好法律效果。

1. 本案是司法与行政合力保护、严厉打击套牌侵权行为的典型案件

种子套牌侵权是植物新品种权侵权的主要情形，成为历年审理植物新品种侵权案件的重点类型。套牌侵权种子是一颗毒瘤，不仅严重扰乱了种业市场秩序，还严重挫伤了育种者积极性，是打击侵权的重点和保护种业知识产权的难点。本案法院依原告申请开具调查令，调取了盐城市农业农村局《董某某、曹某某、杨某某、单某某、江苏金大丰农业科技有限公司、盐城经济技术开发区华稳家庭农场涉嫌生产经营假种子案》卷宗材料，并根据卷宗材料证据认定被诉侵权事实，体现了司法审判和行政执法相互配合。

2. 本案适用法定赔偿和惩罚性赔偿，认定事实清楚，法律适用正确

关于法定赔偿，《种子法》第七十二条规定，侵犯植物新品种权的赔偿数额按照权利人因被侵权所受到的实际损失确定；实际损失难以确定的，可以按照侵权人因侵权所获得的利益确定。权利人的损失或者侵权人获得的利益难以确定的，可以参照该植物新品种权许可使用费的倍数合理确定。赔偿数额应当包括权利人为制止侵权行为所支付的合理开支。故意侵犯植物新品种权，情节严重的，可以在按照上述方法确定数额的一倍以上五倍以下确定赔偿数额。权利人的损失、侵权人获得的利益和植物新品种权许可使用费均难以确定的，人民法院可以根据植物新品种权的类型、侵权行为的性质和情节等因素，确定给予 500 万元以下的赔偿。关于惩罚性赔偿，《民法典》第一千一百八十五条规定，故意侵害他人知识产权，情节严重的，被侵权人有权请求相应的惩罚性赔偿。本案中，原告主张适用法定赔偿，并同时请求适用惩罚性赔偿。法院综合考量了涉案植物新品种在当地的知名度和美誉度，四被告生产、销售假冒种子的数量与金额，四被告共同侵权的主观恶意较大与侵权情节等因素，最终判定全额支持原告的 300 万元赔偿请求。

十、河北华穗种业有限公司诉程某兰等未经允许擅自生产他人授权品种侵权纠纷案[①][②]

案情聚焦

河北华穗种业有限公司（以下简称华穗种业公司）系“万糯2000”玉米品种的品种权人，华穗种业公司发现程某兰等各被诉侵权人未经许可，经程某兰组织，在酒泉市某地繁育“万糯2000”。肃州区农业农村局的执法人员根据举报对程某兰等涉嫌侵权的杂交玉米制种进行了现场检查。经检查，现场有杂交玉米制种田1块，面积约3亩，田间有显著的父母本分行，父本行已割除留有余茬，母本行雄穗均已去除，田间果穗为白色糯玉米。经对现场收集的玉米样本进行检测，该样本与“万糯2000”比对位点40个，检出差异位点0个。程某兰认可肃州区农业农村局工作人员在其地块进行取样，陈述自己种了20亩地，其他18个种植户均是接受程某兰的委托种植的该品种，供种植约300亩。程某兰自述自己种的种子收了2—3吨，一共60袋，每袋大概50公斤。经会计师事务所审计，“万糯2000”的单位利润为19.1元/公斤。

法院认为，程某兰主张其构成自繁自用的侵权例外，不能成立。根据《最高人民法院关于审理侵害植物新品种权纠纷案件具体应用法律问题的若干规定（二）》第十二条第一款规定，农民在其家庭农村土地承包经营合同约定的土地范围内自繁自用授权品种的繁殖材料，权利人对此主张构成侵权的，人民法院不予支持。本案中，程某兰不仅自己生产，还组织他人进行制种，其行为不属于上述规定中的自繁自用。对于程某兰在自己承包土地上的生产行为，即使只考虑其在肃州区农业农村局自述的收获规模，也已经达到3吨，并且按照程某兰在第一次接受询问时的陈述，其接受案外人提供的亲本种子，制种完成后由案外人进行回收，明显超出了自繁自用的范围。另

---

① 江本伟律师，北京高文律师事务所。

② 一审案号：（2020）甘01知民初23号；二审案号：（2021）最高法知民终2236号。

外，根据程某兰在接受行政机关询问时的陈述，其对自己繁殖的种子没有准确说明委托人，其还存在组织制种的行为。因此，程某兰不属于《最高人民法院关于审理侵害植物新品种权纠纷案件具体应用法律问题的若干规定》第八条规定的免责情形。

程某兰主张优先考虑其侵权获利，没有法律依据。2015 年《种子法》第七十三条第三款规定，侵犯植物新品种权的赔偿数额按照权利人因被侵权所受到的实际损失确定；实际损失难以确定的，可以按照侵权人因侵权所获得的利益确定。权利人的损失或者侵权人获得的利益难以确定的，可以参照该植物新品种权许可使用费的倍数合理确定。赔偿数额应当包括权利人为制止侵权行为所支付的合理开支。侵犯植物新品种权，情节严重的，可以在按照上述方法确定数额的一倍以上三倍以下确定赔偿数额。上述规定中的不同计算方法在适用上具有顺序，品种权人主张顺位在先的计算方法并提供了相应证据的，应首先按照权利人主张的方法审查在案证据，如果根据在案证据情况确实无法采用权利人主张的计算方法，才可以适用在后顺位的计算方法。华穗种业公司主张按照其实际损失确定赔偿数额，具有法律依据，本院予以支持。

品种权人因被侵权所受到的实际损失可以根据品种权人因被侵权所造成的授权品种种子销量减少的总数，乘以品种权人对单位重量种子的合理利润所得之积计算。品种权人销量减少可以按照侵权行为产生的侵权种子数量计算。计算品种权人对单位重量种子的合理利润时，可以计算营业利润，因涉及有关农业生产资料依法享受免征增值税政策的，确定单位重量种子利润时，应予以考虑。最终，法院确定品种权人华穗种业公司因侵权所受到的实际损失为 19.10 元/公斤×137 公斤/亩×300 亩＝785010 元。

根据程某兰的陈述，其他 18 个种植户均是接受程某兰的委托，不存在共同侵权的故意，华穗种业公司主张 18 个种植户承担共同侵权责任无事实和法律依据，原审法院不予支持。

一审法院判决：一、程某兰立即停止生产、销售“万糯 2000”玉米植物新品种的行为；二、程某兰于判决生效之日起十日内赔偿华穗种业公司经济损失 785010 元；三、驳回华穗种业公司的其他诉讼请求。

二审法院判决：驳回上诉，维持原判。

律师评析

本案对农民自繁自育侵权例外免责、侵权赔偿金额的计算方法适用、计算数据的确定问题进行论述。

首先，根据《最高人民法院关于审理侵害植物新品种权纠纷案件具体应用法律问题的若干规定（二）》第十二条规定农民在其家庭农村土地承包经营合同约定的土地范围内自繁自用授权品种的繁殖材料，权利人对此主张构成侵权的，人民法院不予支持。对前款规定以外的行为，被诉侵权人主张其行为属于《种子法》规定的农民自繁自用授权品种的繁殖材料的，人民法院应当综合考虑被诉侵权行为的目的、规模、是否营利等因素予以认定。本案中最终认定被诉侵权人组织种植涉案品种面积达 300 亩，该种植面积明显超过了自繁自育所需的面积。且被诉侵权人组织他人共同种植侵权品种的行为，也不符合一般的农民自繁自育行为。

其次，本案中，法院对 2015 年《种子法》第七十三条第三款、第四款规定的侵权赔偿金额计算方法的使用顺序作出了论述。明确表示，该条规定的侵权赔偿额计算方法具有一定的适用顺序，只有当权利人主张适用的计算方法没有足够证据支持时，法院才可以适用下一顺位的计算方法来确定赔偿金额。相关论述清楚地指明了，在相关诉讼中，侵权赔偿额计算方法的选择问题。权利人在主张权利时，在诉讼中应尽可能选择对自己有利的计算方法，即便最终因证据不足未被支持，亦可由法院根据实际查明的情况适用下一顺位的计算方法。如果首先选择了顺位较低的赔偿计算方法，后面再想要推翻将面临一定的诉讼困难。

最后，本案中，法院认为品种权人因被侵权所受到的实际损失可以根据品种权人因被侵权所造成的授权品种种子销量减少的总数，乘以品种权人对单位重量种子的合理利润所得之积计算。品种权人销量减少可以按照侵权行为产生的侵权种子数量计算。计算品种权人对单位重量种子的合理利润时，可以计算营业利润，因涉及有关农业生产资料依法享受免征增值税政策的，确定单位重量种子利润时，应予以考虑。以上关于赔偿数据的论述，进一步明确了实际操作中各项赔偿数据确定方法，对同类案由具有指导作用。

重点关注

一、农业农村部联合公检法等部门出台指导意见 严厉打击种业假冒伪劣套牌侵权违法犯罪行为[①]

事件回放

2022年1月28日，农业农村部、最高人民法院、最高人民检察院、工业和信息化部、公安部、市场监管总局和国家知识产权局联合印发了《关于保护种业知识产权打击假冒伪劣套牌侵权营造种业振兴良好环境的指导意见》（以下简称《意见》）。[②]《意见》要求全面加强种业知识产权保护，坚持部门协同、上下联动、标本兼治，综合运用法律、经济、技术、行政等多种手段，推行全链条、全流程监管，严厉打击假冒伪劣套牌侵权违法犯罪行为，让侵权违法者付出沉重代价。

《意见》明确了五方面具体措施。一是加快法律法规制修订，夯实种业知识产权保护制度基础；二是加强司法保护，严厉打击侵害种业知识产权行为；三是强化技术和标准支撑，提高品种管理水平；四是严格行政执法，加大种业违法案件查处力度；五是推进社会监督共治，构建种业创新发展良好环境。

《意见》要求加强组织领导，压紧压实主体责任、属地责任，将保护种业知识产权相关工作作为种业振兴行动重要内容纳入粮食安全党政同责、全国打击侵犯知识产权和制售假冒伪劣商品工作考核，强化业务培训，提升专

---

① 江本伟律师，北京高文律师事务所。

② 《农业农村部联合公检法等部门出台指导意见 严厉打击种业假冒伪劣套牌侵权违法犯罪行为》，载中国政府网，http：//www.gov.cn/xinwen/2022-03/28/content_ 5682003.htm。

业能力，加强宣传引导，全面提升种业知识产权保护水平，营造种业创新有活力、发展有动力、市场有秩序的种业振兴氛围。

律师评析

随着党中央作出打一场种业翻身仗的决策部署，种源安全已经被提升到关系国家安全的战略高度。而种业知识产权保护已经成为国家种业振兴部署实施的关键所在，没有好的种业知识产权保护环境，就无法保证品种权人的合法权益，就无法鼓励品种创新。然而种业振兴非一日之功，种业知识产权保护也非一人之力。这需要行政机关、公检法机关等多个部门长期相互配合，相互衔接，汇集成一张种业知识产权保护的大网。

近年来，国家不断加快种业知识产权保护的立法、修法工作，大大完善了我国的种业知识产权保护立法体系。此次联合意见的发布，一方面显示出国家振兴种业，保护种业知识产权的决心；另一方面也预示着一张种业知识产权保护的大网，已经在中国拉开。严厉打击种业侵权、犯罪行为将成为种业保护的常态，鼓励种业创新、保护权利人合法权益将成为重中之重。

二、最高人民法院发布《最高人民法院知识产权法庭裁判要旨摘要（2021）》，其中两条涉及植物新品种案件[①]

事件回放

2022 年 2 月 28 日，最高人民法院发布《最高人民法院知识产权法庭裁判要旨摘要（2021）》。[②] 为集中展示最高人民法院知识产权法庭在技术类知识产权和垄断案件中的司法理念、审理思路和裁判方法，法庭从 2021 年审结的 3460 件案件中，精选 48 个典型案例，提炼 55 条裁判要旨，形成《最高人民法院知识产权法庭裁判要旨摘要（2021）》，其中有两条涉及植

① 王海阳律师，国浩律师（北京）事务所。

② 《最高人民法院知识产权法庭裁判要旨摘要（2021）》，载最高人民法院知识产权法庭官网，https：//ipc. court. gov. cn/zh-cn/news/view-1784. html。

物新品种案件。

律师评析

案件之一是（2021）最高法知民终 816 号，该案涉及“信息匹配平台”销售种子行为的认定。据悉，该案入选“新时代推动法治进程 2021 年度十大案件”。

未经植物新品种权所有人许可，销售授权品种的繁殖材料的行为是一种常见的侵权行为。然而对销售行为性质的认定，还需要根据具体案件情况展开。在本案中，被诉侵权人通过网络交易平台以“信息匹配”名义组织被诉侵权种子买卖交易，并实际主导确定交易价格、交易数量、履行时间等具体交易条件的，可以认定其实施了销售被诉侵权种子的行为。在赔偿数额上，判决根据侵权情节适用惩罚性赔偿，最终确定了 300 万元的赔偿数额，彰显了打击种子侵权、净化种业市场，保护种业知识产权的坚定决心。

案件之二是（2021）最高法知民终 732 号，该案涉及单方委托检验报告的证据性质和证明力。

最高人民法院认为，侵害植物新品种权纠纷案件中，一方当事人就专门性问题自行委托有关机构或者人员出具的意见，在法律性质上虽非鉴定意见，但仍具备证据资格，一般可以参照法律和司法解释关于鉴定意见的审查规则和准用私文书证的质证规则，结合具体案情，对其证明力适当从严审查。自行委托取得的书面意见由具有相应资格的机构和人员作出、检测程序合法、对照样品来源可靠、检测方法科学，经质证对方当事人未提出足以推翻意见的相反证据或者足以令人信服的质疑的，一般可以确认其证明力；存在程序严重违法、对照样品来源不明等重大错误，或者对方当事人提交了足以推翻意见的相反证据或者足以令人信服的质疑的，不予采信。

三、全国种业基地提升工作推进会在京召开[①]

事件回放

2022 年 9 月 15 日，全国种业基地提升工作推进会在京召开。会议强调，要深入学习习近平总书记重要指示精神，贯彻落实党中央、国务院种业振兴决策。此次农业农村部联合公检法等部门出台的《关于保护种业知识产权打击假冒伪劣套牌侵权营造种业振兴良好环境的指导意见》（以下简称《意见》），对种质资源保护利用不够、市场环境亟待优化等突出问题作出了回应。[②] 对涉种子刑事、民事、行政审判工作作出了部署，形成种业知识产权保护司法组合拳。该《意见》明确要求对种质资源加强保护，依法严惩破坏种质资源犯罪。对非法采集或者采伐天然种质资源，符合刑法第三百四十四条规定的，以危害国家重点保护植物罪定罪处罚。在种质资源库、种质资源保护区或者种质资源保护地实施上述行为的，应当从重处罚。我国作为一个地大物博的古老国家，具有广阔的地理面积和多样的气候分布，种资源种类丰富，但在很长一段时间我们对种资源保护重视不足，导致很多优良的种资源被西方国家窃取。西方国家利用从我国窃取的种资源培育出优良品种后，反过来再从我国赚取高额的利润，有的甚至还利用知识产权限制我国相同品种的国际销售，给我国种业发展造成巨大损失。此次多部门联合出台的《意见》从执法和司法等多个层面明确提出加强种资源保护，充分说明相关部门已经充分认识到种资源保护的重要性。

此次《意见》的出台，不光对进行的种业知识产权保护具有指导意义，也将以此为契机，在我国建立起长效的行政主管部门、公安机关、检察机关等相关部门在种业知识产权上的协作配合机制，多管齐下，共同推进我国的种业振兴部署，深入实施种业基地提升行动，加快建设现代化种业基地，健全良种繁育和应急保障体系，实现重要农产品种源自主可控，确保农业生产

---

① 江本伟律师，北京高文律师事务所。

② 《全国种业基地提升工作推进会在京召开》，载中国政府网，http：//www.gov.cn/xinwen/2022-09/16/content_ 5710194. htm。

用种安全。

会议指出，党的十八大以来，不断加大甘肃、四川、海南、黑龙江四大国家级育制种基地投入，支持建设 216 个制种大县和区域性良繁基地，以及 262 家国家畜禽核心育种场、扩繁基地和种公畜站。各地各部门积极推进种业基地建设，但对标中央种业振兴部署要求，基地现代化水平、管理服务能力等方面还存在不适应，亟待优化提升。

会议要求，各地各部门务必提高政治站位，强化责任落实，创新工作机制，加大政策支持和资金投入，分层次分类别分物种布局建设种业基地，持续提高农作物基地农田建设标准化、制种全程机械化、种子加工自动化、流程控制信息化和生产服务社会化水平，着力加强畜禽基地场区设施标准化、饲养管理自动化、测定评估智能化和疫病防控立体化建设，搞好基地管理和服务，建立健全良种供应应急保障体系，为从源头上强化粮食安全保障奠定坚实基础。

律师评析

现代化的种业基地设施和管理服务水平，是种子培育和生产的基础性保障。种业基地与一般的基本农田无论是在管理上还是设施上都有着明显区别。种业振兴之际，可以说种业基地就是种业振兴的兵工厂和武器研发基地，种业基地建设事关种业振兴大局。

此次会议要求要持续提高农作物基地农田建设标准化、制种全程机械化、种子加工自动化、流程控制信息化和生产服务社会化水平。这些措施将大大提高种业基地的现代化水平，更好地保障种子的繁殖与培育工作。

近年来，随着我国种业知识产权保护意识的加强，育种企业对种业基地的知识产权保护管理也更加重视。这就要求种业基地在提高硬件设施的同时，还要不断加强种业知识产权保护工作。比如建立品种繁殖材料保密制度，加强品种繁殖材料的流通管理，避免育种繁殖材料外泄。尤其是对于亲本一类的繁殖材料，这些材料一旦泄露往往会给企业造成巨大经济损失，同时对侵权行为难以及时察觉。此处会议的召开，预示着国家将更加全方面重视育种基地硬件和软件建设，为我国的种业发展在源头上做好保障基础。

四、种业两大头部企业安徽荃银高科种业股份有限公司、袁隆平农业高科技股份有限公司因水稻品种“五山丝苗”产生纠纷，相互提起诉讼，堪称“中国水稻品种权诉讼第一案”，涉案金额3亿元①②

事件回放

2022年4月11日，袁隆平农业高科技股份有限公司（以下简称隆平高科）、湖南隆平种业有限公司（以下简称湖南隆平）收到安徽省高级人民法院送达的《民事裁定书》，安徽荃银高科种业股份有限公司（以下简称荃银高科）以侵害植物新品种权为由向湖南隆平提起诉讼，索赔30100万元。湖南隆平认为荃银高科的起诉严重侵害了其对品种的许可使用权，因此向荃银高科提起诉由为“单方合同违约”的反诉，主张索赔123.16万元。

律师评析

这是新《种子法》自2022年3月1日实施后的第一宗种业大案，也是中国植物新品种权案件中索赔额最大的官司，诉讼双方是稻种市场占有率居于第一、第二的头部企业。

诉讼双方的分歧点主要在“五山丝苗”的植物新品种许可使用协议上。2011年，荃银高科与广东省农业科学院水稻研究所签订协议，一次性支付280万元取得其在广东省外的独占使用权。2016年，荃银高科与隆平高科签订《使用水稻常规品种“五山丝苗”配组协议》，授权隆平高科使用“五山丝苗”，并约定每审定一个品种向其支付120万元品种许可使用费。但荃银高科认为，隆平高科子公司湖南隆平未从荃银高科购买恢复系种子“五山丝

---

① 王海阳律师，国浩律师（北京）事务所。

② 参见（2022）皖民初3号案件受理通知书、（2022）皖民辖89号民事裁定书。

苗”，未经荃银高科授权多年来私自繁殖生产“五山丝苗”繁殖材料，却将其作为亲本生产了“隆优 534”“平两优丝苗”等 12 个杂交水稻品种，违反了其与隆平高科之间的合同，于是向湖南隆平提出 3 亿元的索赔额。但是，隆平高科认为，湖南隆平对“五山丝苗”水稻品种许可使用权，源于母公司隆平高科的直接授权，隆平高科授权的在先权利依据，系与荃银高科签订的《使用水稻常规品种“五山丝苗”配组协议》。隆平高科通过前述协议，取得“五山丝苗”品种许可使用权，协议约定该权利及于子公司。

合肥中院经审查后认为，本案涉及植物新品种的研发、许可以及对审定品种繁殖材料的生产与销售等专业知识，案情较为复杂，属于辖区内有重大影响的案件，报请安徽省高院提级管辖。此后，安徽省高院同意提级管辖，审理此案。目前此案尚在审理中。

五、农业农村部办公厅发布《2022—2023 年全国种业监管执法年活动方案》①

事件回放

2022 年 3 月 28 日，农业农村部办公厅发布《2022—2023 年全国种业监管执法年活动方案》（农办种〔2022〕1 号）。通知中指出：要优化植物新品种权审查流程，压缩审查周期，提高审查质量和效率；加强植物新品种权复审工作；鼓励申请者依规开展委托测试；研究制定侵犯植物新品种权维权指南；推进全国统一的侵权案件协查联办平台建设；开展授权品种市场抽查和检测，对不再符合授予品种权时特征特性的品种，终止品种权。

律师评析

近年来，党中央高度重视种业知识产权保护工作。2019 年，中共中央办公厅、国务院办公厅联合出台了《关于强化知识产权保护的意见》。2020 年

① 王海阳律师，国浩律师（北京）事务所。

11 月 30 日，中共中央政治局举行了第二十五次集体学习，主题是“加强我国知识产权保护工作”。2021 年 7 月，中央全面深化改革委员会第二十次会议审议通过《种业振兴行动方案》，把修改《种子法》列为重点任务，强调要把种源安全提升到关系国家安全的战略角度，要综合运用法律、经济、技术、行政等多种手段，推行全链条、全流程监管，对假冒伪劣、套牌侵权等突出问题要重拳出击，让侵权付出沉重代价。2022 年 3 月 2 日，最高人民法院发布《关于进一步加强涉种子刑事审判工作的指导意见》，从加强涉种子刑事审判工作总体要求、明确相关法律适用、健全完善工作机制三个方面作出具体规定，要求各级人民法院切实增强工作责任感，进一步加强涉种子刑事审判工作，为全面净化种业市场，维护国家种源安全，加快种业振兴提供有力刑事司法保障。这一系列政策和部署，无不在加强种业知识产权保护、打击制售伪劣侵权种子方面发力，体现出我国在营造良好种业市场法治环境方面的决心。此次农业农村部办公厅发布《2022—2023 年全国种业监管执法年活动方案》，既是贯彻落实中央一号文件和种业振兴行动方案的重要举措，也是依法惩治涉种子犯罪和推动种业健康发展的现实要求，对于全面净化种业市场，营造种业振兴良好环境具有重要意义。

六、海南自由贸易港农业植物新品种审查协作中心正式挂牌运行①

事件回放

2022 年 7 月 27 日，农业农村部联合海南省人民政府设立的海南自由贸易港农业植物新品种审查协作中心（以下简称审协中心）在海南省三亚市正式挂牌，这标志着全国首家农业植物新品种审查协作中心正式运行。

律师评析

海南拥有得天独厚的自然资源，每年吸引来自全国 29 个省区市、700 多

① 王海阳律师，国浩律师（北京）事务所。

家南繁单位的 7000 多名科技人员活跃在南繁基地，南繁已成为我国农业科技创新的“孵化器”、新品种选育的“加速器”、保障农业生产用种的“调节库”和种子质量天然的“鉴定室”，海南也因农作物南繁、水产南繁成为品种、技术、人才的聚集区。伴随着自贸港建设的加快推进，海南积极融入全球种业创新链条和产业链条，具备成为种业开放高地和创新高地的优势。设立审协中心可以利用海南自贸港政策制度优势，提升植物新品种的审查、授权效率和服务水平，有助于为广大南繁育种工作者提供便捷高效的植物新品种保护服务。

七、国家审定优质水稻品种占比达六成[①]

事件回放

日前，根据《种子法》及《主要农作物品种审定办法》有关规定，农业农村部公告发布第四届国家农作物品种审定委员会审定通过的 1384 个水稻、玉米、棉花、大豆新品种。[②] 此次通过审定的水稻品种品质达国标 2 级以上的 281 个，占比首次突破 60%，这标志着我国优质稻育种水平迈上了一个新台阶。

据了解，此次国家级审定新品种主要有三个特点：一是水稻优质品种数量不断增加。品种品质达到国标 2 级以上的 281 个，占比首次突破 60%，其中达到国标 1 级的 44 个；高产、优质、绿色的“三好品种”22 个。二是玉米专用型品种不断增加。15 个宜机型品种适合直接机械化收获籽粒，79 个鲜食型品种适合直接蒸煮食用，4 个爆裂型品种适合做爆米花。三是大豆、棉花品种能够适应扩种油料生产新需求。其中 8 个高油大豆品种粗脂肪平均含量超过 21.5%，4 个高蛋白大豆品种粗蛋白含量超过 43%，11 个短季棉花品种将有效解决长江流域棉区扩种油菜茬口衔接问题。此外，国家农作物品

---

① 江本伟律师，北京高文律师事务所。

② 《国家审定优质水稻品种占比达六成》，载农业农村部官网，http：//www.moa.gov.cn/gbzwfwqjd/xxdt/202212/t20221219_ 6417306.htm。

种审定委员会根据带状复合种植生产需求，筛选推荐了中黄 301、石 936、邯豆 15、郑 1440、南农 58、中豆 57、齐黄 34、华夏 2 号等 8 个适于带状复合种植的大豆苗头品种。

律师评析

随着我国种业的不断发展，我国的育种技术及育种能力已经有了长足发展，在某些品种的育种上已经处于世界领先水平。但不可否认的是，长期以来我们存在品种创新低，同质化严重的问题。随着新修订后《种子法》的施行，实质性派生品种保护制度首次被纳入到我国的品种保护制度中来，这标志着我国的种业将进入一个新阶段，鼓励创新将成为我国品种保护的主旋律。早在 2020 年 12 月中国就开始在水稻品种上开始试行实质性派生制度（EDV），出台了一系列的配套措施。EDV 在水稻品种试行两年来，水稻品种优质品种首次突破 60%，充分凸显了 EDV 在鼓励创新上的积极作用。相信 EDV 在水稻育种中的适用，将激发出更多的优质品种。

随着我国育种技术的不断发展，相信会有越来越多品种加入到 EDV 制度中来，因为鼓励创新是当前中国发展的主旋律，也是中国品种保护的主旋律。

八、全国首创！农行重庆分行推出植物新品种权质押贷款①

事件回放

2022 年 3 月 17 日，农行重庆分行向中一种业有限公司发放了 300 万元贷款。与普通贷款不同，这笔贷款是公司质押植物新品种权获得的。这是农行重庆分行创新推出的种业知识产权专项信贷产品，在全国尚属首例。②

“企业会将贷款用于农作物新品种的培育和创新，培育油菜超高含油品

① 江本伟律师，北京高文律师事务所。

② 《重庆发放首笔植物新品种权质押贷款 探索种业企业融资新模式》，载中国新闻网百家号，https：//baijiahao. baidu. com/s？ id=1733889690905588848&wfr=spider&for=pc。

种，功能性水稻、特种稻以及高产优质稻品种等，增强核心竞争力。”某种业公司负责人表示。据介绍，这笔贷款将帮助企业扩大生产4000余亩、预计增加销售收入10%以上。4月18日，《人民日报》刊发《金融活水精准滴灌实体经济》一文，专门对农行重庆分行在全国率先创新推出植物新品种权质押贷款产品进行了报道。①

律师评析

品种权与其他知识产权相同，其中蕴含着其独有的经济价值。但是由于品种权的特殊性，导致长期以来难以被金融机构认可其经济价值。此处重庆农业银行首次通过品种权质押对外发放贷款，开辟了品种权融资的一个新渠道。

类似的权利质押贷款，在专利权、商标权领域已经相对成熟。品种权因其权利载体的特殊性，外界对其价值的认知不如前者广泛。并且品种权的价值评估专业性强，参考因素多，评估难度大。拿品种权自身来说，杂交品种与亲本品种的价值不同，但如果仅仅获得杂交种的品种权，而没有获得亲本的品种权，仍然难以将杂交种的品种权转换为经济价值。对于一些需要品种审定的农作物品种，在评估其经济价值时，不仅要看其是否取得品种权，还要看其是否通过品种审定，以及其在品种审定中表现出的经济价值优势高低。

随着今年国家对种业振兴的重视，国家不断加大对种业产业的融资扶持力度。品种权的价值评估目前看起来有各种困难，但相信随着此类贷款业务的增加，相关的配套措施必然会不断完善，而品种权评估与质押也会变得更加容易。届时，种业企业可以很好地利用手中的品种权进行融资，进一步盘活手中的无形资产，加大育种者的品种研发投资力度，促进我国种业良性发展。

---

① 《金融活水精准滴灌实体经济》，载《人民日报》2022年4月18日第18版。

九、全国首单多方位保障植物新品种权被侵权损失保险落地三亚崖州湾科技城①

事件回放

2022年9月，中国种子集团有限公司（以下简称中种集团）和中国人民财产保险股份有限公司海南省分公司（以下简称海南人保财险）签订保险合同，为中种集团持有的植物新品种“川种3A”“荃优607”“中种R1607”提供植物新品种权被侵权损失保险。这标志着全国首单全方位保障植物新品种权被侵权造成损失的专属保险正式落地三亚崖州湾科技城，将对“植物新品种权”所有方因被侵权造成的调查费用、法律费用和直接经济损失提供保险保障。

律师评析

此前，国内植物新品种侵权保险往往以知识产权侵权损失补偿保险通用条款来承保植物新品种的被侵权损失，其保险责任通常限于法院判决的赔偿金额和诉讼费用。中国社会科学院法学研究所副研究员李菊丹表示，中国人民财产保险股份有限公司所提供的植物新品种权被侵权损失专属保险，其保险责任基本涵盖了植物新品种权人在维权过程中所应承担的合理费用以及能够通过相关法律程序获得的直接经济损失，避免实践中植物新品种权人出现“赢了官司输了钱”的尴尬局面，为植物新品种的推广应用提供保障。

植物新品种权被侵权损失专属保险“首单”落地三亚崖州湾科技城，知识产权保险不仅是为农业“芯片”保驾护航的一次新实践，也是保险助力种业振兴行动、国家“南繁硅谷”战略的一次新探索。

---

① 王海阳律师，国浩律师（北京）事务所。

十、我国专家成功当选国际植物新品种保护联盟理事会主席[①]

事件回放

2022 年 10 月 31 日，农业农村部新闻办公室发布消息称，在国际植物新品种保护联盟（UPOV）召开的第 56 次理事会会议上，我国农业农村部科技发展中心总农艺师崔野韩博士成功当选理事会主席，任期三年，成为该组织历史上首位中国籍理事会主席。

律师评析

UPOV 依据《国际植物新品种保护公约》于 1961 年成立，是种业知识产权领域最重要的政府间国际组织，现有 78 个成员，涉及 97 个国家。中国于 1999 年加入 UPOV，成为其第 39 个成员。UPOV 最高决策机构是理事会，由各成员代表组成，下设顾问委员会、行政管理与法律委员会以及技术委员会。

我国 1997 年颁布实施《植物新品种保护条例》，二十多年来，植物新品种保护事业取得长足进步。近年来随着知识产权强国建设深入推进，植物新品种保护进入快速发展阶段，自 2017 年起年申请量已连续 5 年居世界第一。截至 2022 年 9 月，农业农村部已累计受理农业植物新品种权申请 57863 件、授权 21652 件，国际影响力显著提升。此次我国专家当选 UPOV 理事会主席，表明国际社会对我国植物新品种保护工作高度认可，将有助于深化我国与 UPOV 及其成员交流合作，进一步提升我国种业知识产权保护力度和国际影响力，助力种业振兴行动深入实施和农业强国建设。

① 王海阳律师，国浩律师（北京）事务所。

CHAPTER 8

第 8 章 地理标志

我国地理标志保护制度完善之建议①

一、我国地理标志保护制度现状

根据国家知识产权局所披露的数据："截至"十三五"末，我国累计保护地理标志产品2391个，地理标志专用标志使用市场主体达到9479家，以地理标志作为集体商标、证明商标注册达到6085件，专用标志使用市场主体年直接产值超过6000亿元。建成国家地理标志产品保护示范区16个。地理标志运用效益显著，地理标志运用促进工程落地生根。地理标志保护国际合作取得重要进展，中欧地理标志保护与合作协定签署生效。"②由此可知，国内的地理标志运用与保护工作进展可谓量质齐升，成绩喜人。

同向对比发达国家，依据WIPO发布的《世界知识产权指标2021》中的数据，德国（14394）有效地理标志数量最多，其后第二名是我国（8476），美国则为（3228）、英国（4899）、法国（5419）、意大利（5777）。通过数据比较可以知晓的是：第一，我国的地理标志在数量上并不弱，从加入世贸后满打满算也才发展了20余年，就几近可以追上欧美超过百年的积累。第二，欧盟国家的确树大根深，同样援引自前述报告的关于欧盟GI章节的数据（报告第189页）可知，随便一个小国，其保有的地理标志数量基本接近5000件，数目之多令人咂舌。第三，欧盟国家的地理标志产品类型，极大程度上影响以及代表着世界地理标志产品的分类，比如在欧盟国家的地理标志

① 蒋宏建律师、苏笑白律师助理，国浩律师（天津）事务所。

② 《地理标志保护和运用"十四五"规划》，载国家知识产权局官网，https://www.cnipa.gov.cn/art/2022/1/10/art_65_172702.html，最后访问时间：2022年1月10日。

产品中，有 49%是葡萄酒，8%是烈酒饮料，43%是农产品和食品。此三项数据与报告中的世界地理标志产品数量“葡萄酒和烈酒饮料相关的有效地理标志约占 2020 年全球总量的 56.1%，其次是农产品和食品的 38.6%”基本相近，欧盟在地理标志方面的一举一动，都时刻牵动着全球地理标志的发展局面，完全可以说，在地理标志领域，欧盟具有世界性的影响力。

通过前述可知，作为地理标志起源地以及规则框架制定者的欧盟在地理标志相关事宜上拥有绝对的发言权。以德国为例，其国土面积与云南省相近，但有着超过 1.4 万件的有效地理标志。而根据云南省政府官方的数据：“截至目前，全省拥有地理标志证明商标达 336 件，地理标志保护产品 65 件，农产品地理标志 86 件，总数达到 487 件，居全国前列。覆盖茶叶、中药材、咖啡、果蔬、粮油等 10 多个品类，涉及全省所有州（市）特色产品。地理标志专用标志使用市场主体达 572 家，年产值达 134.24 亿元。”[①]不仅数量间存在巨大差距，在直接产生的经济效益方面，据欧盟知识产权局（EUIPO）和欧洲专利局（EPO）的研究，地理标志产业在欧盟提供了近 40 万个工作岗位，并为欧盟的 GDP 贡献了 200 多亿欧元。此外，欧委会公布的一项研究显示，受地理标志保护的产品每年销售额为 747.6 亿欧元，其中 1/5 来自欧盟以外的出口。[②]

综上所述，反映出来的不仅有规则制定者对于地理标志运用熟练度的巨大差别，同时也表明国内在地理标志发掘与运用方面的欠缺与不足。欧盟国家在地理标志方面的成功也是因为其在保护层面已形成一套较为完善的地理标志法律制度，这对我国建立完善的地理标志保护制度同样具有借鉴与参考意义。此外，与欧盟国家间地理标志数量的差距也说明：“就我国而言，首先在地理标志保护法律体系起步发展较为落后与地大物博，具有发展地理标

① 《我省用活地理标志做强特色产业》，载《云南日报》2022 年 12 月 4 日 。

② 我国商务部驻欧盟使团经济商务处：《欧盟地理标志保护产品每年销售额达 747.6 亿欧元》，http://eu.mofcom.gov.cn/article/jmxw/202207/20220703323918.shtml，最后访问时间：2022 年 7 月 1 日。

志巨大潜力的国情之间具有一定程度的矛盾。”①

不过也恰恰是因为存在不足，所以才有进步的空间和改善的余地，政府层面显然是意识到了这点，也相应进行了有关部署，采取了相关举措。例如《中欧地理标志协定》的诞生就是最好的证明。2010年以来，中欧在地理标志领域交往开始频繁，在未来存在巨大潜力的该领域内进行了多次双边谈判。领导决策部门通过对欧盟的地理标志制度以及欧盟多年来的国际层面双边协议进行分析，得出了向欧盟学习，有利于完善本国国内的地理标志保护制度，有利于除为农业发展提供牢靠的法律基础外，还能更好地在今后的中欧谈判中占据优势，减少双方贸易摩擦的结论。是故，2019年我国领导人在同法国领导人会晤时，共同宣布了中欧地理标志协定谈判结束。2020年，又在同欧盟和德国领导人举行会晤时，中欧双方宣布签署《中欧地理标志协定》。2021年3月，《中欧地理标志协定》正式生效实施。其包括14个条款和7个附录，主要规定了地理标志保护规则和地理标志互认清单等内容，涉及酒类、茶叶、农产品、食品等。根据协定，安溪铁观音、五常大米、四川泡菜等我国第一批100个知名地理标志将在协定生效后立即获得欧盟的保护，可有效阻止仿冒等侵权行为的发生。迄今为止，中欧双方已经顺利实现共275个地理标志产品的互认互保，其中覆盖了中欧双方特色鲜明、家喻户晓的地理标志品类，随着时间的推移，地理标志热度的提升，相信《中欧地理标志协定》实施工作也进入了新阶段。依照目前的速率，预计“十四五”末，中欧双方地理标志互认互保的规模将稳步扩大到550个左右。

笔者亦持看好态势，虽然依据实际消费情况和观念，欧盟的地理标志产品相比于国内的地理标志产品会更受市场欢迎和买家青睐。但起码在地理标志领域内我国已经获得了规则制定层面的入场券，算是拥有了能和地理标志先进国进行同台竞技的资格，今后只需通过不断地“实战”提高自身水平，逐步扩大我国地理标志产品在世界上的影响力。

---

① 陈鑫：《欧盟地理标志保护制度研究及对我国的启示》，上海外国语大学2020年硕士论文。

与著作权、专利、商业秘密等知识产权制度主要促进现代文化繁荣和新技术产业发展不同，地理标志保护制度有助于通过发展地方传统产业促进和维系当地社区及文化的稳定与繁荣，具有促进农村和偏远地区经济发展、提升就业和居民收入、维护地方文化传统和文化多样性等社会经济文化意义。[①] 这一点对于促进乡村振兴和文化自信殊为重要。

目前我国的地理标志保护制度有两种模式，第一种是归属国家知识产权局管辖的地理标志商标模式及地理标志产品登录模式，第二种是归属农业部管辖的农产品地理标志模式。在 2018 年前，地理标志产品的保护主要是由国家质量监督检验检疫总局管辖，但随着国务院行政改革，该部门被裁撤，地理标志相关机能移交给了国家知识产权局。简单来说就是从“三足鼎立”变为了“二分天下”。

第一种模式的法律依据主要有：《商标法》《商标法实施条例》《集体商标、证明商标注册和管理办法》《地理标志产品保护规定》，未来还有可能出台《集体商标、证明商标管理和保护办法》（该办法已由国家知识产权局于 2022 年 7 月 21 日完成公开征求意见程序）。第二种模式的法律依据则是《农业法》《农产品质量安全法》《农产品地理标志管理办法》。两种模式对于地理标志的保护，都有诸如品质基准，管理规范，地域特性方面明确的要件，且根据规定在申请登录与寻求保护程序中，都会强制地方政府参与其中，这也是地理标志相较于其余知识产权极具特色的一面，地方政府发挥着保证人的角色功能，对于消费者来说，存在强化信赖的作用。

二、我国地理标志保护制度的不足

承接前述，我国对于地理标志的保护制度主要是依据行政机关的部门职能来划分的，对于制度本身的设计和创设则大幅停滞，没有上位法可依据，只有部门规章。比如《地理标志产品保护规定》，这是国内目前最专业对口

① 王学兵：《关联性要素与地理标志法的构造》，载《法学研究》2015 年第 3 期。

的地理标志保护制度，由原国家质量监督检验检疫总局于2005年施行，其后由国家知识产权局接手，至今未经修改。其次农业部的《农产品地理标志管理办法》于2007年施行，2019年修改过一次，但也只是简化了一条申请材料的规定，其余并无任何变化。此外，就在同年的11月27日，国家知识产权局实施了新修改的《国外地理标志产品保护办法》，很多学者，律师，知识产权专业人士对此曾给予期待，觉得这可能是未来地理标志专门立法的前哨战。然而，令人遗憾的是，本次修改并未对行政查处和民事诉讼所依据的法律条款予以厘清，一如前述所言，没有上位法的支持，而这恰恰是法律保护实践中所反映的比较突出的问题。行政保护方面，尚可依据《地理标志产品保护规定》第二十四条转至适用《产品质量法》，将地理标志产品名称作为质量标志予以保护。然而由于《产品质量法》并未提供针对地理标志权利人的民事救济途径，所以对地理标志的民事救济的法律依据无论是国内的地理标志还是国外的地理标志都存在极大的不确定性。综上，2019年新修改后的《国外地理标志产品保护办法》总体来看更多的是一种因机构改革后管理主体变化而做出的适应性修改，并未对国外地理标志产品在华保护问题提出更为清晰的处理思路，何况该规范性文件已于2020年12月2日被废止。从这个角度上看，通过商标注册的方式对地理标志进行保护似乎仍然是实现较强保护的更好途径。

一如前述，上位法的缺失会给地理标志的运用以及保护带来不确定性，即便是通过商标模式进行地理标志保护也会有盲区的出现，比如地理标志可以用商标进行保护，但与假冒一般商品的注册相比，冒充地理标志产区产地的行为较少作为犯罪处理，多以侵权以及行政处罚为救济，但随着国内对地理标志的知识产权属性予以明确以及保护力度的加大，侵犯地理标志情节严重的行为也予以入罪，适用的罪名不一，司法实践中大多定假冒注册商标罪和生产、销售伪劣产品罪。两罪在量刑上差异较大，假冒注册商标罪达到情节特别严重标准的，最高处三年到十年有期徒刑，而生产、销售伪劣产品，销售金额达到200万元以上的，可处十五年有期徒刑或无期徒刑，因此，对于冒充地理标志产品进行销售行为的定性应当予以厘清。实践中，部分执法机关直接以产品非来自地理标志产区产地直接判定产品属于伪劣产品，诸多法律实务专业人士认为并非所有的地理标志产区产地外的同类商品一定属于伪劣产品，应具体案件具体分析。针对此种情况，本文亦持同样的观点，简而言之，地理标志所代表的是产品的特殊质量，而不代表必然优于同类产品。农产品地理标志因为地理要件的制约，消费者和执法机关较为容易辨识。但对于非农产品，参照 2021 年曾闹得沸沸扬扬的“潼关肉夹馍”批量维权事件。此事件在众多律所和律师选定的“回顾展望 2021 年知识产权领域大事记”中榜上有名。事件最终虽以陕西潼关肉夹馍协会宣告停止维权结束，但实际上这并不意味着使用地理标志集体商标的行为不构成侵权。陕西潼关肉夹馍协会意欲维护地理标志的初衷并没有错，维权行为之所以备受争议，在于其试图以维权为手段，行创收之目的，向全国各地的小商户收取“加盟费”。地理标志商标往往代表着某一地区的特有产品的质量、历史沿革、地域特色等附加属性，有着巨大的经济价值和文化价值，代表着该地区的硬实力和软实力。而侵权行为人假冒地理标志商标，声称其产品来源于该地区，但往往与该地区并无关系，其产品质量和消费者体验也与该地理标志代表的产品大相径庭，无法相提并论。这不仅是一种虚假宣传，制假售假的行为，更是一种对于该地理标志所代表的声誉和商誉价值的贬损。如果该种侵权行为得不到及时制止，则该地理标志集体商标蕴含的价值和声誉，必然随着侵权行为的泛滥而受到损害，如此一来，可就不只是某几个人或是某几家公司的事情，而是关乎一城一地的名誉。因此，《商标法》赋予地理标志权利人以商标专有权，体现出立法者对地理标志所蕴含的声誉和商业价值予以保护的态度。但是这种保护力度不应该超越立法目的，比如《商标法》的立法目的是：“为了加强商标管理，保护商标专用权，促使生产、经营者保证商品和服务质量，维护商标信誉，以保障消费者和生产、经营者的利益，促进社会主义市场经济的发展，特制定本法。”所以，当合法权利人对具有公共公益属性的地理标志商标维权的时候，需要掌握好一个限度，这个限度不应该超越法益，不应该为了商业拓展的需求而超越立法宗旨。除了法益的原因，还有法律实务的原因，以上文介绍的案件为例，持有“潼关肉夹馍”

地理标志商标的潼关肉夹馍协会起诉使用“潼关肉夹馍”的小商户侵权索要赔偿，法律事件中是很难认定侵权的肉夹馍的品质与“潼关肉夹馍”在质量上存在高低优劣，这就是症结所在，同时也是现有保护制度的不足之处，目前对此类现象或是情况没有预案或是特殊的例外规定。最后只能由最高人民法院出面以正视听：“根据商标法的规定，即便取得注册商标专用权，权利人无权禁止他人正当使用注册商标中包含的地名。他人正当使用注册商标中包含的地名，权利人向人民法院提起相关诉讼的，人民法院依法不予支持。”同时关于“地理标志集体商标注册人能否任意许可或禁止他人使用商标?”的问题，最高人民法院是这么回答的：“在地理标志标识的地区范围内并符合地理标志使用条件的，即便不申请加入集体、协会或其他组织，亦可依法正当使用地理标志；不符合地理标志使用条件或超出地理标志标识的地区范围者则不能通过商标许可、加盟、入会等方式获得地理标志集体商标使用资格。相关组织作为商标注册人通过诉讼收取所谓会员费以及类似费用的，不符合商标法的规定，人民法院依法不予支持。”①

除此之外，实际上由于历史原因和特殊的国情，国内对地理标志的保护一直存在多元立法、多头执法的并行保护模式，在地理标志保护制度上面仍然存在较大完善空间。尤其是在国家知识产权局极度重视，以及国家市场监督管理总局成立后并统筹了原地理标志产品保护与地理标志商标保护的执法力量后，许多地理标志权利人一直对建立统一、协调的地理标志保护的立法、执法体系存在期待。至于行政管理层面的不足，则体现在多头管理，缺乏有效的沟通。一如本章前述地理标志的管理涉及多个部门，机构改革后，现由国家知识产权局、农业农村部两个部门负责。比如某个农产品既可以通过国家知识产权局注册为地理标志集体商标或证明商标，也可以注册为地理标志产品，还可以由农业部登记为农产品地理标志。但部门之间交叉管理，沟通不深，给地理标志的生产经营者带来诸多的疑惑，给消费者带来认知困

① 《依法保护地理标志，严厉惩治恶意诉讼——最高人民法院民三庭负责人就地理标志司法保护问题答记者问》，载《人民法院报》2021年12月13日。

难，也给法律行业从业人员开展实务调研工作带来不便，查证起来颇为烦琐。

三、完善对策与建言

针对前述的种种不足，政府层面其实也关注日久。在国家知识产权局于 2021 年 12 月 31 日印发的《地理标志保护和运用“十四五”规划》中就提出了：“同时，地理标志保护和运用工作也面临许多挑战。一是制度协调统一有待加强。二是保护能力水平与营造一流营商环境的要求仍有距离。三是审查认定体系尚待完善。四是产品特色质量管理与监督有待强化。五是地理标志品牌价值尚未充分显现。”针对这些暴露出来的问题，也相应提出了十项解决对策和任务目标。

其中本书着重关注三点，分别是：（1）健全地理标志法律制度。（2）建立协调有序的地理标志统一认定制度。（3）强化地理标志全过程监察管控。

关于第一点，本书在前述中已赘言较多，简而言之，笔者认为，作为知识产权元老级别的存在，地理标志完全有资格拥有一部专门法律，也值得为此专门立法。因为只有不让上位法缺失，才能保障地理标志专业领域的根本，不至于先天残疾。毕竟任何行政规定或是地方性法规都存在一定的局限性。令人欣慰的是国家知识产权局在 2020 年 10 月完成了《地理标志保护规定（征求意见稿）》公开征求意见阶段。虽然两年过去了，新的保护规定仍未面世，但相信这是一个很好的信号，是在为将来的立法修桥铺路。最好的证明就是，在意见稿中有了明确的法律责任和处罚规定，不至于像现行的规定一样，对于保护的规定极其模糊。

关于第二点，笔者认为该规划有吸取借鉴国际先进经验之意。“完善地理标志认定机制，统一规范不同保护渠道的地理标志名称、保护地域范围划定等认定要素，优化地理标志认定流程，制定发布地理标志认定产品分类标准。”这样的表述，有着参考欧盟 PDO（Protected Designation of Origin）和 PGI（Protected Geographical Indication）保护制度的意思。

所谓PDO，意为“受保护的原产地名称”，保护的是与产地最直接相关的食品、农产品及葡萄酒，其全部原料与制造过程皆须发生于该地区才可使用，要与产地产区建立极强的连接关系。PGI 则是“受保护的地理标志”，保护的则是特性或名声与产地相关的产品，且须生产、处理或加工的至少一个步骤发生于该地即可。总体而言“受保护的原产地名称”所要求的条件要比“受保护的地理标志”更加严格，简单可以理解为 PDO 是 PGI 的升级版，目前全球也仅欧盟实行此种制度。且有学者分析指出：“总之，欧盟法院在其案例所体现的立场有利于对 PDO 的广泛保护的倾向性已愈发明显。当然是应看到欧盟正在建立和强化针对包括生产、加工、销售各个阶段的地理标志质量体系核查机制。可以认为，推行对 PDO 产品质量更严的监控，同时提供更强司法保护已成为欧盟坚定不移的既定政策。这种对地理标志的强保护毫无疑问将促进欧盟地理标志产品权益的保障，也有助于不断提升欧盟地理标志产品的知名度和消费者认可程度。当然，也会更深层次地影响和推动全球地理标志保护的大格局，从而更值得我们密切关注和研究。”①而欧盟之所以这么做，盖因 PDO 产品的附加价值过于诱人，比如以奶酪为例，每公斤 PDO 产品的价格是通常产品价格的 2 倍，PGI 产品的价格则是通常产品价格的 1. 5 倍。②虽然这种保护制度会使地理标志的“土特产中的奢侈品”性质得以扩大，但是也存在弊端，这点需要结合以下第三点来说明。

关于第三点，不难理解，意味着对地理标志从申请的审查直到日常的运作都进行强而有力的管控。诚然，这是最能够立竿见影的，体现出对于地理标志保护的举措。但是过于注重保护的话，会使地理标志产品过于看质减少了走量。严格的审查，细致入微毫不松懈的生产过程管理会造就地理标志品

---

① 胡刚：《从“Morbier 奶酪案”看欧盟地理标志司法保护的最新发展》，载《专注》2021 年 10 月 1 日。

② 日本农林水产省农林水产政策研究所上席主任研究官 内藤惠久：《检讨导入欧盟地理标志保护制度》（日文原标题：EUの地理的表示保護制度と我が国への制度の導入），https：//primaff. repo. nii. ac. jp/？ action=pages_ view_ main&active_ action=repository_ view_ main_ item_ detail&item_ id=57&item_ no=1&page_ id=13&block_ id=21，最后访问时间：2012 年 1 月 31 日。

牌产品的升值，对于地域经济的振兴，假冒伪劣产品的排除，经营事业的扩大都有极高的贡献。但是，过为严苛的审查，全链条细致强化的运用也会带来反噬。邻国日本就是很好的例子，虽然作为消费者在国内消费市场上对于日本的地理标志产品耳熟能详，例如以神户牛肉为代表的和牛系列，以麝香、巨峰葡萄为代表的日本品种水果，在国人的餐桌上可谓家喻户晓。但是实际情况却值得玩味，从2012年开始就已经在学习欧盟的PDO制度，吸收得也好，本土化也很成功，地理标志产品均是超群出众。但恰恰也是因为学得太好，本来是PGI的班子，非要以PDO的基准要求自身，过于努力。援引日本农业部的统计数据可知，日本目前保有的有效地理标志数量并不多，只有120出头，以日本的国家实力，要是与本文前述的欧盟小国相较，在地理标志数量方面说是惨淡也不为过。根据日本农林水产省输出国际局知识产权课的调查研究报告可知①，截至2022年4月日本全境登录的GI产品数量只有区区120个。要知道，日本的国土面积也和我国云南省、德国相近。人口方面则更是有1.257亿人，分别是我国云南省的3倍，德国的1.5倍。但在地理标志保有量上，甚至会让人产生“这真的是除中美之外，能够小压欧盟一头的世界第三知识产权大国吗”的疑问。而造成如此结果的原因正是过于追求严格化，虽然严格的地理标志产品标准使其与非地理标志产品相较而言更能凸显品质差异，但也在无形中妨碍了做大的可能，一味地偏食促进了地方保护主义，不利于市场经济的循环，反而遏制了地理标志产品的宣传推广，让消费者对于地理标志产品的认知停滞，引发茧房效应。所以日本政府也在反省检讨这样是否真的对于地理标志的未来发展有利，并且已着手试着解决此课题。②

日本政府初步的解决方案是采用名为“三扩大”的战略，即第一将地理

----

① 日本农林水产省输出国际局知识产权课：《对于运用地理标志保护制度的重新审视》（日文原标题：地理的表示保護制度の運用見直し），2022年11月1日，https://www.maff.go.jp/j/shokusan/gi_act/outline/。

② 日本农林水产省输出国际局知识产权课：《对于运用地理标志保护制度的重新审视》（日文原标题：地理的表示保護制度の運用見直し），https://www.maff.go.jp/j/shokusan/gi_act/outline/，最后访问时间：2022年11月1日。

标志有关的成功事例扩大宣传，第二将可称为地理标志产品的产品范畴扩大，第三是将地理标志登录的名目扩大。简单总结即为，降低申请门槛，今后大力追量，且开发认定更多的地理标志，把囊括范围延伸到非农作物领域。笔者认为日本政府的这种做法与欧盟的做法有异曲同工之处。因为在2022年4月13日，欧委会提出了有史以来第一个非农产品的地理标志保护框架，以保护欧洲工艺和工业产品的知识产权。该框架将涵盖诸如穆拉诺玻璃、多尼戈尔粗花呢、利摩日瓷器、索林根餐具和博莱斯拉维茨陶器等产品。这些非农产品依赖于其地区传统做法的独创性和真实性。EUIPO将负责评估和批准此类产品的地理标志申请。[①]

日本的三扩大战略对于我国具有一定的借鉴意义和参考价值，同时也已经有了向欧盟学习的经验，这对于我国今后的地理标志运用和保护工作是非常有益的，但前提是必须有较为完备的法律体系制度作支撑。日本有专门的地理标志法，欧盟亦有专门法，我国只有部门规章，这在效力级别上是完全不同的，也不利于实行更高层面的保护。结合我国《地理标志保护和运用“十四五”规划》，笔者认为，无论是向欧盟看齐，还是参考日本，制定一部内容全面并且具备前瞻性的《地理标志法》，并尽快促使其问世已是当务之急。

---

① 我国商务部驻欧盟使团经济商务处：《欧盟地理标志保护产品每年销售额达747.6亿欧元》，http：//eu. mofcom. gov. cn/article/jmxw/202207/20220703323918. shtml，最后访问时间：2022年7月1日。

后　记

世界知识产权组织（WIPO）2022 年 10 月发布的《2022 年全球创新指数报告》显示中国排名第 11 位，较去年再上升 1 位，连续 10 年稳步提升，位居 36 个中高收入经济体之首。我国创新发展水平加速提升，创新环境明显优化，创新成效不断显现，这些都对保护知识产权提出了新的更高要求。

知识产权律师可为我国知识产权制度的完善建言献策，为知识产权保护体系的建设提供专业力量，不仅是知识产权行业重要的专业力量源泉，也是知识产权强国建设的先锋力量之一，在知识产权强国建设的新起点新征程上，知识产权律师应当发挥更加积极的作用。为此，中华全国律师协会知识产权专业委员会（以下简称知产委）组织知识产权律师编撰以律师为视角的年度观察报告，即《中国知识产权律师年度报告（2023）》，希望通过汇总律师这一独特视角的观察思考，总结年度工作和进展，从而推动我国知识产权事业的长远发展。

本书由知产委部分委员和部分知识产权律师共同撰写完成，主要包括八个板块，分别为著作权、商标、专利、商业秘密、反不正当竞争法、技术交易与知识产权商用化、植物新品种以及地理标志。大体按照新法观察、典型案例、重点关注三部分展开，汇总并进一步分析 2022 年度知识产权各个领域的最新发展。参与撰写的均为业内优秀律师，绝大部分律师连续参与了 4 年报告的撰写，他们有着多年从业经验，在知识产权服务领域均有所建树，也对推动知识产权发展抱有满腔热忱。他们结合自身的实践经验，从律师的角度对知识产权领域的最新发展、典型案例进行分析和点评。全国律协相关领导、知产委主任班子连同业内的多位资深知识产权律师对全书书稿进行了细致的审读。

感谢中国法制出版社的程思老师、于昆老师等各位编辑老师对本书的倾情付出。恳请各位专家学者与同行不吝赐教，我们将在今后的工作中调整改进，不断完善，谢谢！

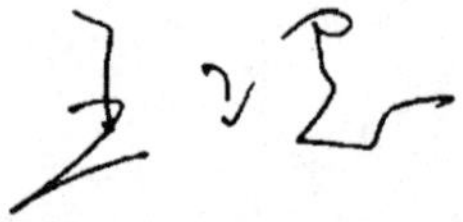

中华全国律师协会知识产权专业委员会主任

2023 年 4 月 26 日

图书在版编目（CIP）数据

中国知识产权律师年度报告．2023／中华全国律师协会知识产权专业委员会主编．—北京：中国法制出版社，2023.4

ISBN 978-7-5216-3367-2

Ⅰ.①中… Ⅱ.①中… Ⅲ.①知识产权-研究报告-中国-2023 Ⅳ.①D923.404

中国国家版本馆 CIP 数据核字（2023）第 047323 号

责任编辑：程　思（chengsi@zgfzs.com）　　封面设计：周黎明

中国知识产权律师年度报告．2023

ZHONGGUO ZHISHI CHANQUAN LÜSHI NIANDU BAOGAO. 2023

编者/中华全国律师协会知识产权专业委员会
经销/新华书店
印刷/北京虎彩文化传播有限公司
开本/730 毫米×1030 毫米　16 开　　印张/21.25　字数/270 千
版次/2023 年 4 月第 1 版　　2023 年 4 月第 1 次印刷

中国法制出版社出版
书号 ISBN 978-7-5216-3367-2　　定价：78.00 元

北京市西城区西便门西里甲 16 号西便门办公区
邮政编码：100053　　传真：010-63141600
网址：http：//www.zgfzs.com　　**编辑部电话：010-63141806**
市场营销部电话：010-63141612　　**印务部电话：010-63141606**

（如有印装质量问题，请与本社印务部联系。）